作者近照　　李祎 摄

辛德勇，男，1959年生，北京大学历史系教授。主要从事中国历史地理学、历史文献学研究，兼事中国地理学史、中国地图学史和中国古代政治史研究，主要著作有《隋唐两京丛考》《古代交通与地理文献研究》《历史的空间与空间的历史》《秦汉政区与边界地理研究》《建元与改元：西汉新莽年号研究》《旧史舆地文录》《石室賸言》《旧史舆地文编》《制造汉武帝》《祭獭食蹠》《海昏侯刘贺》《中国印刷史研究》《〈史记〉新本校勘》《书外话》《发现燕然山铭》《学人书影》（初集）《海昏侯新论》等。

海昏侯刘贺

辛德勇 著

生活·讀書·新知三联书店

Copyright © 2019 by SDX Joint Publishing Company.
All Rights Reserved.
本作品版权由生活·读书·新知三联书店所有。
未经许可,不得翻印。

图书在版编目(CIP)数据

海昏侯刘贺/辛德勇著．—北京：生活·读书·新知三联书店，2019.6（2025.3 重印）
 ISBN 978 – 7 – 108 – 06621 – 3

Ⅰ.①海… Ⅱ.①辛… Ⅲ.①刘贺－生平事迹 Ⅳ.① K827=341

中国版本图书馆 CIP 数据核字（2019）第 090644 号

责任编辑　张　龙
装帧设计　蔡立国
责任印制　卢　岳
出版发行　生活·讀書·新知三联书店
　　　　　（北京市东城区美术馆东街 22 号 100010）
网　　址　www.sdxjpc.com
经　　销　新华书店
印　　刷　河北鹏润印刷有限公司
版　　次　2019 年 6 月北京第 1 版
　　　　　2025 年 3 月北京第 4 次印刷
开　　本　880 毫米 × 1230 毫米　1/32　印张 10.25
字　　数　210 千字　图 48 幅
印　　数　11,001 - 13,000 册
定　　价　68.00 元

（印装查询：01064002715；邮购查询：01084010542）

目 录

引言：一座古墓引发的关注 …………… 1

第一章　刘贺的家世 …………… 1
　　一　倾城倾国的祖母 …………… 5
　　二　生父昌邑哀王 …………… 8
　　三　武帝宠妃王夫人 …………… 11
　　四　李夫人的嘱托 …………… 13

第二章　太子据的反叛 …………… 23
　　一　卫子夫封后和她的失宠 …………… 24
　　二　论证"巫蛊之祸"的前提 …………… 28
　　三　太子起事 …………… 36
　　四　江充之奸 …………… 42
　　五　汉武帝的"感悟" …………… 50
　　六　朝廷定性 …………… 67

第三章　霍光的专擅 ············ 75
　　一　大位旁的老昌邑王 ············ 75
　　二　武帝临终安排 ············ 86
　　三　大司马大将军 ············ 100

第四章　二十七天的皇帝 ············ 119
　　一　权臣的选择 ············ 120
　　二　转瞬即废的帝位 ············ 124
　　三　政变大戏 ············ 140

第五章　宣帝登基与亲政 ············ 148
　　一　又选来一个皇帝 ············ 148
　　二　未央宫的真天子 ············ 154
　　三　改元与改运 ············ 158
　　四　光复圣刘炎汉 ············ 171

第六章　由废皇帝到海昏侯 ············ 184
　　一　故宫里的囚徒 ············ 185
　　二　受封列侯 ············ 189
　　三　豫章郡海昏县 ············ 196
　　四　南藩海昏侯 ············ 224

第七章　带走的财富 …………… 248
　　一　天下之中 …………… 251
　　二　午道上的安阳 …………… 258
　　三　昌邑其地与楚汉胜负 …………… 268

余论——盖棺论定于青史 …………… 274

附录 …………… 287
　　附录1　刘贺年表 …………… 289
　　附录2　刘贺世系略图 …………… 296
　　附录3　改订西汉新莽纪年表 …………… 297

引言：一座古墓引发的关注

时光不会倒流，逝去的历史，离我们总是愈来愈远。不过，在另一方面，通过相关研究者的努力，透过某些具体的媒介，又可以把历史中的一些场景，拉近到我们的眼前。

这当然不会像我们观察现实社会那样，景象五彩缤纷，但历史的吸引力也正在这里，时间的磨蚀，也会清洗干净权势的粉饰，经过岁月的沉淀，或许更容易看清人物和事件的实质。更何况通过考古工作者的辛勤工作，我们甚至还可以看到很多当时人也未必有缘目睹的另一个世界的真实景况——这就是古人墓葬中对墓主装殓的实况和多种多样的陪葬物品。

考古发掘物品的这种直观性特征，很容易吸引社会公众来关注相关的历史人物和事件；若是涉及重要的历史人物和事件，这种关注，就会更加强烈。在近年发掘的重要古代遗址中，河南安阳附近的曹操墓，即曾轰动一时。

继此之后，2015年11月，江西省考古工作者面向全社会，公布了他们从2011年4月开始在南昌附近发掘的西汉海昏侯墓。

接着，至2016年3月，海昏侯墓发掘者运送部分文物，北上京城，在首都博物馆进行了很大规模的展览。

与此同步，考古发掘者还通过各种媒体，向社会公众进行了广泛的宣传；以此为专题的学术会议，及时跟进；各种比较专门的讲座，在南昌，在北京，在上海，也连番进行，听众热情之高，以致座无虚席。高调的姿态，密集的信息，通过网络的传播而加速扩散，一时间不论专业的文史工作者，还是普通的社会大众，海昏侯墓，几乎成了所有人的共同话题。人们关注的强度和广度，都已超过曹操墓很多。

论历史地位和影响，这座大墓的主人刘贺，远不能与叱咤风云的一代枭雄曹操相比，但人们对这一考古发现的热情，非但不比曹操墓低，实际上还要高出很多，而且热度一直持续不散。

除了这座墓葬未经盗掘，相较曹操墓它完好地保存了大量陪葬物品，特别是众多金饼、金板以及马蹄金，金光灿灿，格外吸引世人的目光之外，还有内在的原因。

曹操虽然是声名显赫的历史人物，但历史文献中对他的记载，相对比较清晰，后世学者对曹操的看法的分歧，主要是如何评价他的功过是非，而不是其基本行事。对一个人功过是非的评价，是一个价值判断问题。由于价值的判断，标准各不相同，甚至可以说是千差万别，基于各自不同的标准来下判断，结果可想而知，以致不管是在专业的历史学研究中，还是在非专业的社会公众当中，而且不管是针对遗留在历史上的著名人物，还是针对现实生活中活跃在我们眼前的各色人等，评价参差不一，乃至决

图1 海昏侯墓及其墓园航拍图①

---

① 江西省文物考古研究所、首都博物馆编《五色炫曜——南昌汉代海昏侯国考古成果》(南昌,江西人民出版社,2016),页4。

然背反。

海昏侯刘贺的情况，与此有很大差别。他是汉朝历史上一位几乎被人遗忘的皇帝，在位仅仅二十七天，就被废黜，当然也不会有谥号。因而谈到他的皇帝身份，只能以"废帝"称之。普通的历史年表，不管是中国人自己编的，还是由东洋、西洋学者动手制作的，几乎见不到这位皇帝一丝一毫的行迹。在《汉书》等基本史籍中，对他的记载，虽然不算很少，但在一些关键问题上，却模糊不清，需要仔细琢磨，才能看破表象之后的真实面貌。认识历史的真相，这种好奇心几乎与生俱来。越是扑朔迷离，越能引发人们的兴致。

在这些引人兴致的疑惑当中，很多人首先会对大量黄金制品以及巨额钱币等财富的地域来源产生疑问：这些财富是从哪里聚敛来的？西汉的海昏侯国是不是像墓葬中的财富所显示的那样富庶？

接下来，就会有人超越于这些物质现象之上，做出更深一层的思考：墓主人刘贺，当初为什么会被选立为皇帝，又是为了什么，刚刚登基二十七天就被废掉？为什么被废为平民的刘贺，后来又被册封为位阶很低的海昏侯？海昏侯国在刘贺身后为什么又会被废除？

《汉书》里有记载说，刘贺被废黜帝位，是由于他"行昏乱"而"危社稷"，而今面对墓室中出土的所谓"孔子屏风"，还有他生前阅读的《礼记》《论语》等儒家经典，因时刻准备参与汉家宗庙祭祀而预制的大量"酎金"，以及受封海昏侯以后毕恭毕敬地写给汉宣帝的奏疏等,于是又有人对《汉书》载录的刘贺形象,产生根本性怀疑,以为书中所记都是别人强加在他头上的污衊之词,现在应该依据海昏侯墓的考古发现,为其恢复名誉。这等于是用考古新发现来颠覆传世基本文献的记载,那么,这样的想法是不是科学合理?

新的考古发现,带来更多新的思考,疑问接二连三。相关考古工作,还仅仅是开始,随后的室内清理和记录、研究工作,需要花费很长时间,逐渐进行。其他各方面相关的学者,也正在逐步展开各自的探究,而社会各界热切关注这一考古发现的人们,则期待着学术界及早做出更为明晰的解答。

严格地说,所有学术研究,都是一个不断向前推进的动态过程,没有人能够终结学术,对于历史研究来说,尤其如此。对每一历史问题的研究成果,在特定阶段的相对性,在很大程度上,首先是要受制于史料的不完备性。

就研究对象的实质性内涵而言,所谓考古学,可以看作历史学的一种比较特别的研究手段,它为历史学研究提供史料,同时帮助解析过去遗留下来的实物。因此,考古学的发现和研究,不仅给历史研究提出新的问题,同时还会极大地丰富历史学的研究资料,从而拓展历史研究的范围,推进历史研究的深度。

南昌海昏侯墓的发掘,也是如此,必将会大大丰富和深化相关历史问题的研究。不过,在另一方面,考古发掘本身,也有它的局限性。就中国的实际情况而言,进入传世文献记载比较清楚的时段之后,若是就重要的政治史进程、重大事件的前因后果以及重要人物的历史活动和属性等问题而言,总的来说,考古新发现,大多只能起到补充细节的作用,而通常很难对历史文献的记载做出根本性改变。有一部分人,对此缺乏合理的认识,总是期望通过某项考古发现来颠覆对上述历史问题的认识,往往只能沦为空想。

像我在上文列举的那些围绕着海昏侯墓而产生的疑问,或是由此引发的问题,只要认真梳理传世文献的记载,基本上无须依赖考古学家下一步的工作,就可以做出比较确切的解答。事实上,也只有通过传世史籍的记载,才能解答这些问题。同时,这样的解答,还会给考古学家接下来的研究,提供重要的基础和凭借。我相信,考古学家接下来提供的文物信息,只能进一步印证、丰富和完善我们依据历史文献所复原的历史面貌,而不会对此做出重大改变,甚至像有些人所期望的"颠覆"。

检读《史记》《汉书》等基本历史文献,可以看到,要想全面解答有关海昏侯刘贺的各项重大问题,就不能不延伸我们的视野,从他的父亲老昌邑王刘髆乃至他的祖父汉武帝刘彻谈起,不能不谈到拥立他登上帝位、同时又废黜他帝位的权臣霍光,还要讲述封授刘贺为海昏侯的他的侄子汉宣帝刘询的故事。

下面,我就和各位读者一道,逐一审视这些历史人物的活动,揭开汉武帝晚年以至汉宣帝时期西汉朝廷深宫争斗的内幕,展现海昏侯刘贺在这场宫斗大戏中的荣辱浮沉。

第一章　刘贺的家世

　　海昏侯大墓，位于今江西省南昌市新建区大塘坪乡观西村老裘村民小组东北约500米的墎墩山上。刘贺命终下葬于这一墓穴，时为汉宣帝神爵三年（前59）[①]，到开始发掘海昏侯墓的2011年，已经历时两千零七十年了。墓中陪葬的物品，虽然有很多还保存完好，但刘贺的尸骨，已经朽烂无存，好像只剩下了满口的牙齿。没有头骨，也就没有办法复原他的脸庞和头像，这未免让关注这一考古发现的人们，多少有些遗憾。

　　好在刘贺受封为海昏侯之前，山阳郡的太守张敞，在元康二年（前64），向汉宣帝禀报，此前在地节四年（前66），他曾受命查看刘贺在昌邑国故宫中的起居状况，提到了刘贺的长相。张敞描述刘贺相貌说：

　　　　故王年二十六七，为人青黑色，小目，鼻末锐卑，少须

[①]《汉书》（北京，中华书局，1962）卷一五下《王子侯表》下，页493。

图2 海昏侯墓出土"刘贺"玉印①

眉,身体长大,疾痿,行步不便。②

这样的形象,看起来不大美妙③。

汉朝皇帝的外貌特征,很少看到像这样具体的描述。不过,后来所有的皇帝,都是刘邦的子孙,从基因遗传的角度来观察,或许能够给我们提供一定的参考。

司马迁在《史记》里面,对高祖刘邦的相貌,曾略有描述,其最主要的特征,乃是"隆准而龙颜,美须髯"④。"准"指鼻子,"颜"是指额头,所以"隆准"就是高鼻梁,这很容易理解。麻

---

① 江西省文物考古研究所、首都博物馆编《五色炫曜——南昌汉代海昏侯国考古成果》,页124。
② 《汉书》卷六三《武五子传·昌邑王髆附子贺》,页2767。
③ 2016年5月10日,首席记者徐蕾在《南昌日报》上以《解密海昏侯棺内文物》为题报道,国家文物局驻南昌西汉海昏侯墓专家组成员、中国社科院考古研究所研究员李存信向她介绍:"墓主胖瘦无法明辨,但根据铺设在墓主尸身下方琉璃席的长度,可以估算出墓主刘贺的身高,整个琉璃席长约1.8米,宽为0.65米,刘贺的身高可能在170—175厘米之间。"窃以为这样的估计,缺乏切实的依据,价值恐怕不大。
④ 《史记》(北京,中华书局,2014)卷八《高祖本纪》,页437。

烦的是真正的"龙"没什么人见过,谁也说不清是什么样子,所以后来注《史记》的人,都回避不谈这"龙颜"究竟是怎么一种形状。不过,我们看他后来的老丈人吕公,本以"好相人"著称,也就是善于相面,而两人初次相遇时,吕公"见高祖状貌,因敬重之",以致干脆把女儿许给刘邦做妻①。这样看来,按照世人审美的常理,终归不会是很难看的样子,若是把"龙颜"解作额头宽阔,应该大致不误。

按照《史记》的记载,刘邦大致可以说是一个很气派的男子汉形象。高祖以后,文帝、景帝和武帝,都可以千挑万选择取美女做后妃,其子其孙,理应获得更好的遗传。可我们看刘贺这副尊容,实在有些过于猥琐。

刘贺在外在形象方面,唯一的优点是"身体长大",可偏偏后来又患有痿症,以致"行步不便"。之后的汉哀帝也罹患与之相似的痿病,曹魏时人如淳解释说,痿就是"病两足不能相过",唐人颜师古称其病乃"风湿不仁"②,其症状包括"四支(肢)拘挛,膝痛不可屈伸"等③,大致即今西医所说类风湿病的症状。尽管在出土文献中可以看到,秦朝就已经出现专治痿病的

---

① 《史记》卷八《高祖本纪》,页439。
② 《汉书》卷一一《哀帝纪》并唐颜师古注,页345。汉史游《急就篇》(南京,江苏古籍出版社,1988,影印清光绪浙江书局刻《玉海》附印宋王应麟《急就篇补注》本)卷四唐颜师古注,页71。
③ 宋李昉等《太平御览》(北京,中华书局,1960,影印宋本)卷九九二《药部·牛膝》引《本草经》,页4392。

药方①，但由于类风湿病至今仍难以治愈，刘贺同样也无法摆脱病痛的缠绕。

总之，就其外形而言，在刘贺身上，一点儿也看不到高祖刘邦的影子。

这种情况，实在有些出人意料。假如说，刘贺登基称帝未几倏忽之间就又被黜位为民这一番变动过于吊诡的话，那么，他的这番长相，首先就是一件足够诡异的事情。

如习语所云："相由心生。"吕公"见高祖状貌，因敬重之"，是因为汉朝人很普遍地信服相面之术。《汉书·艺文志》中著录有"《相人》二十四卷"，东汉人班固阐述其内在机理，乃谓观察人的骨法度数"以求其声气贵贱吉凶，犹律有长短，而各征其声，非有鬼神，数自然也"②，也就是把相貌看作一个人固有生命特质的外在表现。

要是我们能够让自己穿越回汉朝，再结合容颜来看刘贺一生的跌宕经历，或许就不那么诧异了。不过时间从来都是单向流动的，没有人能够真的穿越回去。数术的归方士，人事的归历史。只有充分复原和展示当时的历史背景，才能够很好地再现和理解海昏侯墓主人刘贺的生命历程。

---

① 湖北省荆州市周梁玉桥遗址博物馆《关沮秦汉墓简牍》（北京，中华书局，2001）之《图版》三九第324—325号简，页49；又《简牍释文与考释·周家台三〇号秦墓简牍·病方及其他》，页129。
② 《汉书》卷三〇《艺文志》，页1774。

一 倾城倾国的祖母

刘贺的母亲,在史籍中缺乏记载,详情不得而知,但他的祖母,在汉廷乃至历朝历代的六宫粉黛之中,也是以容貌美丽异常以致倾城倾国而著称,她就是汉武帝的宠妃李夫人。

李夫人原本出身寒微。《汉书·外戚传》记述其蒙受汉武帝爱幸的原委说:

> 孝武李夫人,本以倡进。初,夫人兄延年性知音,善歌舞,武帝爱之。每为新声变曲,闻者莫不感动。延年侍上起舞,歌曰:"北方有佳人,绝世而独立,一顾倾人城,再顾倾人国。宁不知倾城与倾国,佳人难再得!"上叹息曰:"善!世岂有此人乎?"平阳主因言延年有女弟,上乃召见之,实妙丽善舞。由是得幸,生一男,是为昌邑哀王。①

这里所说的"倡",指的是"乐人"②,实际上应该包括音乐、舞蹈在内,可知李夫人不仅美貌出众,亦且能歌善舞,身怀高超的艺术才能。

不过,对比分析同时代人司马迁在《史记》当中的记载,可以看出,《汉书·外戚传》记述的李夫人事迹,已经颇有一些后

---

① 《汉书》卷九七上《外戚传》上,页3951。
② 《汉书》卷九七上《外戚传》上唐颜师古注,页3951。

图3 四川成都市新都区文管所藏东汉"抚琴乐舞"画像砖①

世传说中层累递增的成分。实际上李夫人得以进入汉武帝的后宫,是在乃兄李延年之先。《史记·佞幸列传》载录其事原委云:

> 李延年,中山人也。父母及身兄弟及女,皆故倡也。延年坐法腐,给事狗中。而平阳公主言延年女弟善舞,上见,心说之。及入永巷,而召贵延年。延年善歌,为变新声,而上方兴天地祠,欲造乐诗歌弦之。延年善承意,弦次初诗。其女弟亦幸,有子男。②

---

① 俞伟超等主编《中国画像砖全集》(成都,四川美术出版社,2006)之《四川汉画像砖》,页67。
② 《史记》卷一二五《佞幸列传》,页3881。

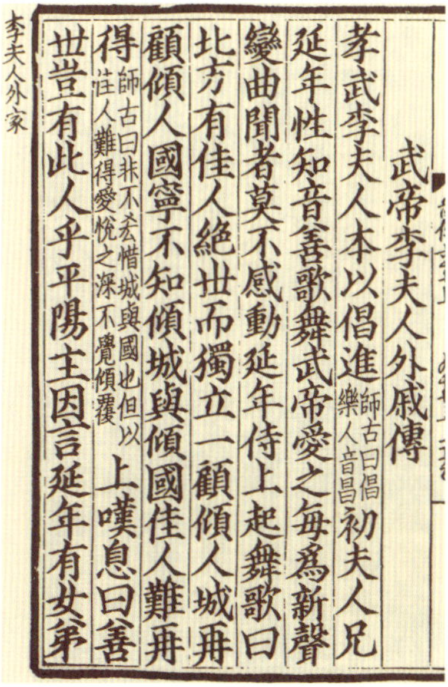
武帝李夫人外戚傳
孝武李夫人本以倡進師古曰倡樂人音昌初夫人兄延年性知音善歌舞武帝愛之每爲新聲變曲聞者莫不感動延年侍上起舞歌曰北方有佳人絕世而獨立一顧傾人城再顧傾人國寧不知傾城與傾國佳人難再得師古曰非不惜城與國也但以佳人難得愛悅之深不覺傾覆上嘆息曰善世豈有此人乎平陽主因言延年有女弟
李夫人外家

图4 《中华再造善本》丛书影印宋蔡琪家塾刻本《汉书·外戚传》

文中所说“永巷”，应是进入后宫深处的一条长巷[①]，这里应代指后宫，即谓李延年之蒙受汉武帝召见以至贵幸，本是源自他的妹妹李夫人进入后宫之后的援引，而不是李延年荐举李夫人。司马迁皆亲历其事，所说自比班固转录的情况更为可信。

又《史记·封禅书》记载李延年之蒙受武帝召见，是在元鼎六年（前111）灭除南越一役之后：

> 其春，既灭南越，上有嬖臣李延年以好音见。上善之，

① 《汉书》卷三《高后纪》并唐颜师古注，页98。

下公卿议,曰:"民间祠尚有鼓舞乐,今郊祀而无乐,岂称乎?"公卿曰:"古者祠天地皆有乐,而神祇可得而礼。"或曰:"太帝使素女鼓五十弦瑟,悲,帝禁不止,故破其瑟为二十五弦。"于是塞南越,祷祠太一、后土,始用乐舞,益召歌儿,作二十五弦及空侯琴瑟自此起。①

两相参证,可以大致推断,李夫人进入汉武帝的后宫,并蒙受宠幸,应该是在元鼎六年,或是较此稍前一点儿的时候。

二 生父昌邑哀王

李夫人给汉武帝生下的这位"昌邑哀王",就是刘贺的父亲刘髆,他也是昌邑国的第一代诸侯王。通过上文所做的梳理和辨析,我们大致可以推断,老昌邑王刘髆出生的年代,只能在汉武帝元鼎六年以后,这是他出生时间的上限。

另一方面,我们再来看刘髆的谥号。前面提到的"昌邑哀王","哀"字是他的谥号。按照汉朝人奉行的所谓"周公谥法",谥为"哀"者,乃是"蚤孤短折"。这里"蚤"是"早"的异写,晋人孔晁注曰:"早者,未知人事。"②

---

① 《史记》卷二八《封禅书》,页1677。《汉书》卷二五上《郊祀志》上,页1232。
② 《汲冢周书》(上海,商务印书馆,民国《四部丛刊初编》影印江阴缪氏艺风堂藏明嘉靖癸卯刻本)卷六《谥法解》并晋孔晁注,页8b。

史称李夫人"蚤卒",或云"少而蚤卒"①,而对她去世的具体年代没有清楚的记载。

《汉书·外戚传》载李夫人病笃之际,对汉武帝"以王及兄弟为托"。所谓"王"者,自是就昌邑王刘髆而言;而关于她的兄弟,则是在其身后,"上以夫人兄李广利为贰师将军,封海西侯;延年为协律都尉。"②因高祖定制,无功不得封侯,汉武帝为落实李夫人临终的嘱托,特命李广利为贰师将军,出征大宛,结果得以封授海西侯,而这是太初元年(前104)发生的事情③。

这也就意味着李夫人的去世时间,最晚也不得晚于太初元年。虽然刘髆封王的时间,是在这之后的天汉四年(前97)四月乙丑,就是这个月十五月圆这一天④,但西汉"皇子或在襁褓而立为诸侯王",依例一定要封王,而且武帝诸子,前面王夫人所生子刘闳、李姬子刘旦和刘胥,都已在元狩六年(前117),受封为

---

① 《史记》卷四九《外戚世家》,页2401。《汉书》卷九七上《外戚传》上,页3951。
② 《汉书》卷九七上《外戚传》上,页3951—3952。
③ 《史记》卷一二三《大宛列传》,页3852—3857。
④ 《汉书》卷六《武帝纪》,页205;卷一四《诸侯王表》,页420。案《汉书·武帝纪》记刘髆受封,在天汉四年四月,《诸侯王表》则记此事在天汉四年六月乙巳,唯古书"四""六"易讹,东汉荀悦《汉纪》(台北,鼎文书局,1977,杨家骆主编《中国学术类编》影印明嘉靖黄姬水刻本)卷一四(页106)亦作"夏四月",宋司马光《资治通鉴》(北京,中华书局,1956)卷二二汉武帝天汉四年四月(页721)、吕祖谦《大事记》(杭州,浙江古籍出版社,2005,《吕祖谦全集》本)卷一二汉孝武皇帝天汉四年(页178)、王益之《西汉年纪》(上海,商务印书馆,1937,《国学基本丛书》本)卷一六汉武帝天汉四年(页244)俱从之,故此处姑且月从《汉书·武帝纪》,而日期仍依《汉书·诸侯王表》。

王①，其中刘旦和刘胥的母亲李姬，《史记》还特别记明乃属"无宠"之妃②。所以，刘髆一生下来，也就确定了"王"的身份，李夫人才会预先以"王"相称。对于刘髆来说，李夫人所要托付给汉武帝的，不过是选一块更好一些的封地而已。

这样看来，刘髆的出生时间，就只能在元鼎六年至太初元年这六年左右了。换句话说，生母李夫人去世的时候，他最大也不过六岁上下，真的是尚且"未知人事"，正符合"蚤孤"（早孤）这一特征。

皇子刘髆凄凉的生命，除了早早就失去了生母之外，还要再加上"短折"，班固更清楚讲述说"昌邑短命"③，这也就是常言所说的"短命早死"。如上所述，依据目前我们所能看到的史料，刘髆最早也只能出生在李夫人进入汉宫的当年，亦即武帝元鼎六年，而他去世的时间，是在昭帝始元元年（前86）。那么，刘髆的寿命，最多也就是二十六岁，这当然属于"短折"。显而易见，"哀"这个谥号，对刘髆来说，恰如其分。

根据上文所做考述，刘髆的母亲李夫人，入宫侍奉汉武帝，最多也不会超过八年。姿色倾国，舞姿翩跹，又很善于自处，博得汉武帝对她异常喜爱。

---

① 《史记》卷六〇《三王世家》，页2565—2570。
② 《史记》卷四九《外戚世家》，页2402。
③ 《汉书》卷一〇〇下《叙传》下，页4257。

三　武帝宠妃王夫人

在李夫人入宫之前，汉武帝先是在元光五年（前130）废黜了陈皇后，接着在元朔元年（前128）又改立为其生下长子刘据的卫子夫为皇后。但后来因卫子夫年老色衰，另有一位来自赵国故地的王夫人，最迟在元朔六年（前123）的时候，就已经深得汉武帝宠爱。

就在元朔六年这一年，史上威名赫赫的大将军卫青，在二月和四月，接连两次率大军出塞，征伐匈奴，蒙汉武帝赏赐千金。卫青本来是卫皇后同母异父的弟弟，可是，面对王夫人得宠而卫皇后失势的情形，却不得不在这千金赏赐当中，拿出五百金来，"为王夫人之亲寿"，博取汉武帝欢心，以稳固自己的地位并避免祸害①。由此可见，汉武帝对王夫人宠爱之深，已经远远超出于卫氏皇后之上。

元朔六年前后王夫人深得汉武帝宠幸的一项"果实"，是她大概在此之后不久，就为汉武帝生下了第二个儿子刘闳。但即使像王夫人这样得宠，也并不意味着汉武帝就会身无它骛，他当然还会需要其他嫔妃侍其寝幄。较刘闳出世稍晚，就另有前面提到的那位李姬，接连为汉武帝生下刘旦、刘胥两个儿子。

元狩六年四月乙巳，刘闳、刘旦、刘胥三兄弟，同日分别受

---

① 《史记》卷一二六《滑稽列传》，页3897。《汉书》卷六《武帝纪》，页172；又卷五五《卫青霍去病传》，页2478—2479。

封为齐王、燕王和广陵王①。其中燕王和广陵王,不过是循例分封,以树藩屏(这当中的缘由也很复杂,涉及武帝朝政治一些重大关节,在这里姑且不予赘述),但齐王的情况,却与后两位藩王有所区别。这就是汉武帝出于对王夫人的深切宠爱,使得"闳尤爱幸"②。

俗语云"红颜薄命"。史载王夫人亦生年不永,在汉武帝封授刘闳为齐王之后不久,她就早早离开了人世。褚先生补撰的《史记·三王世家》,记刘闳受封经过曰:

> 王夫人者,赵人也,与卫夫人并幸武帝,而生子闳。闳且立为王时,其母病,武帝自临问之。曰:"子当为王,欲安所置之?"王夫人曰:"陛下在,妾又何等可言者。"帝曰:"虽然,意所欲,欲于何所王之?"王夫人曰:"愿置之雒阳。"武帝曰:"雒阳有武库敖仓,天下冲厄,汉国之大都也。先帝以来,无子王于雒阳者。去雒阳,余尽可。"王夫人不应。武帝曰:"关东之国无大于齐者。齐东负海而城郭大,古时独临菑中十万户,天下膏腴地莫盛于齐者矣。"王夫人以手击头,谢曰:"幸甚。"③

---

① 《史记》卷六〇《三王世家》,页2561—2570。
② 《汉书》卷六三《武五子传·齐怀王闳》,页2749。
③ 《史记》卷四九《外戚世家》,页2401;又卷六〇《三王世家》,页2571—2572。

与燕王和广陵王的封地相比，齐地确实最为优越，足见汉武帝对王夫人的眷恋。

甚至在王夫人去世之后，汉武帝依然思念不已。出于对王夫人早逝的痛惜，一方面，汉武帝特遣使者，奉玉璧而赐之为"齐王太后"①；同时又令来自齐国的方士，招其形影，聊慰追思之情。《史记·封禅书》记云：

> 齐人少翁以鬼神方见上。上有所幸王夫人，夫人卒，少翁以方盖夜致王夫人及灶鬼之貌云，天子自帷中望见焉。于是乃拜少翁为文成将军，赏赐甚多，以客礼礼之。②

透过这样的行为，可以更加清楚地看到汉武帝对王夫人情谊之深厚，在此基础上再来看汉武帝册封刘闳为齐王一事，也就更容易明白，把条件优越的善地封授给宠妃所生皇子，是汉武帝向宠妃展示钟爱的一种重要方式。

四　李夫人的嘱托

王夫人故世之后，从元鼎元年到元鼎五年（前112），大概有五年时间，汉武帝没有特别宠幸的嫔妃。如前所述，大致在元鼎

---

① 《史记》卷六〇《三王世家》，页2572。
② 《史记》卷二八《封禅书》，页1668。

六年,或是比这稍早一些时候,又有李夫人进入了汉武帝的后宫,而且蒙受宠爱的程度,一点儿也不亚于前面的王氏夫人。

《汉书·外戚传》所记李夫人因其兄李延年荐举始得汉武帝青睐一事,前文已经辨析,其实并不可信,但这不等于当时未曾有过"北方有佳人,……倾城与倾国"这样一首歌曲,同样也不等于这首歌曲与李夫人没有关联。李延年、李夫人兄妹乃至李氏全家,本来都是所谓"故倡",能歌善舞,李延年为汉武帝把原来的乐曲改成新调,同时还为汉武帝新作的"乐诗"谱曲,演奏歌唱①,李夫人既已获得皇帝恩宠,编写一首歌曲传唱,是很自然的事情。——它可以从一个侧面,反映汉武帝对李夫人的喜爱。

前面谈到的汉武帝延请齐地方士少翁招致已故王夫人形影一事,出自《史记·封禅书》,而《汉书·外戚传》却把王夫人改记为李夫人。唯少翁装神弄鬼,招致亡人体形身影的骗术,稍后就被汉武帝识破,下令将其处死,而李夫人入宫在这五年之后,去世的时间自然还要更晚。故《汉书·外戚传》的记载,肯定存在舛误。南宋王益之撰《西汉年纪》,编排此事于元狩二年(前121),这一系年,本来就存在谬误,更无法解释《史记·封禅书》和《汉书·外戚传》的矛盾。于是,王氏干脆"除其姓,云'上有所幸夫人',庶不抵牾"②。这样的处理方法,虽然并不合理,但却提示我们,实际情况,可能并非此是彼否式的单项选择。

---

① 《史记》卷一二五《佞幸列传》,页3881。
② 宋王益之《西汉年纪》卷一四汉武帝元狩二年,页204。

汉武帝招徕的术士，五花八门，后来见于记载的同类法术，就有"上郡有巫，病而鬼神下之"，又拜胶东术士栾大为"五利将军"，而栾大"常夜祠其家，欲以下神。神未至而百鬼集矣"①。汉武帝对李夫人的喜爱，既不在王夫人之下，再行用同类法术，令其显影现形，也是情理之中的事情。再逐一对比《汉书·外戚传》与《史记·封禅书》的记载，可以看到，《汉书·外戚传》的文字，与《史记·封禅书》还有很明显的差别，特别是颇有一些不见于《史记·封禅书》的内容，愈加显示出《汉书》似另有材料来源，二者本来就未必是同一回事。或许正是因为如此，班固在撰著《汉书》时，才将后来汉武帝令方士使李夫人现形事与此前因思念王夫人而做出的近似举动，错误地混为一谈。

《汉书·外戚传》记载说，因对李夫人的妙龄早逝痛惜不已，汉武帝便信由方士"致其神。乃夜张灯烛，设帷帐，陈酒肉，而令上居他帐，遥望见好女如李夫人之貌，还幄坐而步"。唐人颜师古解释说，后面这句话的意思，是说远看着李夫人的"神"坐在帷幄之中，又时或出来缓慢踱步，可是"又不得就视，上愈益相思悲感"，不禁写下下面这样的诗句，痛陈内心的感伤：

是邪，非邪？立而望之，偏何姗姗其来迟！

晚近学者解释诗中的"偏"字说："疑乃姌之借字。《说文》：姌，

---

① 《史记》卷二八《封禅书》，页1668、页1671。

轻貌。"而"姗姗"是描摹行走状态的联绵词,或书作"嫛姗""便姗""蹁跹"等,其义则一①。诗句很简单,情感却很真切,尤其是现场感很强。

看得出来,这两句诗应是当时脱口而出,随即纵笔记下,不易事后雕琢,别人很难编造出这样的文字。写好后,汉武帝复"令乐府诸音家弦歌之"②。如上所述,她的哥哥李延年本来就是这方面的高手,汉武帝又已经赏赐给他"协律都尉"这一头衔,应该就是掌管此等"弦歌"职事,他一定会用心用力,谱写演唱,使之成为传唱一时的名曲。

招"神"既不得畅其心意,汉武帝就又亲笔写下一篇赋,以抒发伤悼之情:

> 美连娟以修嫮兮,命樔绝而不长,饰新宫以延贮兮,泯不归乎故乡。惨郁郁其芜秽兮,隐处幽而怀伤,释舆马于山椒兮,奄修夜之不阳。秋气憯以凄泪兮,桂枝落而销亡,神茕茕以遥思兮,精浮游而出畺。托沈阴以圹久兮,惜蕃华之未央,念穷极之不还兮,惟幼眇之相羊。函荾荴以俟风兮,芳杂袭以弥章,的容与以猗靡兮,缥飘姚虖愈庄。燕淫衍而抚楹兮,连流视而娥扬,既激感而心逐兮,包红颜而弗明。欢接狎以离别兮,宵悟梦之芒芒,忽迁化而不反兮,魄

---

① 马叙伦《读两汉书记》(上海,商务印书馆,1930),页16b。
② 《汉书》卷九七上《外戚传》上并唐颜师古注,页3952。

放逸以飞扬。何灵魂之纷纷兮,哀裴回以踌躇,势路日以远兮,遂荒忽而辞去。超兮西征,屑兮不见。浸淫敞怳,寂兮无音,思若流波,怛兮在心。

乱曰:佳侠函光,陨朱荣兮,嫉妒阘茸,将安程兮!方时隆盛,年夭伤兮,弟子增欷,洿沫怅兮。悲愁于邑,喧不可止兮。向不虚应,亦云已兮。嫶妍太息,叹稚子兮,懰栗不言,倚所恃兮。仁者不誓,岂约亲兮?既往不来,申以信兮。去彼昭昭,就冥冥兮,既下新宫,不复故庭兮。呜呼哀哉,想魂灵兮!①

文中很多具体的内容,即使是专家,今天也需要借助古注并查阅相关训诂的书籍,才能通畅理解,不过汉武帝的绵绵情意,却是很容易看出,信非矫饰成篇。

对这篇赋中"嫶妍太息,叹稚子兮"这句话,晋人晋灼解释其中的"嫶妍"一词说:"三辅谓忧愁而省瘦曰'嫶冥','嫶冥'犹'嫶妍'也。"曹魏人孟康则通释全句,谓之曰:"夫人蒙被,嘘唏不见,帝哀其子小而孤也。"②

孟康所说"夫人蒙被",是讲李夫人病故之前的情景,事亦见《汉书·外戚传》:

---

① 《汉书》卷九七上《外戚传》上,页3952—3955。
② 《汉书》卷九七上《外戚传》上唐颜师古注,页3955。

初,李夫人病笃,上自临候之。夫人蒙被谢曰:"妾久寝病,形貌毁坏,不可以见帝。愿以王及兄弟为托。"上曰:"夫人病甚,殆将不起,一见我属托王及兄弟,岂不快哉?"夫人曰:"妇人貌不修饰,不见君父。妾不敢以燕媠见帝。"上曰:"夫人第一见我,将加赐千金,而予兄弟尊官。"夫人曰:"尊官在帝,不在一见。"上复言欲必见之,夫人遂转乡(向)歔欷而不复言。于是上不说而起。夫人姊妹让之曰:"贵人独不可一见上属托兄弟邪?何为恨上如此?"夫人曰:"所以不欲见帝者,乃欲以深托兄弟也。我以容貌之好,得从微贱爱幸于上。夫以色事人者,色衰而爱弛,爱弛则恩绝。上所以挛挛顾念我者,乃以平生容貌也。今见我毁坏,颜色非故,必畏恶吐弃我,意尚肯复追思闵录其兄弟哉!"①

"以色事人者,色衰而爱弛,爱弛则恩绝",这是中国古代帝王后宫中恒久的定律,李夫人正因为看破了它,才能够最大限度地利用自己容貌身段的优势,直至身死,诚可谓"长袖善舞"。

李夫人临终前施展的这一番苦心,换得的结果,首先,就是前文已经提到的,《汉书·外戚传》随后记载:"上以夫人兄李广利为贰师将军,封海西侯;延年为协律都尉。"特别需要指出的是,任用李延年为协律都尉,当即就可以实施,不会拖延很长时间,可要想封授李广利为侯,还需要积累相应的功绩,特别是军功。

---

① 《汉书》卷九七上《外戚传》上,页3951—3952。

盖汉代的列侯，本来是沿承秦人赏赐军功的二十等爵制而来，"列侯"是这二十等军功中最顶尖的一等，本称"彻侯"，汉代中期以后，因避武帝的名讳，始改名如此。故李广利要想受封为侯，还有待率兵出征，才能获取足够的战功。

另外，《汉书》在这里的叙述，其时间顺序，疑有舛错。盖依据《史记·佞幸列传》的记载，李延年在李夫人生前，就已经"佩二千石印，号协声律"①。如前文所述，李延年在元鼎六年被汉武帝召见之初，即已参与朝廷祠祀乐舞的制作，《汉书》也记述说"是时上方兴天地诸祠，欲造乐，令司马相如等作诗颂，延年辄承意弦歌所遭造诗，为之新声曲"②，这本来就需要具备一定的身份，而在这之前，如前引《史记·佞幸列传》所见，李延年只是一位身受腐刑的宦者，肯定很不适宜。这二千石的印绶，正与"都尉"的职衔相称（如汉有水衡都尉、主爵都尉、奉车都尉以及诸郡都尉等，皆秩二千石或比二千石③），故所谓"佩二千石印，号协声律"者应即身膺"协律都尉"之职，《汉书·佞幸传》即列此事于李夫人在世的时候④。

再说李延年被召见之后，很快就成为"内宠嬖臣"⑤，也就是深受汉武帝宠爱的同性性伴侣（西汉时人的性行为，往往比较

---

① 《史记》卷一二五《佞幸列传》，页3881—3882。
② 《汉书》卷九三《佞幸传》，页3725。
③ 《汉书》卷一九上《百官公卿表》上，页735—742。
④ 《汉书》卷九三《佞幸传》，页3725—3726。
⑤ 《史记》卷一二五《佞幸列传》，页3881—3882。

"任性",特别是皇帝和王侯们的性生活,尤其如此,都很放纵地享用感官的愉悦,同性的性爱,就是其中一项重要而又相当普遍的活动),《史记》记述他"与上卧起,甚贵幸"①。所以,这个"协律都尉",多半是用他自己的身子和优异技艺赢得的官职,未必与他的妹妹有太深关系。这样看来,《汉书·外戚传》所记赏赐给李家人的这两项官爵当中,其实只有给李广利封授海西侯一事,真正体现着汉武帝对已故李夫人的恩爱之情。

但并不意味着这样就减低了汉武帝钟爱李夫人的程度。《史记·佞幸列传》记述李延年得幸之后,"久之,浸与中人乱,出入骄恣。及其女弟李夫人卒后,爱弛,则禽诛延年昆弟也"。《汉书·外戚传》述及此事,则谓"其后李延年弟季坐奸乱后宫"②,记载与《史记》不同。刘宋时人徐广注释《史记》,或以为李延年以宦者之身,不易与宫女发生性交行为,注曰"一云坐弟季与中人乱"③。实则身受腐刑的宦者,自有独特的性爱方式,明朝后宫中宦官与宫女之间普遍而且近乎公开存在的"对食"关系,就是很好的例证。当年太史公亲历其事,而且其撰著《史记》,就是在身下蚕室之后,对此有非常切实的体验和感受。在这一点上,初不必疑惑他的记述。

《史记·外戚世家》述及李延年被祸,称其"兄弟皆坐奸,

---

① 《史记》卷一二五《佞幸列传》,页3881—3882。
② 《汉书》卷九七上《外戚传》上,页3956。
③ 《史记》卷一二五《佞幸列传》并刘宋裴骃"集解",页3881—3882。

族"①，这就说明李延年和他的弟弟李季，都有奸乱后宫的行为，《史记》和《汉书》只是各记一端。一般来说，既然李氏家族已遭受族灭的刑罚，李广利自无幸免之理。然而，正是在这样的情况之下，汉武帝却不仅没有牵连追究李广利，而且还坚持为之封侯：

> 是时其长兄广利为贰师将军，伐大宛，不及诛。还，而上既夷李氏，后怜其家，乃封为海西侯。②

这更显现出汉武帝对李夫人怜爱之深，情意之重；特别是如前引《史记·佞幸列传》所记，李广利本与李家其他所有人一样，"皆故倡"而已，汉武帝将其用作"贰师将军"，这本身就是一种极为厚重的恩典。

再联系李夫人卒后，汉武帝对她系"以后礼葬焉"，及"武帝崩，大将军霍光缘上雅意，以李夫人配食，追上尊号曰'孝武皇后'"③，便尤易理解，在汉武帝的心目之中，李夫人的地位实高于其他所有后宫的皇后和嫔妃，并且实际给予了她皇后的待遇。

前文已经谈到，李夫人为汉武帝生下的儿子刘髆，在天汉四年（前97）四月，被册封为昌邑王。这时，他的母亲，已经去世大约八年时间，而他本人的年龄，最大也不会超过十五岁。考

---

① 《史记》卷四九《外戚世家》，页2401。
② 《史记》卷四九《外戚世家》，页2401。
③ 《汉书》卷九七上《外戚传》上，页3951—3952。

虑到汉武帝对李夫人的深切怀念,再对比汉武帝对王夫人所生刘闳施以的关照,刘髆的封地昌邑,当然会是一处位置优越的地方。

可惜刘髆一如其母,福分很薄,受封仅十一年,就在昭帝始元元年(前86)正月去世。同年,本书的主人公刘贺,依制继承了王位,成为新一代的昌邑王[①]。

[①] 《汉书》卷六三《武五子传·昌邑王髆附子贺》,页2764;又卷一四《诸侯王表》,页420。

第二章　太子据的反叛

单纯看上文所述汉武帝对李夫人的眷恋，他的儿子刘髆，或不仅止于封王，在一定程度上，也存在被立为太子的可能。在刘髆小的时候，遇到的问题，主要是在他出生至少十二年前的元狩元年（前122）四月，卫皇后七岁的儿子刘据，就已经被尊立为皇太子了[①]。

刘据是汉武帝的长子，而且还是嫡长子。按照当时的伦理规则，要是没有极其特殊的原因，这几乎是无法更改的事实。由于事关国家的基本秩序，至少在册封刘髆为昌邑王的时候，汉武帝也没有动过另立太子的念头。

然而，太子的位置，后来出现了意想不到的变化，汉武帝重新确立了新的皇位继承人。朝廷的政治格局，随之出现了一种很特别的形态。正是在这种特别的政治形态下，牵连昌邑新王刘贺的命运，跌宕起伏，出现了充满戏剧性的变化。

[①]《汉书》卷六《武帝纪》，页174；又卷六三《武五子传·戾太子据》，页2741。

所以，要想深入认识刘贺的政治命运，首先需要了解汉武帝皇太子刘据造成的重大事变——这就是西汉历史上著名的"巫蛊之祸"。

一　卫子夫封后和她的失宠

在刘据的母亲卫皇后之前，汉武帝本已先立有陈皇后。

陈皇后是汉景帝的姐姐大长公主刘嫖的女儿，而这位大长公主对汉景帝确立刘彻的太子地位，起到了至关重要的作用。用大长公主自己的说法来讲，便是"帝非我不得立"。若是换成现在大家通行的话，等于是说假如没有这位大长公主的努力，刘彻就不可能成为皇帝。

这位大长公主为了确保自己的权势，在汉武帝为太子时，就把女儿嫁给他做太子妃。建元元年（前140），刘彻甫一登基为帝，太子妃也就自然升格成为皇后。由于这一特殊原因，陈皇后对待汉武帝，一向十分骄横[1]。

但从建元二年（前139）春起，出身卑微的卫子夫，因武帝姊平阳公主而得幸。一年多以后，复因妊娠而获尊宠[2]。卫夫人因妊娠即获得汉武帝尊宠，这里面有陈皇后本人的因素在起作

---

[1] 《史记》卷四九《外戚世家》，页2400。《汉书》卷九七上《外戚传》上，页3948。

[2] 《史记》卷一一一《卫将军骠骑列传》，页3538。《汉书》卷五五《卫青传》，页2472。

用。这就是陈皇后和汉武帝在一起生活十多年,却一直未能孕育有子嗣。陈皇后为了求子,曾"与医钱凡九千万,然竟无子"[1]。

这对汉武帝来说,固然是一件很重要的事情,平阳公主也为汉武帝开脱说,陈皇后的废位,"用无子故废耳"[2]。但事实上,皇后陈氏招致汉武帝的疏远和强烈反感,更为重要的因素,恐怕还是由于她实在过于狂纵,亦即《汉书》所述"擅宠骄贵"[3]。

由于骄横已久,陈皇后"闻卫子夫得幸,几死者数焉",从而惹得汉武帝愈加愤怒。不得已,陈皇后就试图通过一些妖道法术,来促使汉武帝回心转意,甚至直接诅咒汉武帝死亡,激使汉武帝痛加整治:

> 后又挟妇人媚道,颇觉。元光五年,上遂穷治之,女子楚服等坐为皇后巫蛊祠祭祝诅,大逆无道,相连及诛者三百余人。楚服枭首于市。使有司赐皇后策曰:"皇后失序,惑于巫祝,不可以承天命。其上玺绶,罢退居长门宫。[4]

元光五年(前130)七月,当陈皇后被正式废黜的时候[5],汉武帝

---

[1] 《史记》卷四九《外戚世家》,页2400—2401。《汉书》卷九七上《外戚传》上,页3948。
[2] 《史记》卷四九《外戚世家》,页2400—2401。
[3] 《汉书》卷九七上《外戚传》上,页3948。
[4] 《汉书》卷九七上《外戚传》上,页3948。
[5] 《汉书》卷六《武帝纪》,页164。

并没有马上尊立卫夫人为皇后,这也说明汉武帝对她并没有产生很浓烈的迷恋。

另一方面,我们再来看卫子夫之入宫以及逐渐得到汉武帝尊宠的经过,可以更为清楚地看到这一点:

> 卫皇后字子夫,生微矣。盖其家号曰卫氏,出平阳侯邑。子夫为平阳主讴者。武帝初即位,数岁无子。平阳主求诸良家子女十余人,饰置家。武帝祓霸上还,因过平阳主。主见所侍美人,上弗说。既饮,讴者进,上望见,独说卫子夫。是日,武帝起更衣,子夫侍尚衣轩中,得幸。上还坐,欢甚,赐平阳主金千斤。主因奏子夫奉送入宫。子夫上车,平阳主拊其背曰:"行矣,强饭,勉之!即贵,无相忘。"入宫岁余,竟不复幸。武帝择宫人不中用者,斥出归之。卫子夫得见,涕泣请出。上怜之,复幸,遂有身,尊宠日隆。①

这更显示出卫子夫的容貌和才艺,都没有能够像后来的李夫人那样强烈吸引汉武帝的迷恋。如上一章所述,卫子夫入宫,是在汉武帝建元二年,而她被册立为皇后,已经迟至十一年后的元朔元年(前128),原因无它:这一年她为汉武帝生下了第一个儿子,即卫氏不过是母以子贵而已。

汉武帝对她的情爱,从初近其身,就不够浓烈,再加上李夫

---

① 《史记》卷四九《外戚世家》,页2399。

人总结的那条深宫定律——"以色事人者，色衰而爱弛，爱弛则恩绝"，既然是母以子贵，皇太子的地位不变，皇后的地位也不会轻易改变，然而在嫔妃如云的汉廷后宫，卫皇后的失宠，遭受冷遇，当然只是时间早晚的事情了。

果然，卫子夫立为皇后仅仅五年，在元朔六年（前123），就有了王夫人深得宠幸。如上一章所述，就连依恃卫子夫起家的同母胞弟卫青，都要靠讨好王夫人来保障自己的地位。更为重要的是，她还为汉武帝生下了新的皇子。这就意味着不管是卫子夫这个皇后，还是刘据这个太子，随时都有可能被汉武帝更换。

对于卫皇后来说，好在王夫人好景不长，得宠不过六年多时间，就在元狩六年（前117）离世。这虽然暂时解除了对卫皇后正面的威胁，可汉武帝很快就又有了新欢，而且比对王夫人的喜爱还要更加炽烈，这就是才色双全的李夫人，在元鼎六年（前111）又进入后宫。更重要的是，和王夫人一样，她也生下了一位小皇子。

这接二连三的威胁，不能不对卫皇后和太子据产生影响。尽管李夫人和王夫人一样短命，在太初元年之前，就离开了人世。但汉武帝对李夫人的恩爱并没有随其去世而泯灭，这一点，从卫皇后尚且在位在世时，他就公然以皇后之礼来安葬李夫人一事上就可以看得清清楚楚；同时，卫皇后之失宠遭受冷遇，则一直持续到汉武帝末年[①]，故孝武皇帝刘彻随时都有可能废黜卫子夫的

[①] 《汉书》卷六三《武五子传·戾太子据》，页2742。

第二章 太子据的反叛 | 27

后位，同时也会改立刘髆为太子。

再说李夫人去世之后，汉武帝仍有新欢近爱，诸如尹婕妤、邢夫人、赵婕妤之类，接连不断。其蒙受宠幸的程度，虽然都无法和李夫人相比，但人主之情之心，谁都难以篦卜，而且随时可能会有更加美艳的年轻女子打动汉武帝，卫皇后母子，对此不能不忧心忡忡。这种忧虑，久而久之，就酿成了所谓"巫蛊之祸"。

二 论证"巫蛊之祸"的前提

在西汉时期所谓"巫蛊之祸"这一事变当中，汉武帝太子刘据，因针对汉武帝行用巫蛊事发，从而不得不发兵反叛，最终兵败自杀。

后世学者论及此事，多谓此事纯粹出于武帝佞臣江充的陷害，太子据并未行用巫蛊；即心存审慎者，亦不过表述为其事或许如此而已。过去我撰著《制造汉武帝》一书，其中提到太子据应是确实施行了这一巫术，很多人读后，感觉难以接受，纷纷以各种各样的形式发表看法。其中虽然也有学术性的论文，但更多的只是一种情绪激荡的议论，基于各种各样的心理和感情，以为拙说不能成立。

对很多人的心理和感情，尽管莫名其妙，我仍然表示尊重。另一方面，很多历史问题，因史料记载不够明晰，学者们基于各自的主观原因而做出不同的解读，从而持有不同的看法，本来也很难彼此认同，这很正常。尽管如此，为更好地说明刘贺其人的身世，特别是他与汉朝中枢政治所发生的深切纠葛，还是应该先详细讲述一下我对这一问题的思索，以供大家切实了解相关史事发生的背景。

需要说明的是，关于汉武帝时期的"巫蛊之祸"，当代学者中，有很多人做过乍看起来好像很深入的探讨，例如劳榦、田余庆、蒲慕州，等等。但我读后，感觉这些论述，似乎都与《汉书》等基本史料的记载存在很大的隔阂，甚至明显的抵牾，好像总是作者自己想得太多了一些。因学识所限，一时我还难以领会这些高论与历史事实之间的确切联系。既然自己把握不到，那么，这里就本着"知之为知之，不知为不知"的古训，暂不涉及他们着力探讨的那些史料中隐而不显的问题。好在即使不用这些或高明或幽深的概念，似乎同样可以说明一些基本的史事。

近人吕思勉，在所著《秦汉史》中，对"巫蛊之祸"始末，做过比较细致的梳理，多信而质实。下面所做论述，很大程度上便是基于这一基础。当时所谓"巫蛊"，如吕氏所说："蛊之道多端，武帝时所谓巫蛊者，则为祝诅及埋偶人。"① 这是本书相关论述据以立论的一项基本前提。

论及汉武帝时期的"巫蛊之祸"，我们首先需要明确，当时，人们行用巫蛊之术，只要不以汉家天子为祝诅对象，一般并不违法。

---

① 吕思勉《秦汉史》（上海，上海古籍出版社，1983）第五章第十一节《巫蛊之祸》，页146—147。

溯其缘起，在秦代，就连朝廷，甚至都设有专门施行这种法术的"秘祝"之官，"即有灾祥，辄祝祠移过于下"。唐人张守节对此解释说："谓有灾祥，辄令祝官祠祭，移其咎恶于众官及百姓也。"① 如此堂而皇之地引祸水而下流，真是赤裸裸地以民为壑。

秦廷设置这样的职官，在今天看来，固然恶劣荒唐，但却符合当时一般人的观念。类似的事例，如春秋楚昭王二十七年（前489），吴国伐陈，楚国发兵救之，两军对峙间，楚国统军的昭王却罹患重病，不治亡故。在去世之前，楚昭王曾与臣下商议祛病的办法，即述及此等移祸于人的做法：

> 昭王病于军中，有赤云如鸟，夹日而蜚。昭王问周太史，太史曰："是害于楚王，然可移于将相。"将相闻是言，乃请自以身祷于神。昭王曰："将相，孤之股肱也。今移祸，庸去是身乎！"弗听。卜而河为祟，大夫请祷河。昭王曰："自吾先王受封，望不过江、汉，而河非所获罪也。"止不许。孔子在陈，闻是言，曰："楚昭王通大道矣，其不失国，宜哉！"②

楚昭王仁义，这是大多数君王做不到的事情，所以才蒙受孔夫子

---

① 《史记》卷二八《封禅书》并唐张守节《正义》，页1656—1657。
② 《史记》卷四〇《楚世家》，页1717。

高度赞扬，但秦始皇显然不会像楚昭王这样心慈手软，求长生既已百计必施，当然要设"秘祝"以移祸祛病。

这样的做法，一直沿袭到汉文帝十三年（前167）夏，始被废除①，透过这一点，愈加可见此等巫术盛行的程度。民间普遍合理合法地施行，自在情理之中。

在废除此法之前的汉文帝二年（前178）三月，孝文皇帝刘恒，发布了一道涉及巫蛊的重要诏令：

> 古之治天下，朝有进善之旌，诽谤之木，所以通治道而来谏者。今法有诽谤妖言之罪，是使众臣不敢尽情，而上无由闻过失也。将何以来远方之贤良？其除之。民或祝诅上，以相约结而后相谩，吏以为大逆。其有他言，而吏又以为诽谤。此细民之愚，无知抵死，朕甚不取。自今以来，有犯此者勿听治。②

诏书中"民或祝诅上，以相约结而后相谩"这句话，今中华书局新点校本《史记》原本连读为"民或祝诅上以相约结而后相谩"，语义不明，而看裴骃《史记集解》和张守节《史记正义》所做旧注，则愈加糊涂不清③。

---

① 《史记》卷一〇《孝文本纪》，页541。
② 《史记》卷一〇《孝文本纪》，页537。
③ 案关于《史记》这段文字的标点，别详拙文《中华书局新印纸皮简装本〈史记〉补斠》，待刊。

通观上下文义，知汉文帝乃云为"通治道"而欲除去"诽谤"和"妖言"两罪（《史记·汉兴以来将相名臣年表》将文帝此举概括为"除诽谤律"①），而作为这两项罪名具体针对的罪行之一，汉文帝列举的"妖言"之罪是"民或祝诅上"，亦即直接诅咒当今皇帝，故"吏以为大逆"。如此严重的行径，竟然能够得到汉文帝的宽宥，本来有一个重要前提，这就是皇帝在已经与民"相约结"亦即应允民众的情况下，随后复又"相谩"，也就是朝廷说话不算数，言而无信，蒙骗民众。

因而，并不是任何一种诅咒皇帝的"妖言"，都可以从宽发落，免除其罪责。台湾学者蒲慕州，曾以为汉文帝此诏是取消了"祝诅上"为"大逆"亦即处以死罪的律条②，误解殊甚。这一事例向我们提示，当时在特殊情况下，即使是直接祝诅今上，也是可以免受惩罚的。那么，民间百姓之间，行用巫蛊之术，更不会轻易获罪。

又据《汉书·武帝纪》记载，天汉二年（前99）秋，"止禁巫祠道中者"。曹魏时人文颖注云："始汉家于道中祠，排祸咎移之于行人百姓，以其不经，今止之也。"但唐人颜师古并不赞同他的看法，以为"文说非也。秘祝移过，文帝久已除之。今此总禁百姓巫觋于道中祠祭者耳"③。吕思勉以为，在对天汉二年秋朝

---

① 《史记》卷二二《汉兴以来将相名臣年表》，页1335。
② 蒲慕州《巫蛊之祸的政治意义》，刊《"中研院"史语所集刊》第57本第3分（1986年），页517—518。
③ 《汉书》卷六《武帝纪》并唐颜师古注，页203。

廷这项禁令的解释上，应以颜师古所说为妥，但这并不等于"汉家果无祠道中之事"，文颖"其言自有所据也"①。

今案文颖所说，指出了秦汉时人于道中设祠的实质性用意，乃"排祸移咎于行人百姓"，亦即没有特定指向地把灾祸引向无辜的过路行人②；同时也符合此番汉廷颁发诏书的旨意，日本学者狩野直喜就明确指出，在所有各种解释当中，应"以文说最长"③。正因为这样行用的巫术过于荒唐，所以，汉武帝才在天汉二年予以禁止④，而颜师古把汉文帝十三年废除朝廷秘祝之官移祸于下的做法，看作除去一切"秘祝移过"行为，所说并不合理。

这一事例，同样透露出：当时除了没有合理理由而直接祝诅当朝的皇帝，或者如此这般在道路中祠祝以随机移祸于无辜行人之外，其他民间的巫觋蛊祝行为，以其冤有头，债有主，并不会

---

① 吕思勉《秦汉史》第五章第十一节《巫蛊之祸》，页147。
② 案吕思勉《吕思勉读史札记》（上海，上海古籍出版社，2005）乙帙《秦汉》之第四一九条"禁巫祠道中"条（页820—821）对此有更为具体的论述。
③ 狩野直喜《漢書補注補》，见作者文集《兩漢學術考》（東京，筑摩書房，1964），页299。
④ 案吕思勉《秦汉史》第五章第十一节《巫蛊之祸》（页147）尝引述《汉书》卷八六《王嘉传》（页3496）记汉哀帝时王嘉言董贤母病，"长安厨给祠具，道中过者皆饮食"，以此作为汉家自有"祠道中之事"的例证，所说诚是。盖如曹魏时人如淳注（页3497）所云，"祷于道中，故行人皆得饮食"，而董贤之所以能够不受武帝天汉二年以来的法律限制，依然"巫祠道中"，只能是汉哀帝因宠爱董贤而破格施与的恩典。同时，又因无端移祸于路人，朝廷禁绝已久，不得不以令"行人皆得食"的方式略加抚慰。

第二章　太子据的反叛 | 33

受到法律的限制与处罚,即这本是一种合法的行为。——这是我们讨论武帝时期巫蛊之祸问题的另一项重要基础。

对此,需要适当予以说明的是,东汉时人郑玄,在注释《周礼》"庶氏,掌除毒蛊,以攻说襘之,嘉草攻之"这一文句时,引述汉代律文注云:

《贼律》曰:"敢蛊人及教令者弃市。"①

蒲慕州曾引述此文,以为这显示汉朝治理巫蛊之罪的律法,或有处以死罪的规定,只是在汉文帝已经取消了处死行巫蛊者律条的情况下,不知"这条法律是何时开始施行的"②。

今案汉文帝取消行巫蛊者死罪的看法,上文已说明其谬误。又《周礼》记述的"毒蛊",郑玄释为"虫物而病害人者"。复检视《周礼》此条上一条为:"冥氏,掌设弧张,为阱擭以攻猛兽,以灵鼓欧之。若得其兽,则献其皮革齿须备。"下一条乃是:"穴氏,掌攻蛰兽,各以其物火之,以时献其珍异皮革。"③相互参证,通观其说,可知《周礼》所记"毒蛊",应当是实指自然界中活生生的有毒"虫"类动物,这与西汉埋设偶人以行祝诅的巫

---

① 汉郑玄注《周礼》(北京,中华书局,1992,《古逸丛书三编》影印北京图书馆藏南宋刻本)卷一〇《秋官司寇》下,页3a。
② 蒲慕州《巫蛊之祸的政治意义》,刊《"中研院"史语所集刊》第57本第3分,页518。
③ 汉郑玄注《周礼》卷一〇《秋官司寇》下,页2b—3a。

蛊之术，性质完全不同。

按照汉朝的法律，是要将用毒虫害人的犯人以及教令害人的指使者，一并处以弃市之刑。《史记·淮南衡山列传》载衡山王赐，有姬徐来，尝"使婢蛊道杀太子母"，在衡山王与淮南王安谋反事败露之后，被论此罪弃市①，正符合郑玄引述汉律对教令蛊人一罪的规定。孰知今蒲慕州却将其视作以偶人祝诅所行巫蛊之术或可杀人的事例②，实在匪夷所思。

又此等"蛊道"，后世多称"蓄蛊杀人"。《隋书·地理志》记述其中一种具体的方法说：

> 以五月五日聚百种虫，大者至蛇，小者至虱，合置器中，令自相啖，余一种存者留之，蛇则曰蛇蛊，虱则曰虱蛊，行以杀人。因食入人腹内，食其五藏，死则其产移入蛊主之家，三年不杀他人，则畜者自钟其弊。累世子孙相传不绝，亦有随女子嫁焉。③

直到清朝，此等蛊术仍时时发生，朝廷且亦同样以死罪治之。《清经世文编》里收录有一篇《除养蛊示》，就讲到相关的情

---

① 《史记》卷一一八《淮南衡山列传》，页3760—3762。
② 蒲慕州《巫蛊之祸的政治意义》，刊《"中研院"史语所集刊》第57本第3分，页519。
③ 《隋书》（北京，中华书局，1973）卷三一《地理志》下，页887。

况①。因知此蛊非彼蛊，蒲氏所说，与事实相差太远，置之可也。

三　太子起事

事关太子据的所谓"巫蛊之祸"，其具体经过，在《汉书·戾太子传》中有比较清楚的记载：

> 武帝末，卫后宠衰，江充用事。充与太子及卫氏有隙。恐上晏驾后为太子所诛，会巫蛊事起，充因此为奸。
>
> 是时，上春秋高，意多所恶，以为左右皆为蛊道祝诅，穷治其事。丞相公孙贺父子，阳石、诸邑公主，及皇后弟子长平侯卫伉皆坐诛。……
>
> 充典治巫蛊，既知上意，白言宫中有蛊气，入宫至省中，坏御座掘地。上使按道侯韩说、御史章赣、黄门苏文等助充。充遂至太子宫掘蛊，得桐木人。
>
> 时上疾，辟暑甘泉宫，独皇后、太子在。太子召问少傅石德，德惧为师傅并诛，因谓太子曰："前丞相父子、两宫主及卫氏皆坐此，今巫与使者掘地得征验，不知巫置之邪，将实有也？无以自明，可矫以节收捕充等系狱，穷治其奸诈。且上疾在甘泉，皇后及家吏请问皆不报，上存亡未可

---

① 清贺长龄《清经世文编》（北京，中华书局，1992，影印清光绪十二年思补楼重校本）卷九二《刑政》三金铁《除养蛊示》，页2282。

知,而奸臣如此,太子将不念秦扶苏事耶?"太子急,然德言。

征和二年七月壬午,乃使客为使者收捕充等。按道侯说疑使者有诈,不肯受诏,客格杀说。御史章赣被创突亡,自归甘泉。太子使舍人无且持节夜入未央宫殿长秋门,因长御倚华,具白皇后,发中厩车载射士,出武库兵,发长乐宫卫,告令百官曰江充反。乃斩充以徇,炙胡巫上林中。遂部宾客为将率,与丞相刘屈氂等战。长安中扰乱,言太子反,以故众不肯附。太子兵败,亡,不得。①

当然还有其他一些相关的记述,随着问题的展开,下文还会有所征引。不过,通过上引《戾太子传》的内容,已经可以了解这一事件的基本情况。

按照《戾太子传》的记载,太子据被牵连到"巫蛊之祸"当中,首先是由于江充率人进入"太子宫掘蛊,得桐木人"。这种"桐木人",也就是施展巫术时替代所诅咒对象的人偶。关于这一事件,首先,《戾太子传》文中"充遂至太子宫掘蛊,得桐木人",这只是一种客观的记录。同样的记录,尚别见于《汉书·江充传》:

会阳陵朱安世告丞相公孙贺子太仆敬声为巫蛊事,连及

---

① 《汉书》卷六三《武五子传·戾太子据》,页2742—2744。

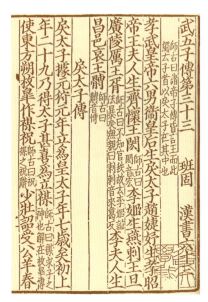

图5 《北京大学图书馆藏宋元珍本丛刊》
影印宋庆元本《汉书·戾太子传》

阳石、诸邑公主,贺父子皆坐诛。……后上幸甘泉,疾病。充见上年老,恐晏驾后为太子所诛,因是为奸,奏言上疾祟在巫蛊。于是上以充为使者治巫蛊。充将胡巫掘地求偶人,捕蛊;及夜祠、视鬼染污令有处,辄收捕验治。烧铁钳灼,强服之。民转相诬以巫蛊,吏辄劾以大逆亡道,坐而死者前后数万人。

是时上春秋高,疑左右皆为蛊祝诅,有与亡,莫敢讼其冤者。充既知上意,因言宫中有蛊气,先治后宫希幸夫人,以次及皇后,遂掘蛊于太子宫,得桐木人。太子惧,不能自明,收充,自临斩之。骂曰:"赵虏!乱乃国王父子不足邪！乃复乱吾父子也！"太子由是遂败。①

读文中"遂掘蛊于太子宫，得桐木人"这句话，与《戾太子传》的行文，几乎一模一样，简单明了，这里并没有什么其他的情节存在。

像《汉书》这样严谨的历史著作，其最基本，也是最为首要的功能，当然是如实记述史事。在有关巫蛊之案侦办与原被告双方人物的传记里，都决然不见江充暗设计谋来诬陷太子据埋设桐木偶人以行蛊术的记载，清楚地显示出这是一件在太子宫内实实在在发生了的事情，并非无中生有。

再来看东窗事发之后，《戾太子传》所记太子少傅石德的态度。当得知这一消息之后，他的第一反应，便是"惧为师傅并诛"。我们不妨设想一下当时的情形，若是不明就里，或是此事还存在太子自施巫蛊之外其他的可能，石德怎么会一下子想到自己会与太子据一并遭到诛戮？若是太子据在召唤他前来商议时就明确告诉他，此事出自江充栽赃陷害，他又何必再讲"今巫与使者掘地得征验"，亦即已有确切物证证明太子据暗施蛊术这种废话？

显而易见，惊慌之中，太子据并没有向这位少傅讲出诸如江充设计陷害之类的开脱词语。毕竟姜还是老的辣，危急关头，石德一下子就想到了从困境中挣脱出来的办法，以询问的口气说道："不知巫置之邪？将实有也？无以自明。"——这个桐木偶人，究竟是司职搜查之巫自己安放的呢？还是此前确实就在宫里？这

---

① 《汉书》卷四五《江充传》，页2178—2179。

是你自己怎么也说不清楚的事情。这是以一种委婉的方式，给太子据指明一条逃脱惩处的路径：也就是反咬一口，说是江充预埋人偶陷害太子据。即使是在这种情况下，太子据也并没有向石德申明自己的无辜，事情的真相，实已昭然若揭。

办法好像是找到了，但这只是一种没有办法的办法。要想挣脱业已紧套在脖子上的锁链，只能孤注一掷，采用非法手段，抓住汉武帝特别委派的"治巫蛊"使者江充，投入黑牢，"穷治其奸诈"，也就是采取刑讯逼供（或许应包括江充辈使用过的"烧铁钳灼"等刑讯手段），直至以死亡相胁迫的方式，令其不得不承认石德所捏造的江充令"巫置之"这一"奸诈"举动。

然而，实际效果并不理想。江充等人被捕之后，显然谁都没有屈服认账。无计可施的太子据，只好彻底孤注一掷，发兵反叛，希冀汉武帝或许已经病重不起，以求侥幸，并"斩充以徇，炙胡巫上林中"，用以发泄自己的愤恨[1]。

行文至此，需要对上引《江充传》一段内容的标点略加说明。这就是"充将胡巫掘地求偶人，捕蛊；及夜祠、视鬼染污令有处，辄收捕验治。……"这段话，中华书局点校本原文点读为："充将胡巫掘地求偶人，捕蛊及夜祠，视鬼，染污令有处，辄收捕验治，……"对这一段文字，前人的解读，一向不够明晰。如曹魏时人张晏释之曰："充捕巫蛊及夜祭祠祝诅者，令胡巫视鬼，

---

[1] 《汉书》卷六三《武五子传·戾太子据》，页2742—2743。

诈以酒酹地，令有处也。"① 依此，似当读作"充将胡巫掘地求偶人，捕蛊及夜祠，视鬼染污令有处，辄收捕验治"云云。

对此，唐人颜师古解释说："捕夜祠及视鬼之人，而充遣巫污染地上，为祠祭之处，以诬其人也。"② 如其所说，似是读作"充将胡巫掘地求偶人，捕蛊及夜祠、视鬼，染污令有处，辄收捕验治"云云。

至清人王先谦，复以为"二说皆非也。巫能视鬼，故《田蚡传》'蚡疾，一身尽痛，上使视鬼者瞻之'是也。夜祠者，夜祠祷而祝诅者也，下《息夫躬传》即其证言。捕蛊及夜祠之人，豫（预）埋偶人于其居，又以他物染污其处，托为鬼魅之迹，乃使胡巫视鬼所染污，令共知有埋蛊处，从而掘之"③。

实际上诸人所说，于整段文句的文法语序，俱有未安。盖地中埋设的偶人，系蛊术所需，故"胡巫掘地求偶人"而抓捕"蛊"者。然而"夜祠"与"视鬼"，是另外两种巫术（"视鬼"者迟至南北朝时期仍大行于世，唯通称"见鬼人"而已④），其施行法术时往往会"染污令有处"，亦即在作法处留下施展法术的痕迹，江充辈循此痕迹，"辄收捕验治"。至于其是否干犯国法，关键在于是否诅咒当朝天子，而不是这些巫术本身就是违法

---

① 《汉书》卷四五《江充传》唐颜师古注引三国魏张晏语，页2178。
② 《汉书》卷四五《江充传》唐颜师古注，页2178—2179。
③ 清王先谦《汉书补注》（北京，中华书局，1983，影印清光绪二十六年虚受堂刊本）卷四五《江充传》，页1036。
④ 《北史》（北京，中华书局，1974）卷八《齐本纪》下，页300。

的勾当。这些蛊者、夜祠者、视鬼者，一旦遭受下吏行用"烧铁钳灼"之类的酷刑侦讯，在求死不得的情况下，即使毫无犯上之意，往往也都不得不屈认自己行用巫术乃是"大逆亡道"使然。

四　江充之奸

若是依循过去大多数人的解读，则江充总归都有暗自栽赃陷害好人的劣迹。早在唐朝初年，颜师古就是这样看待相关史事。这大概或多或少，是与他信从《三辅旧事》的记载，以为江充带领胡巫在太子宫中掘得的桐木偶人系"充使胡巫作而薶（埋）之"具有关联。今案《三辅旧事》撰著年代和作者都不够十分明晰，始见于《旧唐书·经籍志》著录，称"韦氏撰"[1]。审其内容，大抵东汉至曹魏时期著述。

这一内容，大多数人依据的是《汉书·江充传》颜师古的注语[2]，而其更为完整的叙述，见于《太平御览》所引：

> 江充为桐人，长尺，以针刺其腹，埋太子宫中。充晓医术，因言其事。[3]

---

[1] 《旧唐书》（北京，中华书局，1975）卷四六《经籍志》上，页1998。
[2] 《汉书》卷四五《江充传》唐颜师古注，页2179。
[3] 宋李昉等《太平御览》卷八三〇《资产部·附医针》，页3704。

尽管今所见《三辅旧事》的佚文，显示其纪事内容大多尚较为平实，但毕竟只是杂记琐事，其记述重大史事的可信性，远不能与《汉书》这样的"正史"相比。即以这一条记载而言，观其"充晓医术，因言其事"云云，即与《汉书》的记载存在巨大差异，且绝不可信据。因知江充预埋桐人于太子宫中的说法，也同样不足偏信。

关于江充预埋桐人于太子宫中，在唐代初年撰著的《礼记正义》当中，在疏释《礼记·王制》"执左道以乱政杀"语及郑玄注之"左道若巫蛊及俗禁"时，还有这样一段叙述：

> 若巫蛊及俗禁者，《汉书》武帝时江充埋桐人于大（太）子宫是也。初江充曾犯大（太）子，后王将老，欲立大（太）子。大（太）子立，必诛充。充遂谋大（太）子，为桐人六枚，埋在大（太）子宫中。乃谮大子于帝曰："臣观大（太）子宫有巫气。"王遂令江充检之。果掘得桐人六枚，尽以针刺之。太子以自无此事，意不服，遂杀充。武帝故怒，遂遣丞相刘屈氂（氂，案今简体字书作"牦"）将兵伐大（太）子。大（太）子急，窜于湖县民家而藏。后事发，大（太）子遂自杀而死于其处。①

观其所述"后王将老，欲立太子，太子立，必诛充"云云，与

---

① 唐孔颖达等《礼记正义》（北京，北京大学出版社，2014，乔秀岩主持影印南宋越刊八行本）卷一九《王制》，页428、页432—433。

《汉书》太子或将被废的记载决然抵牾，即可知这段记述不仅不是出自《汉书》，而且显然属于所谓齐东野老之谈，就历史纪事的意义而言，本没有任何史料价值。盖经书注疏引书，自时有讹误，清人顾炎武对此早有指摘①，亦不足为怪。

覆案当时的情况，可以看出，江充预令巫者偷埋桐人之说，实际很难说通。其最显而易见的事实是：堂堂太子宫中，江充如何能够派遣私人径行入内？西汉王朝如同历史上任何一个朝代一样，宫禁都很森严。汉法乃明令"无引籍不得入宫司马殿门"②，而所谓"籍者，为二尺竹牒，记其年纪名字物色，悬之宫门，案省相应，乃得入也"③。江充即使假借其他缘由，得以安插心腹蒙混进入宫中，也必然会留下清楚的记录，很容易被人勘破行踪。若谓勾结奸人，妄行阑入，成功与否，尚未可知，而一旦拿获，或完为城旦④，或干脆下狱处死，江充又岂敢冒险尝试？

进一步看，汉武帝既为一代枭雄，做事用人，无不处处防范。江充虽然以其执法严厉而深得武帝信赖，但在委任他出任"治巫蛊"使者而入宫搜查之际，还是另外"使按道侯韩说、御史章赣、黄门苏文等助充"⑤。稍习中国古代专制君主行事手段

---

① 清顾炎武《日知录》（上海，上海古籍出版社，1985，影印清道光十四年嘉定黄氏西溪草庐刻黄汝成《日知录集释》本）卷二七"注疏中引书之误"条，页1967—1970。
② 汉郑玄注《周礼》卷一《天官冢宰》，页9b—10a。
③ 《汉书》卷九《元帝纪》唐颜师古注引东汉应劭语，页286。
④ 《汉书》卷一八《外戚恩泽侯表》，页686；又卷九七上《外戚传》上，页3959。
⑤ 《汉书》卷六三《武五子传·戾太子据》，页2742。

者，应不难看出，这同时也是令韩说等三人监督江充行事，以相钳制，防止其恣意妄为。《汉书·武帝纪》记述江充在太子宫中查究巫蛊，即书作"按道侯韩说、使者江充等掘蛊太子宫"①，如实显示出韩说在这一行动中的实际地位和作用都在江充之上。

在这三人当中，按道侯韩说的地位尤为特别。其兄韩嫣，是汉武帝为胶东王时即一同"学书相爱"的近幸之臣，狎昵到"常与上共卧起"的程度，即属深受汉武帝昵爱的同性贴身伴侣。就是这位韩嫣，曾以"出入永巷不禁"而"以奸闻皇太后。太后怒，使使赐嫣死。上为谢，终不能得"，可见汉武帝对他的呵护。韩说亦同样蒙受汉武帝这种特别的"爱幸"②，曾"数称将军"，因战功而得以再度封侯③，如天汉四年（前97）以游击将军身份出征匈奴，一次即统领大军三万人④，显然不会任由江充胡乱作为，而不向汉武帝报告实际情况。

当太子据派遣门客抓捕江充等人的时候，韩说看出其假托诏命的破绽而"不肯受诏"，当即被太子宾客杀掉，而"御史章赣被创突亡，自归甘泉"，黄门苏文也同样"亡归甘泉"，亦即逃向身处甘泉宫的汉武帝，赶去报告所发生的情况⑤。

---

① 《汉书》卷六《武帝纪》，页208。
② 《汉书》卷九三《佞幸传》，页3724—3725。
③ 《史记》卷九三《韩信卢绾列传》，页3196。
④ 《汉书》卷六《武帝纪》，页205。
⑤ 《汉书》卷六《武帝纪》，页208；又卷六三《武五子传·戾太子据》，页2743、页2747；卷九七上《外戚传》上，页3950。东汉荀悦《汉纪》卷一五，页108。

第二章 太子据的反叛 | 45

在江充已被太子据捉获，甚至或已处死的情况下，若是江某预埋桐木人偶，栽赃陷害，激使太子据造反作乱，那么，章赣和苏文，自宜向汉武帝如实报告这一重大缘由（甚至在太子据派人抓捕他们的时候，就能够坦然面对，与之一同觐见武帝，说明江充的卑鄙伎俩），武帝也一定会采取相应的措施，昭示奸人的行径，以抚慰太子和皇后，从而顺利平息事态。

然而，从征和二年（前91）七月壬午太子据发兵反叛，到其庚寅出亡①，在这长达十天的期间内，汉武帝却没有采取任何相应的措施，反而"赐丞相玺书曰：'捕斩反者，自有赏罚。……坚闭城门，毋令反者得出。'"，并且亲自出马，"从甘泉来，幸城西建章宫，诏发三辅近县兵，部中二千石以下，丞相兼将"，实际上是直接坐镇指挥镇压太子据的行动②。及至太子据兵败，亡命外逃，汉武帝乃"诏遣宗正刘长乐、执金吾刘敢奉策收皇后玺绶"，而在如此这般逼使卫后"自杀"之后，复令"黄门苏文、姚定汉，舆置公车令空舍，盛以小棺，瘗之城南桐柏"，并大举清洗其家族成员，以致"卫氏悉灭"③。

又太子据出逃之后，壶关三老上书，请求宽宥太子据，"出一旦之命，待罪建章阙下"，武帝亦曾有所"感悟"④，宋人司马光在《资治通鉴》中记述说："书奏，天子感悟，然尚未敢显言

---

① 《汉书》卷六《武帝纪》，页208—209。
② 《汉书》卷六六《刘屈氂传》，页2880—2881。
③ 《汉书》卷九七上《外戚传》上，页3950。
④ 《汉书》卷六三《武五子传·戾太子据》，页2744—2745。

赦之也。"①若是已经"感悟"到太子据行巫蛊事出于江充栽赃诬告，汉武帝早就会下诏赦免太子了，司马光所谓"未敢显言"，实乃无由言之是也。

正如司马光本人在《资治通鉴考异》中，针对《汉武故事》"上感悟赦反者，拜郑茂为宣慈校尉，持节徇三辅，赦太子，太子欲出，疑弗实"云云假想"故事"所做的反驳那样："上若赦太子，当诏吏勿捕。此说恐妄也。"②汉武帝若是得知江充陷害太子据的"真相"，自当及时颁布诏书，宽赦其举兵反叛的行为。

这种种迹象，都清楚表明，章赣和苏文向汉武帝反映的情况，愈加证明太子据之行用巫蛊，乃是确凿无疑的事实。

考虑到这一因素，也就愈加容易理解，太子据派人捉拿江充以至韩说、章赣、苏文诸人，若是不能逼使其就范，一致屈认江充埋置偶人陷害，就只能杀人灭口，使之死无对证，然后再寄希望于汉武帝病体衰弱不支或是业已身亡，冒险一搏，夺取帝位。太子据图谋杀死江充、韩说等所有负责侦查巫蛊的官员，已经表明在行用巫蛊一事上，他绝不像现在很多人所认为，或是所热切期望的那样清清白白，干干净净。

另一方面，一个人行事，往往具有一贯性；至少考察其行事风格，有助于我们认识江充在查办太子据偷行巫蛊一事时更有可

---

① 宋司马光《资治通鉴》卷二二汉武帝征和二年七月，页732—733。
② 宋司马光《资治通鉴考异》（上海，商务印书馆，民国缩印纸皮本《四部丛刊初编》影印宋刊本）卷一征和二年七月"壶关三老茂上书天子感悟"条，页5。

能采用一种什么样的方式。

江氏有仇必报,且心地险恶,甘做汉武帝的忠实鹰犬,绝不是什么正人君子。但如俗语所云"盗亦有道",一个人并不是在某些方面品性低劣,就一定会无恶不作。

我们看江充其人以前做过的事情,并没有发现他强行以栽赃手段诬陷他人的先例。例如,他举报赵太子丹"与同产姊及王后宫奸乱,交通郡国豪猾,攻剽为奸",即皆确有其事,而赵太子丹正因如此妄为不法,担心江充揭露此等"阴私",才要抓捕江充,并将其父兄处以"弃市"这样的极刑。又如他身任"直指绣衣使者",以"督三辅盗贼,禁察逾侈。贵戚近臣多奢僭,充皆举劾,奏请没入车马,令身待北军击匈奴",也都是罚出有据,受惩处者并不是好端端地被他冤枉。甚至就连最受诟病的究治巫蛊一事,也是首先要求确有偶人埋入地下,或是夜祠、视鬼者留下"染污"的痕迹,亦即确有犯案的事证,始得加以"收捕验治"①。

从这些情况来看,江充的具体行为,系严苛执法,即汉武帝所认定的"忠直"且"奉法不阿"②,更近似于所谓"酷吏"。后来在昭帝时期的盐铁会议上,众贤良文学贬斥江充,即将其列为

---

① 《汉书》卷四五《江充传》,页2175—2179。案《汉书》此卷,是以汉初以来的蒯通、伍被、江充和西汉末年的息夫躬四人合传,意在阐述孔子所说"恶利口之覆邦家"这一行为原则(页2189),而不是这些人具体的为人处世有多卑鄙龌龊。
② 《汉书》卷四五《江充传》,页2177。

"扰乱良民"的"残吏"①。因而,他也未必会通过制造赃证来构陷太子据,而班固在《汉书》本传中谴责他的主要罪过,亦不过"谗言罔极"而已②。

再说,这样做风险也实在太大。因为构陷的对象,既身为太子,从事司法审理时,自有相互质证的机会。在这之前,武帝陈皇后巫蛊事发,即通过正常的司法审判程序,诏御史张汤案事治理,方使得"深竟党与"③。在司法审判过程中,若是被人诬告,或遭栽赃陷害,太子据可充分拥有申辩检验的机会。

例如,在汉成帝鸿嘉三年(前18),"赵飞燕谮告许皇后、班倢伃挟媚道,祝诅后宫,詈及主上。许皇后坐废。考问班倢伃,倢伃对曰:'妾闻"死生有命,富贵在天"。修正尚未蒙福,为邪欲以何望?使鬼神有知,不受不臣之愬;如其无知,愬之何益?故不为也。'上善其对,怜悯之,赐黄金百斤"④。这是班倢伃在皇帝亲自审问的过程中,辩明了自己的清白。

当时,太子据所面临的情况,正如宋人吕祖谦所说:"江充特扬声言太子宫得木人帛书(德勇案:据《汉书》记载,江充在太子宫掘地所得,但有桐木人,未记有'帛书'),当奏闻耳,

---

① 汉桓宽《盐铁论·国疾》,据王利器《盐铁论校注(定本)》(北京,中华书局,1992),页334。
② 《汉书》卷一〇〇下《叙传》下并唐颜师古注,页4250—4251。
③ 《史记》卷一二二《酷吏列传·张汤》,页3810。
④ 《汉书》卷九七下《外戚传》下,页3984—3985。

非敢如狱吏治庶僚禁止其朝谒也。"①就连所谓"京师大侠"朱安世这种江湖好汉，被当朝丞相公孙贺捕下狱之后，还可以通过"狱中上书"的形式，向汉武帝检举揭发公孙贺的违法犯罪行径②，太子据何以竟无由向汉武帝举发江充以澄清事实？后来所谓"壶关三老"上书汉武帝，称"亲戚之路隔塞而不通，太子进则不得上见"云云③，并不符合当日实际情况，不过是刻意为太子据开脱而已。

江充仅仅以一"布衣之人，闾阎之隶臣"④，竟然对当朝太子横加诬衊，而他却根本无力阻止太子据为自己辩护。这样一来，他要是走出栽赃陷害之类的险着，一旦败露，后果实在不堪设想，又有谁会愚蠢到去做这样的傻事呢？

五　汉武帝的"感悟"

那么，在读到壶关三老等上书之后，汉武帝所"感悟"到的究竟是什么呢？《汉书·戾太子传》记述太子据死后，"久之，巫蛊事多不信。上知太子惶恐无他意"⑤，这段话，又该怎样理解呢？

---

① 宋吕祖谦《大事记解题》（杭州，浙江古籍出版社，2005，《吕祖谦全集》本）卷一二，页873—874。
② 《汉书》卷六六《公孙贺传》，页2876。
③ 《汉书》卷六三《武五子传·戾太子据》，页2744—2745。
④ 《汉书》卷六三《武五子传·戾太子据》，页2744。
⑤ 《汉书》卷六三《武五子传·戾太子据》，页2747。

关于这一点,我们还是从壶关三老等人上奏的内容及其缘起谈起。史载太子据在长安城中兵败逃亡之后:

> 上怒甚,群下忧惧,不知所出。壶关三老令狐茂上书曰:"臣闻父者犹天,母者犹地,子犹万物也。故天平地安,阴阳和调,物乃茂成;父慈母爱,室家之中,子乃孝顺。阴阳不和则万物夭伤,父子不和则室家丧亡。故父不父则子不子,君不君则臣不臣,虽有粟,吾岂得而食诸!昔者虞舜,孝之至也,而不中于瞽叟;孝己被谤,伯奇放流,骨肉至亲,父子相疑。何者?积毁之所生也。由是观之,子无不孝,而父有不察。
>
> 今皇太子为汉適嗣,承万世之业,体祖宗之重,亲则皇帝之宗子也。江充,布衣之人,闾阎之隶臣耳,陛下显而用之,衔至尊之命以迫蹙皇太子,造饰奸诈,群邪错谬,是以亲戚之路鬲塞而不通。太子进则不得上见,退则困于乱臣,独冤结而亡告,不忍忿忿之心,起而杀充,恐惧逋逃,子盗父兵以救难自免耳,臣窃以为无邪心。诗曰:'营营青蝇,止于藩;恺悌君子,无信谗言;谗言罔极,交乱四国。'往者江充谗杀赵太子,天下莫不闻,其罪固宜。陛下不省察,深过太子,发盛怒,举大兵而求之,三公自将,智者不敢言,辩士不敢说,臣窃痛之。
>
> 臣闻子胥尽忠而忘其号,比干尽仁而遗其身,忠臣竭诚不顾铁钺之诛以陈其愚,志在匡君安社稷也。诗云:'取彼

谮人,投畀豺虎。'唯陛下宽心慰意,少察所亲,毋患太子之非,亟罢甲兵,无令太子久亡。臣不胜惓惓,出一旦之命,待罪建章阙下。"

书奏,天子感悟。①

首先,如此惊天动地的重大事变,京城里满朝文武官员谁都闭口不谈,各地方官员同样缄默不语,却是由远在今山西长治太行山东南边缘地带的微末小吏"壶关三老令狐茂"出面上书,这本身就很耐人寻味。

像令狐茂这样的人,当然无法直接与闻深宫秘事,身后一定另有地位较高的人物作后台。问题是不管是其背后指使人,还是令狐茂这位站在前台的壶关三老,假若确实掌握有说服力的证据,或是切实了解到江充故意给太子据栽赃的行为,本应该直截了当地指明这一邪恶阴谋。这既能够直接把性命危殆的太子据解脱出来,又足以使汉武帝的盛怒涣然冰释,老皇帝和小太子,马上就能尽释前嫌,和好如初。

然而,壶关三老令狐茂的说辞,却是迂曲回绕,讲了好长一大段话,还是不清不楚,只是触动汉武帝内心深处暗自有所"感悟"而已。这样的"感悟",更像是一种拿不到台面上清楚叙说

---

① 《汉书》卷六三《武五子传·戾太子据》,页2744—2745。案壶关三老"令狐茂"之姓,今本《汉书》阙佚,此依循清洪颐煊《读书丛录》(清道光二年广东富文斋刻本)卷二一"令狐茂"条(页7a—7b)的看法,据《后汉书》(北京,中华书局,1965)卷五六《张晧传》唐李贤注(页1815—1816)引《汉书》文补入。

图6 明万历刻本《三才图会》中的汉武帝像

的"心照不宣"。

具体来看壶关三老令狐茂的上书,笔锋竟首先指向汉武帝本人,而不是直接出面整治太子据的江充,这更显示出江充并没有犯下诸如诬陷太子据这样严重的罪过。令狐茂上书第一自然段的话,是在讲述太子据起兵事件的核心原因。——首先是"父不父则子不子",亦即汉武帝有过在先;又"子无不孝,而父有不察",也就是太子据做出的引发所谓"巫蛊之祸"的行为,实际也算不上不孝,只是汉武帝没有明察整个事件的真实性质而已。

在上面引文所划分的第二自然段,是壶关三老令狐茂为太子据所做的辩白。在这里,同样没有直接正面指斥江充弄虚作假,刻意欺骗汉武帝,而假如江充确实造假坑人,这本来应该是其指陈的核心内容,不能不直接言明。除了泛泛而谈江氏等"造饰奸诈,群邪错谬"之外,其实写的内容,重在提醒汉武帝,对待太子据与江充二人,一定要判明内外的界限,做到亲疏有别,即太

第二章 太子据的反叛 | 53

子据是汉家嫡嗣,而江充只是闾阎之隶,明此,也就不必做智者不为之事,来"深过太子"。假如壶关三老令狐茂能够把"造饰奸诈,群邪错谬"这句话坐实为江充使人埋设施行巫蛊使用的桐木偶人,一语戳破其鬼蜮伎俩即可,何必还要以内外亲疏这么迂远的套话来疏解汉武帝对太子据的愤怒?

令狐茂上书的最后一段,是讲他此番上书是出自对朝廷的忠心,并再次劝告汉武帝切勿听信谗言,而应宽恕太子。

从总体上把握壶关三老令狐茂上书的内容之后,让我们再来看看,令狐氏所说"造饰奸诈,群邪错谬"究竟指的是什么。看前引《汉书》之《江充传》和《戾太子传》,可知江充看到汉武帝年老体衰,害怕武帝晏驾后遭到自己得罪过的太子据报复。当公孙贺父子行巫蛊事被朱安世揭发之后,汉武帝决意"穷治其事",亦即予以严厉惩治,牵连所及,甚至包括阳石、诸邑两公主等亦未能宽免。江充从汉武帝对待此事的态度上,为自己找到了一线生机:"因是为奸,奏言上疾祟在巫蛊。"亦即期望整治那些对汉武帝行用巫蛊的人,从而在这一过程中,找到太子据因怨望而施行巫蛊的证据。

公孙贺父子行巫蛊而招致汉武帝暴怒,本来就是因为其直接以汉武帝作为祝诅的对象[①],其目的,自是咒令汉武帝染病早亡。现在,江充更明确指出,汉武帝身患疾病的原因,正是出于歹人暗行巫蛊。

---

① 《汉书》卷六六《公孙贺传》,页2878。

于是，渴望长生不老的汉武帝，便指令丞相、御史以下诸二千石官员着意究治。后来江充出面查办的太子据案，本来同公孙贺父子案并没有内在联系，可是，《汉书·公孙贺传》却记载说："巫蛊之祸起自朱安世，成于江充。"① 盖《汉书·车千秋传》另有记载云："巫蛊始发，诏丞相、御史督二千石求捕，廷尉治，未闻九卿廷尉有所鞫也。"② 显然，这些官员没有能够积极应和汉武帝的旨意，深挖严查。

面对这种不利局面，极度担心招致群臣子民祝诅死亡的汉武帝，不得不起用最早提示"上疾祟在巫蛊"的江充，委派他做专门查办巫蛊的使者③。因为江充此前作为"直指绣衣使者"，对武帝之姑馆陶长公主和皇太子刘据都略不宽贷，从而"威震京师"，足以令汉武帝相信：他这次仍然能够"奉法不阿"，挖出那些试图戕害自己性命的人来。

---

① 《汉书》卷六六《公孙贺传》，页2878。
② 《汉书》卷六六《车千秋传》，页2884—2885。
③ 案《汉书》卷一九下《百官公卿表》下（页787）记太始三年（前94）"直指使者江充为水衡都尉，五年为太子所斩"。由太始三年下数五年，为征和三年（前90），而如上文所述，太子据之斩杀江充，实在征和二年（前91），故《汉书·百官公卿表》的记载，肯定存在讹误。又《汉书》卷四五《江充传》（页2178）记载江充"迁为水衡都尉，宗族知友多得其力者。久之，坐法免"。接下来才记述"会阳陵朱安世告丞相公孙贺子太仆敬声为巫蛊事"云云，从而可知江充被免除水衡都尉一职，应在征和二年（前91）公孙贺父子巫蛊案遭揭发之前，而不像《百官公卿表》记述的那样，直到被太子据杀掉之前，一直是有水衡都尉的身份。正因为他是以白丁身份充任专使来查治巫蛊，在太子据巫蛊事发之后，壶关三老令狐茂才会说他不过是"布衣之人，闾阎之隶臣"。

汉武帝这一任命，正中江充下怀，给了他直接下手的机会。——如同当年报复害死其父兄并差一点儿杀掉自己的赵太子丹一样，江充可以通过举发太子据的巫蛊行为来彻底除掉对方。

那么，江充又何以会预知太子据必定会在宫中施行巫蛊以祝诅汉武帝呢？关于这一点，江充倒未必具有十全的把握。不过，因为这是当时非常普遍的做法，所以太子据这样做的可能性也非常大。江氏别无他法，只能借此求其一逞。

前面已经谈到，当太子据生母卫子夫皇后年长色衰之后，汉武帝后宫当中，先是有"赵之王夫人、中山李夫人有宠，皆蚤卒，后有尹倢伃、钩弋夫人更幸"①，亦即不断有新欢得到汉武帝的宠幸。刘据七岁就被立为太子，而当他十二岁时，"赵之王夫人"生下的儿子刘闳与另一"李姬"所生的儿子刘旦、刘胥，同日受封为诸侯王（刘闳受封为齐王），而史称"闳母王夫人有宠，闳尤爱幸"②。后来李夫人为汉武帝生下刘髆，刘髆被册封为昌邑王之后，亦"以少子爱"，汉武帝并且为之甄选师傅，令"通《五经》"的夏侯始昌给他做"太傅"③，也显示出相当器重的迹象。

特别需要注意的是，刘据得以被册立为太子，乃是缘于汉武帝"年二十九乃得太子"。欣喜不已的汉武帝，在刘据出生之后，

---

① 《汉书》卷九七上《外戚传》上，页3950。
② 《汉书》卷六《武帝纪》，页169、页174；又卷六三《武五子传·齐怀王闳》，页2741、页2749。
③ 《汉书》卷七五《夏侯始昌传》，页3154。

随即尊立其母卫子夫为皇后，而在此之前两年，其原已正式册立多年的陈皇后，刚刚由于卫子夫博得汉武帝宠爱而施行媚道、巫蛊等法术，招致废黜，退居长门冷宫①。

翻覆之间，陈皇后的昨天，或许就是卫皇后的今天。不管是卫皇后，还是太子据，都很有可能同样遭遇废黜的危险。

更为直接的威胁是，巫蛊之祸发生之前三年的太始三年（前94），正在大受汉武帝宠幸的新欢赵婕妤，"生昭帝，号钩弋子。任身十四月乃生，上曰：'闻昔尧十四月而生，今钩弋亦然。'乃命其所生门曰尧母门"②。

汉武帝这样的说法和做法，实在都很耐人寻味。其事正如司马光所云："当是时，太子犹在东宫，则孝武属意固已异矣。是以奸臣逆窥上意，以倾覆家（冢）嗣，卒成巫蛊之衈（祸），天下咸被其殃。然则人君用意，小违大义，衈（祸）乱及此，可不慎哉！"③朱熹在具体论述这一问题时，同样以为"男女有别，然后父子亲。汉武帝溺于声色，游燕后宫，父子不亲，遂致戾太子之变"④。亦即后来成为昭帝的刘弗陵，甫一出生，汉武帝就萌

---

① 《汉书》卷六三《武五子传·戾太子据》，页2741；又卷九七上《外戚传》上，页3948—页3949。
② 《汉书》卷九七上《外戚传》上，页3956。
③ 宋司马光《温国文正司马公文集》（上海，商务印书馆，民国《四部丛刊初编》影印铁琴铜剑楼藏宋绍兴刊本）卷七三《史赞评议》之"戾太子败"条，页4b—5a。
④ 宋朱熹《晦庵先生朱文公文集》（上海，上海古籍出版社，2002，《朱子全书》本）卷六四《答林易简》，页3114。

生了废黜太子据而令其取而代之的意图。

这对于太子据以及乃母卫皇后来说,都是临头的大祸。事情已经到了无可回避的地步,总要有所应对。

然而,正如李夫人临终前所说:"夫以色事人者,色衰而爱弛,爱弛则恩绝。"这实在是无可奈何的事情。汉武帝已经年老体衰,在太子据起兵反叛之前,石德说在甘泉养病的汉武帝"存亡未可知",就很好地体现了这一点。

若是在汉武帝正式废黜太子据以及卫皇后之前,他自己就先行命归黄泉,那么,太子据以及卫皇后便自然会保住既有的地位。直接刺杀武帝,那是根本做不到的事情,他们也绝不会这样想。于是,只好以巫蛊祝诅,促其速死,或者仅仅是确保自己的地位——哪怕效力不验,这至少也可以发泄一下内心深处积郁多年的不满,或是倾吐自己的强烈愿望。

如前文所述,当年因卫子夫得受宠幸而饱受冷遇的正宫娘娘陈皇后,在三番五次寻死觅活,导致汉武帝愈加愤怒之后,便"又挟妇人媚道",令女巫楚服等人,为之"巫蛊祠祭祝诅"。其举动之大,被发觉后,以"大逆无道"之罪,竟"相连及诛者三百余人"。陈皇后祝诅的内容,当然是不利于武帝的性命,才堪以"大逆无道"论之。

逮太子据巫蛊事案发且兵败身死之后,贰师将军李广利与丞相刘屈氂谋立李夫人之子昌邑王刘髆为太子,而"内者令郭穰告丞相夫人以丞相数有谴,使巫祠社,祝诅主上,有恶言,及与贰师共祷祠,欲令昌邑王为帝",因此"有司奏请案验,罪至大逆不道"①。这是通过行用巫蛊以达到咒死武帝以及确立太子地位的目的。

因涉及皇位继承而行用类似巫蛊的祝诅行为,还可以举述广陵王刘胥的例证:

> 始,昭帝时,胥见上年少无子,有觊欲心。而楚地巫鬼,胥迎女巫李女须,使下神祝诅。女须泣曰:"孝武帝下我。"左右皆伏。言"吾必令胥为天子。"胥多赐女须钱,使祷巫山。会昭帝崩,胥曰:"女须良巫也!"杀牛塞祷。及昌邑王征,复使巫祝诅之。后王废,胥浸信女须等,数赐予钱物。宣帝即位,胥曰:"太子孙何以反得立?"复命女须祝诅如前。又胥女为楚王延寿后弟妇,数相馈遗,通私书。后延寿坐谋反诛,辞连及胥。有诏勿治,赐胥黄金前后五千斤,它器物甚众。胥又闻汉立太子,谓姬南等曰:"我终不得立矣。"乃止不诅。②

广陵王胥这种接二连三的祝诅行为,虽然未必是巫蛊,但性质都大体相似,可见这是当时人遇到此类事情时会普遍采用的手法。

尤为值得注意的是,在李广利与刘屈牦连手行用巫蛊诅咒的

---

① 《汉书》卷六六《刘屈牦传》,页2883。
② 《汉书》卷六三《武五子传·广陵王胥》,页2760—2761。

时候，朝廷追究太子据巫蛊之案，仍处于很急迫的状态①。这就更加清楚地显示出，施行巫蛊应当是太子据和卫皇后会首先想到，也是他们当时最有可能采用的应对手段。一时风气如此，江充对此，也是清清楚楚。

江充的目标，是太子据。但直接冲着太子查将过去，报复的用心过于明显，而且在太子宫中到底能不能查到巫蛊的证据，也并不能百分之百地确定，万一一无所获，恐怕会给他引来更为直接，也更大的麻烦。特别是如上所述，当时的朝野官员，大多数人对此都漠然视之，不愿深追彻查。若是贸然侦办太子，一旦失手，周遭人这种普遍的敌视态度，会使其后果更加不堪设想。

但在另一方面，其他官员之所以都不愿侦办，江充又恰恰敢于放手查拿，并且预期会有所收获，都是由于施行这种巫蛊法术，在当时本是一种从上到下普遍流行的行为。

如上所述，一般来说，祝诅只要不是直接以今上（或者还有与皇帝特别近密的人物，如皇后等）作为对象，以及于道路当中施法，在当时都应属合法。公孙贺父子两人因行巫蛊而被汉武帝处以极刑，就是因为他们同时干犯了"使人巫祭祠诅上，且上甘泉当驰道埋偶人"这两项司法的禁忌②。

《资治通鉴》采录《汉武故事》写成的纪事，谓江充"云：

---

① 《汉书》卷六六《刘屈氂传》，页2883。
② 《汉书》卷六六《公孙贺传》，页2878。

'于太子宫得木人尤多,又有帛书,所言不道'"①,但《汉书》记江充指使人挖掘太子宫,所得仅有用于祝诅的桐木偶人。又东汉殇帝延平元年(106),有"和帝宫人吉成,成御者志恨成,乃为桐人书太后姓字埋之"②,所书太后姓字,就是标明祝诅对象。但像这样标明祝诅对象,未必是一种普遍通行的做法。我们看《汉书·江充传》记载江充捕捉到的用偶人行使巫蛊等阴阳数术的疑犯,仅坐死者就多达数万人,而既然先已掘得偶人,还需要在收捕人犯后通过"烧铁钳灼"使之"强服",就说明在大多数偶人身上并没有写明祝诅的对象,其中很多偶人很可能只是用来祝诅与之不睦的邻家大叔。

形象地说,当事人是在祝诅隔壁的老王,还是未央宫中的汉家天子,这需要在作法时通过具体的祝语来表述。因此,其所行巫蛊,究竟是合法还是非法,属于正当的行为抑或犯罪行为,从表面上看,实际很难界定,巫蛊之事自然随之愈为通行。不管具体怎样施行法术,江充在短时期内,就抓获如此众多的疑犯,已经充分说明民间行用巫蛊之术的普遍程度与巫蛊之术的兴盛景况。基于这一背景,似乎不难想象,在汉武帝末年民怨几近沸腾的情况下,总会有一部分人以巫蛊诅咒武帝刘彻速死;若再加以酷刑逼供,自然会有更多的人被屈打成招。

---

① 宋司马光《资治通鉴》卷二二汉武帝征和二年,页729。
② 晋袁宏《后汉纪》(上海,商务印书馆,民国《四部丛刊初编》影印无锡小绿天藏明嘉靖翻刻宋本)卷一五后汉孝殇皇帝纪,页1a。

结合前后发生的史事可以判断，江充指使人动用酷刑，逼使具有相关巫蛊活动迹象的人，承认是在针对汉武帝作法，凸显这种活动的广度和强度，显现事态的严峻性，这在很大程度上可以加重汉武帝对巫蛊行为的重视。

更为重要的是，在揪出这些小人物之后，汉武帝的病情并没有缓解，这自然会把汉武帝的注意力，引向地位更高、与其更为亲近，从而能够造成更强巫蛊效果的人身上。——实际上，江充是要把究治巫蛊这一举措引向太子据。

果然，如《汉书·江充传》和《汉书·戾太子传》所记，江充"忠直"执法侦办的结果，导致汉武帝以"春秋高，意多所恶，以为左右皆为蛊道祝诅"。——前面已有当朝丞相公孙贺和后宫正室陈皇后的成例，实际发生的情况也提示他更要对身边的亲人和重臣高度防范。于是，汉武帝决意"穷治其事"。

看到汉武帝对长生不死的渴望已经压倒一切，江充便彻底放手一搏，"白言宫中有蛊气，入宫至省中，坏御座掘地"。就检验的场所而言，所谓"入宫至省中，坏御座掘地"，实际上首先是"先治甘泉宫人"①。盖汉武帝时在甘泉宫②，近在身边的威胁更大。在这之后，才"转至未央椒房"③，这也就是《汉书·江充传》所说"先治后宫希幸夫人，以次及皇后"。最后，才"掘蛊于太子

---

① 《汉书》卷六六《车千秋传》，页2885。
② 《汉书》卷六《武帝纪》，页208；又卷六三《武五子传·戾太子据》，页2742—2743。
③ 《汉书》卷六六《车千秋传》，页2885。

宫，得桐木人"，终于实现了江充预定的目标。核实而论，班固在《汉书·江充传》的赞语里说"江充造蛊，太子杀"，指的就应当是上述这一查办过程，江充之所造，是制造巫蛊之祸，而不是埋置巫蛊之具——桐木偶人。

纵观整个查办巫蛊案件的过程，可知江充之"为奸""有诈"[①]，或称"造饰奸诈"的行径，不过是以"奉法不阿"的面目，暗行其邪恶之心，设法找出足以激怒汉武帝除掉太子据的事实而已（至于所谓"群邪错谬"，应该是指奉汉武帝之命来协同江充查办巫蛊案件的韩说等人。如前所述，若谓韩说等人一定会与江充狼狈为奸，恐怕并不符合这些人的身份和地位。就像指责江充之奸一样，令狐茂不过借此来给汉武帝安置一个下台的阶梯）。除了并不可靠的《三辅旧事》之外，我们不但找不到江充预埋桐木偶人来给太子据栽赃的任何证据，且有种种迹象表明，太子据不仅有理由对汉武帝行用巫蛊之术，同时也确有实际行动。

现在，再让我们回过头来，就会比较容易理解汉武帝因壶关三老等上书到底"感悟"了些什么，以及《汉书·戾太子传》所记"巫蛊事多不信，上知太子惶恐无他意"这话究竟该怎样理解。

如前所述，壶关三老令狐茂开门见山提出太子据一案发生的前提，是"父不父则子不子，君不君则臣不臣"，这实际上是讲汉武帝因后宫私爱而想要无故废黜刘据的太子地位，这是太子据后来"子不子"的根本原因，亦即前文所说汉武帝行事有过在

[①] 案《汉书》卷四五《江充传》（页2179）记云"后武帝知充有诈，夷充三族"。

先,太子据行用巫蛊既事出有因,同时这也是当时很通行的一种社会习惯做法,既没有理由也没有必要大张旗鼓地严厉追究他的罪责,而是要辨明内外亲疏的区别,看破江充所谓"奸诈"用心。——我想,这应该就是汉武帝从令狐茂上书中所能得到的主要"感悟"。

《汉书·戾太子传》还记载,在太子据因被追穷困而自杀之后,"久之,巫蛊事多不信。上知太子惶恐无他意"①。所谓"巫蛊事多不信",若仅就太子据之事而言,仅有此一事,即到底他是不是埋有桐木偶人并以此祝诅?因而,不会有"多不信"的说法。其"多"之云者,应当是指太子据案爆发之前被江充究治的那些嫌犯,多有因严刑逼供而造成的冤假错案,其实际事态,远没有汉武帝据此而做的判断那样严峻,太子据也不过是因身处将被废黜的困境而宣泄一下不满情绪而已。而在这一点上,对于汉武帝来说,实际上是咎在己身,是自己早已萌生了本不该有的更换太子的念头;至于起兵犯难,乃是太子据在施行巫蛊事发之后的惶恐当中聊求自保,更绝非蓄谋已久的篡位夺权,即所谓"太子惶恐无他意"者。

在这种情况下,为了表达这一"感悟",据《汉书·戾太子传》记述,汉武帝在事变发生两个月后的征和二年九月,乃下诏曰:"盖行疑赏,所以申信也。其封李寿为邘侯,张富昌为题

---

① 《汉书》卷六三《武五子传·戾太子据》,页2747。

侯。"①蒲慕州分析此诏,以为"所谓'行疑赏,所以申信'之'疑'是武帝不能确定李寿抱解太子的动机,但假设李是执行武帝追捕太子的命令,所以要依其功劳封侯以'申信'"②。

今案《汉书·戾太子传》记载汉武帝颁布"行疑赏,所以申信"这一诏书时,前面先写了一个重要缘由,就是"上既伤太子"③。换句话来说,这次封赏李寿和张富昌两个人,就是为了体现这一心情,以此来表达他对此案的"感悟"。因此,李、张二人,不可能是因为执行追捕太子据的命令而蒙受封赏,而只能是其曾有尝试解救太子的心意而得到汉武帝的褒扬。然而,他们二人实际的情况,确实又是在参与"吏围捕太子"之事,绝非解救太子据④。所以,汉武帝才会用"行疑赏"这样的说法,来强自解说自己这一很不合理的做法。

关于此事的性质,可以从李、张二人起初受封的实际名号上看出。《汉书·戾太子传》记二人在太子据自杀前行事云:"吏围捕太子,太子自度不得脱,即入室距户自经。山阳男子张富昌为卒,足蹋开户,新安令史李寿趋抱解太子,主人公遂格斗死,皇孙二人皆并遇害。"⑤对此,清人王念孙做过很透彻的考证:

---

① 《汉书》卷一七《景武昭宣元成功臣表》,页664;又卷六三《武五子传·戾太子据》,页2747。
② 蒲慕州《巫蛊之祸的政治意义》,刊《"中研院"史语所集刊》第57本第3分,页522。
③ 《汉书》卷六三《武五子传·戾太子据》,页2747。
④ 《汉书》卷六三《武五子传·戾太子据》,页2747。
⑤ 《汉书》卷六三《武五子传·戾太子据》,页2746—2747。

题侯张富昌，以山阳卒，与李寿共得卫大子，侯巨鹿〔谓食邑巨鹿〕。邘侯李寿，以新安令史，得卫大子，侯河内〔谓食邑河内〕。师古曰："邘，音于。"《百官表》亦作邘侯。又《武五子传》诏曰："其封李寿为邘侯，张富昌为题侯。"韦昭曰："邘在河内。"孟康曰："题，县名也。"晋灼曰："《地理志》无也。《功臣表》食邑巨鹿。"师古曰："晋说是也。"《汉纪·孝武纪》题侯作踶侯，邘侯作抱侯。

念孙案：《汉纪》是也。踶，音特计反。《庄子·马蹄篇》："马怒，则分背相踶。"李颐云："踶，蹋也。"封李寿为踶侯者，为其足蹋开户，以救大子。上文云"大（太）子入室，距户自经，山阳男子张富昌为卒，足蹋开户"是也。《广韵》踶、题并特计切，声相同，故字相通，而师古"题"字无音，则已不知其为踶之借字矣。封李寿为抱侯者，为其抱解大子。上文云"新安令史李寿趋抱解大（太）子"是也。《功臣表》在河内者，谓抱侯之食邑在河内，非谓河内有抱县也。隶书"抱"字或作"抱"，邘字或作"邘"，二形相似，故"抱"讹作"邘"。后人以河内野王县有邘城，……正与《功臣表》之河内相合，遂改"邘"为"邘"，不知"邘"乃"抱"字之讹。且踶侯、抱侯，皆以救大子得名，非旧有之县名也。……盖此字之讹已久，不始于师古。《汉纪》云"男子张富昌为卒，足蹋开户，新安令史李寿趋抱解大（太）子，上乃封李寿为抱侯，张富昌为踶侯"，即用

《汉书》之文，足正诸家之谬矣。①

所论"踈侯、抱侯，皆以救太子得名"，足证李寿和张富昌之受封为侯，都是汉武帝所谓"感悟"的一种表现形式。

六　朝廷定性

然而，汉武帝对太子据行用巫蛊之事从未加以否定，并且直到汉宣帝时为乃祖酌定以"戾"字为谥号（故后世通称太子据为"戾太子"），并追尊祖母史良娣曰"戾后"②，仍是延续这一基本政治结论。

关于这一点，前此我在《制造汉武帝》中已经做过清楚表述，即依照所谓周公谥法，乃"不悔前过曰戾"③，戾太子先行巫蛊，继以兵戎犯上，正符合这一特征。或以为所谓太子据行用巫蛊系出自江充栽赃陷害，所谓"不悔前过曰戾"，应是以太子据杀掉江充为其前过，继之复起兵反叛，便是"不悔前过"。然而，太子据行巫蛊事若确是出自江充刻意栽赃，而且汉武帝也这样认为，并且成为大汉朝廷定案的话，那么，诛杀江充，实属天经地

---

① 清王念孙《读书杂志》（北京，中国书店，1985）之《汉书》第三"题侯、邜侯"，页5—6。
② 《汉书》卷六三《武五子传·戾太子据》，页2748；又卷九七上《外戚传》上，页3952。
③ 《汲冢周书》卷六《谥法解》，页9b。

义,又何过之有?这样的解释,实际难以自圆其说。明此,亦可以从侧面证明,戾太子确实有过施行巫蛊的事情。

不过,从晋人傅瓒(即所谓"臣瓒")起,就不断有人按照自己对相关史事的错误理解,自以为是地做出凑合己意的解释。例如,傅瓒便胡乱讲什么:"太子诛江充以除谗贼,而事不见明。后武帝觉悟,遂族充家,宣帝不得以加恶谥也。董仲舒曰:'有其功无其意谓之戾,无其功有其意谓之罪。'"唐人颜师古随后信而从之,将此说写入《汉书》的注文,以订正孙吴时人韦昭"以违戾擅发兵故谥曰戾"这一差相近似的旧注①。

至清人周寿昌,为颜师古《汉书》注做校补,则更大胆揣度汉宣帝所定谥号说:

> 《说文》:"戾,曲也。从犬出户下。戾者,身曲也。"《字林》同。汉宣断不忍以暴戾、乖戾、罪戾等恶谥加其祖,训"戾"为"曲",与当时情事相合,言身受曲戾不能自伸也。壶关三老茂上书称"太子进则不得上见,退则困于乱臣,独冤结而无告,不忍忿忿之心,起而杀充,恐惧逋逃"云云数语,正"曲戾不得伸"之注解。②

---

① 《汉书》卷八《宣帝纪》,页235。
② 清周寿昌《汉书注校补》(上海,商务印书馆,1937,《国学基本丛书》本)卷四,页53。

这就更是自我作古，强以清人之曲意而加诸西京之帝君。

实则如同为故太子据拟定谥号时有司所说："谥法曰'谥者，行之迹也'。"① 亦即值此盖棺论定之际，要恪遵谥法讲述的原则："大行受大名，细行受细名。行出于己，名生于人。"② 务须忠实反映其走过的足迹，容不得私心私情私意介入其间。因为这是维系整个国家安全稳定的重要体制，正如清人计大受在评议宣帝所予"戾"字之谥的合理性时所说："所谓虽孝子慈孙，百世不能改也。"③

不然的话，已故帝王谥号，都是后世子孙来拟定，岂不俱属佳谥美号？谥号，也就如同尊号一般，失去了存在的意义。与太子据同时拟定的其子史皇孙之谥曰"悼"④，其夫人王氏谥曰"悼后"⑤，便应是依循谥法之"年中早夭曰悼"以定⑥。故为太子据选定谥号，自宜遵循同样的规矩。

即以西汉时期拟定的谥号而论，王商谥之曰"戾"，就是成帝以为他"不以自悔而反怨怼"⑦，正符合古人谥法的准则。卫皇后在汉武帝派人褫夺其皇后名号时，无奈自杀身亡，如前文所

---

① 《汉书》卷六三《武五子传·戾太子据》，页2748。
② 《汲冢周书》卷六《谥法解》，页5b。
③ 清计大受《史林测义》（清嘉庆十九年枫溪别墅刻本）卷八"戾太子据、田千秋"条，页11a。
④ 《汉书》卷六三《武五子传·戾太子据》，页2748。
⑤ 《汉书》卷九七上《外戚传》上，页3961。
⑥ 《汲冢周书》卷六《谥法解》，页8b。
⑦ 《汉书》卷八二《王商传》，页3374—3375。

述,当时只是"盛以小棺",草草"瘗之城南桐柏"。逮汉武帝"感悟"令狐茂的上书之后,也一直没有重新正式下葬。甚至直到汉宣帝为其"置园邑三百家"改葬之时,也只是"追谥曰思后"而已①。谥法中与卫皇后行事相当的定义,应是"追悔前过曰思"②,亦即与明末在煤山树杈上自缢故世的崇祯皇帝初定的谥号一样,体现他以自裁的方式,追悔以往的过失。

再来看"及卫思后废后四年,武帝崩,大将军霍光缘上雅意,以李夫人配食,追上尊号曰孝武皇后"③,如清人赵绍祖所说,李夫人这一"孝武皇后"的称号,乃是"从武帝之谥,而陈后、卫后皆以废,故不得称也"④。这实际上是进一步确立李夫人正统的皇后地位,而卫子夫依旧是一位犯有严重罪过的废皇后。

思后与戾太子,这两个谥号,相互印证,从中一点儿也没有看出汉武帝以及后来的汉宣帝对太子据施行巫蛊一事重新做过"平反昭雪"之类的评判,容不得后人强自为之开脱。

太子据行巫蛊案未曾得到"平反"的另一项证据,是发兵失败之后,其三男一女皆同时遇害,而另有遗孙一人,即后来的汉宣帝,始生数月,系于狱中。直至后元二年(前87)武帝临终之前,这名遗孙一直得到治狱者丙吉的保护。后武帝"感悟",谓天使之不亡,却依然不能简单下令释放,只能特以大赦天下的

---

① 《汉书》卷九七上《外戚传》上并唐颜师古注,页3950。
② 《汲冢周书》卷六《谥法解》,页7b。
③ 《汉书》卷九七上《外戚传》上并唐颜师古注,页3951。
④ 清赵绍祖《通鉴注商》(清嘉庆己卯赵氏古墨斋刻本)卷一,页8a。

形式,使其随之得到赦免①。

明此愈知,不管是"戾太子",还是"思后",这些谥号都反映了汉武帝以来朝廷对巫蛊事件性质的正式定性。

正由于对太子据之行用巫蛊以及进而引发的军事政变行径,始终没有做出"平反",故后续的追查,在壶关三老令狐茂上书之后,一直也没有停止。令狐茂的上书及其引得汉武帝"感悟",发生在太子据外逃至湖、尚未身亡之前,上面已经谈到,汉武帝并没有当即下诏,停止对太子据的追捕,而且在太子据被逼自杀之后,又拔擢其中一有功者升任北地太守②。

史载继令狐茂之后,又有高寝郎田千秋(后亦称"车千秋"),上急变讼太子冤云:

> 子弄父兵,罪当笞;天子之子过误杀人,当何罪哉!臣尝梦见一白头翁教臣言。

由于已有壶关三老上书,致使汉武帝"感悟"在先,本已"颇知太子惶恐无他意"③,故闻此言,武帝复"乃大感悟"④。

不过,"大感悟"归"大感悟",甚至直到巫蛊之变发生将近一年以后,田千秋接替下狱腰斩的刘屈氂出任丞相时,汉武帝

---

① 《汉书》卷七四《丙吉传》,页3142;又《汉书》卷九七上《外戚传》上,页3961。
② 《汉书》卷六三《武五子传·戾太子据》,页2746—2747。
③ 《汉书》卷六三《武五子传·戾太子据》,页2747。
④ 《汉书》卷六六《车千秋传》,页2883。

仍在"连年治太子狱,诛罚尤多"①。时丙吉以故廷尉监征,诏治巫蛊事宜,亦称"连岁不决"②,甚至直至后元二年汉武帝病故之际,仍有明确记载,称"巫蛊事连岁不决"③。蒲慕州曾费心汇集相关史料,编制了一份《巫蛊事件牵涉人物一览表》,从中可以更为清晰也更为具体地看到相关情况④。

特别值得注意的是,《汉书·戾太子传》记云"车千秋复讼太子冤"⑤,其太子"冤"之所在,即如其辩护之语所述。盖车千秋在这番以"梦见一白头翁教臣言"的形式,小心翼翼提出的为太子据辩解的奏章里,只是谈论其起兵反叛不过犹如"子弄父兵"似的"过误"而已,从而无须深究,可是却闭口不谈太子据施行巫蛊以不利于汉武帝一事,更没有指出所谓太子据行用巫蛊之事实是出自江充栽赃陷害,而汉武帝讲述他对车千秋此番进言的赏识,最关键的一点,也只在于"父子之间,人所难言也,公独明其不然"⑥。所谓"父子之间,人所难言"者,实质上仍然是壶关三老令狐茂所说"父不父则子不子"的问题。

这也显示出在田千秋看来,太子据在行用巫蛊一事上,亦并非无辜。尽管班固在《汉书·戾太子传》的篇末赞语里说"车千

---

① 《汉书》卷六六《车千秋传》,页2883—2885。
② 《汉书》卷七四《丙吉传》,页3142。
③ 《汉书》卷八《宣帝纪》,页236。
④ 蒲慕州《巫蛊之祸的政治意义》,刊《"中研院"史语所集刊》第57本第3分,页523—525。
⑤ 《汉书》卷六三《武五子传·戾太子据》,页2747。
⑥ 《汉书》卷六六《车千秋传》,页2884。

秋指明蛊情，章太子之冤"①，而田千秋实际上却仍在回避谈论太子据在巫蛊事变中究竟有什么冤情，从而愈加显示出其真实情况确是难于言表。

尤其需要指出的是，田千秋在升任丞相之始，目睹汉武帝因太子据之案牵连诛杀惩罚人员过多，群下为之恐惧不安，为"宽广上意，尉（慰）安众庶"，"乃与御史、中二千石共上寿颂德美，劝上施恩惠，缓刑罚，玩听音乐，养志和神，为天下自虞乐"。而汉武帝却答复说：

> 朕之不德，自左丞相与贰师阴谋逆乱，巫蛊之祸流及士大夫。朕日一食者累月，乃何乐之听？痛士大夫常在心，既事不咎。虽然，巫蛊始发，诏丞相、御史督二千石求捕，廷尉治，未闻九卿廷尉有所鞫也。曩者，江充先治甘泉宫人，转至未央椒房，以及敬声之畴、李禹之属谋入匈奴，有司无所发，今丞相亲掘兰台蛊验，所明知也。至今余巫颇脱不止，阴贼侵身，远近为蛊，朕愧之甚，何寿之有？敬不举君之觞！谨谢丞相、二千石各就馆。《书》曰："毋偏毋党，王道荡荡。"毋有复言。②

案"今丞相亲掘兰台蛊验"，即汉人司法术语"案验"之具体操

---

① 《汉书》卷六三《武五子传·戾太子据》，页2770—2771。
② 《汉书》卷六六《车千秋传》，页2883—2885。

作。汉武帝愤愤不平地说道,直到现在他还受到巫蛊的困扰,谈不上什么寿不寿的。当初江充入宫搜查巫蛊,各相关部门并没有举报他的图谋。现在你田千秋作为丞相,亲自在兰台挖掘偶人来验证,看到巫蛊之事是确实存在的。——这些话等于是说江充虽然另有图谋,醉翁之意本不在酒,但太子据行用巫蛊,实亦确有其事。

至于《汉书·戾太子传》等处记载汉武帝在连连接到壶关三老令狐茂和高寝令田千秋的上书之后,因"知太子惶恐无他意",进而"族灭江充家,焚苏文于横桥上,及泉鸠里加兵刃于太子者,初为北地太守,后族。上怜太子无辜,乃作思子宫,为归来望思之台于湖。天下闻而悲之"云云,对比上述各项实质性内容,便不难看出,这些不过是一种自我装点的门面事,用以遮掩其为父不父、为君不君而逼使太子据施行巫蛊并最终引发兵变的尴尬行径。

第三章　霍光的专擅

太子据施行巫蛊，事情败露后又举兵反叛，最终穷途末路，于征和二年（前91）八月辛亥（初八），在湖县（今河南灵宝市西部）自杀身亡①，一时储位空虚。汉武帝即使未曾动过另立太子的念头，现在也需要重新做出选择。各位有可能取得帝位的皇子以及拥戴他们的势力，同样也开始各打各的算盘。

一　大位旁的老昌邑王

就长幼顺序而言，王夫人所生齐王闳年龄最大，而且之国后"左右维持以礼义"，也有良好的修养，但"不幸中年早夭"②，在位仅仅八年，又以尚未有子而被国除③。推算下来，齐王刘闳去

---

① 《汉书》卷六《武帝纪》，页208—209。
② 《史记》卷六〇《三王世家》，页2572。
③ 《汉书》卷六三《武五子传·齐怀王闳》，页2749。

图7　海昏侯墓出土玉饰件①

世的时间,应该是在元封元年(前110)前后。

刘闳既已离世,接下来就轮到了燕王旦。史载刘旦"壮大就国,为人辩略,博学经书杂说,好星历数术倡优射猎之事,招致游士。及卫太子败,齐怀王又薨,旦自以次第当立,上书求入宿卫。上怒,下其使狱",并且"斩其使者于阙下"②,足见汉武帝怒火之盛了。

再下面的一位,是刘旦的同母弟广陵王刘胥。据云汉武帝评价他与刘旦品行相近,同样"多过失"③,似乎也不太适合继承皇位。更重要的是,大概还没等汉武帝做出比较周详的思考和安

---

① 江西省文物考古研究所、首都博物馆编《五色炫曜——南昌汉代海昏侯国考古成果》,页157。
② 《汉书》卷六三《武五子传·燕刺王旦》,页2751。《史记》卷六〇《三王世家》,页2575。
③ 《汉书》卷九七上《外戚传》上,页3956。

排,就有人想到了昌邑王刘髆,打算把他推到皇帝的御座上去。

在太子据自杀七个月之后的征和三年(前90)三月,刘髆的舅舅李广利,又以贰师将军的身份,率大军出兵五原,征讨匈奴①。丞相刘屈氂为他饯行,"送至渭桥,与广利辞决。广利曰:'愿君侯早请昌邑王为太子。如立为帝,君侯长何忧乎?'屈氂许诺"②。

李广利同刘屈氂这样暗地里合谋,试图拥立昌邑王刘髆为皇帝,首先源于他们两人是儿女亲家,"贰师女为屈氂子妻,故共欲立焉"③。刘髆若是做了皇帝,对李广利好,对刘屈氂也好。同时,也正因为两个人有这样一层关系,才会私下里推心置腹地谈这么敏感的事情。

上面这一层因素,是显而易见的。有许多学者在论及这一问题以及"巫蛊之祸"发生的缘由时,都做有一番看似很"深刻"的研究,即谓当时存在所谓"李氏集团"和"卫氏集团"等权势人物构成的重大利益"集团",正是这些实力集团的作用,影响甚至直接左右着当时的政局。我在第二章中所说一些学者"着力探讨的那些史料中隐而不显的问题",就包括这种所谓"政治集团"在内。

若是再退后一步,放大一些视野来看待这些研究,或许能够看到,就中国大陆的学者而言,自"文革"时期及其以前的严苛

---

① 《汉书》卷六《武帝纪》,页209。
② 《汉书》卷六六《刘屈氂传》,页2883。
③ 《汉书》卷六六《刘屈氂传》,页2883。

禁锢被打破之后，在中国古代历史研究中，一些学者在抛弃那些基于僵化教条的阶级分析方法的时候，在很大程度上，试图采用某种"利益集团"的概念来取而代之。这些研究，往往能够深化对历史的认识，取得一系列重要成果。可是，若是简单移用这一概念于所有时期的所有问题，其弊病或许无异于昔日僵化的阶级分析方法。在汉武帝朝后期政治历史的研究当中，刻意强调所谓"卫氏集团"和"李氏集团"的存在，强调这些"集团"对朝政的影响作用，似乎就存在着类似的缺陷。

事实上，若是仅仅依据这一层姻亲关系，就用所谓"李氏集团"自身的利益追求来解释刘屈氂拥立刘髆的行为，得出的认识，或许更为肤浅，难以切入刘屈氂辈所面临的具体问题。

今案李广利对刘屈氂讲望早立昌邑王刘髆为太子，一旦这位太子登基称帝，则以刘、李两家的关系，固然不必再多顾虑自己的将来，但对于刘屈氂来说，恐怕还顾不上想得这么长远。

据《汉书·刘屈氂传》记述，紧接着李广利与刘屈氂商议此事之后，就发生了如下事件：

> 是时治巫蛊狱急，内者令郭穰告丞相夫人以丞相数有谴，使巫祠社，祝诅主上，有恶言，及与贰师共祷祠，欲令昌邑王为帝。有司奏请案验，罪至大逆不道。有诏载屈氂厨车以徇，要斩东市，妻子枭首华阳街。贰师将军妻子亦收。贰师闻之，降匈奴，宗族遂灭。

这位丞相最后的结局,是被汉武帝下令,用装载食品的"厨车"游街示众一番之后,在长安城的东市施以腰斩之刑,还一并砍掉了他老婆、孩子的脑壳①,煞是惨烈。

刘屈牦乃至李广利等沦入如此惨烈的结局,尽管事出有因:刘屈牦夫妇竟敢在朝廷对太子据巫蛊之举余孽的清查仍在进行当中的时候,重又行用此等法术,从表面上看,似乎是罪有应得,但这就如同此前太子据之行用巫蛊以及在事情败露后不得不举兵夺权一样,最根本性的原因还是在汉武帝自己身上,借用上一章引述的壶关三老令狐茂的说法,即"君不君则臣不臣,虽有粟,吾岂得而食诸"!

在刘屈牦之前,汉朝的丞相是公孙贺。《汉书·公孙贺传》记述其拜相原委及经过云:

> 自公孙弘后,丞相李蔡、严青翟、赵周三人比坐事死。石庆虽以谨得终,然数被谴。初贺引拜为丞相,不受印绶,顿首涕泣,曰:"臣本边鄙,以鞍马骑射为官,材诚不任宰相。"上与左右见贺悲哀,感动下泣,曰:"扶起丞相。"贺不肯起,上乃起去,贺不得已拜。出,左右问其故,贺曰:"主上贤明,臣不足以称,恐负重责,从是殆矣。"②

---

① 《汉书》卷六六《刘屈牦传》并唐颜师古注,页2883。
② 《汉书》卷六六《公孙贺传》,页2877—2878。

李蔡、严青翟、赵周三人做丞相，首尾都只有四年，或因罪自杀，或下狱致死，石庆虽在任时间较长，前后十年，勉强善终①，但公孙贺因拜相而悲哀不已，显示出他对自己的运气，没敢抱这么好的期望。

公孙贺此番接替因病去世的石庆出任丞相，事在太初二年（前103）三月丁卯②，到征和二年正月壬申，果然因行用巫蛊而下狱致死③。

又一位丞相，在任上被汉武帝处死，而接替公孙贺的，就是刘屈氂。征和二年五月丁巳，刘屈氂出任丞相，到征和三年三月，李广利和他商议皇储的时候，在相位上还没做满一年，就已经"数有谴"了，可见情形同样不妙。

特别需要指出的是，在应对太子据反叛这一事变过程中，刘屈氂犹豫不决，更受到汉武帝严厉斥责：

---

① 《汉书》卷一九下《百官公卿表》下，页774—783。
② 《史记》案二二《汉兴以来将相名臣年表》，页1351。案《汉书》卷一九下《百官公卿表》下（页783—784）系此事于"正月戊寅丞相庆薨"事之后，记云"闰月丁丑，太仆公孙贺为丞相"，清张文虎《舒艺室随笔》（沈阳，辽宁教育出版社，2003）卷五（页119—120）考述曰："此年入《太初术》第二年，安得有闰？《史表》作'三月丁卯'，于术三月丙辰朔，十二日丁卯。"故此从《史记·汉兴以来将相名臣年表》。
③ 《汉书》卷六《武帝纪》，页208；又卷一九下《百官公卿表》下，页783—789。案《汉书·武帝纪》记公孙贺下狱死事在征和二年正月，而《百官公卿表》记作同年四月壬申，唯检陈垣《二十史朔闰表》（北京，中华书局，1962，页17）是年四月丙子朔，无壬申；正月戊申朔，壬申为该月第二十五日，故此月从《武帝纪》而日据《百官公卿表》。又清张文虎《舒艺室随笔》卷五（页120）已经指出《汉书》这一问题。

其秋,戾太子为江充所谮,杀充,发兵入丞相府,屈氂挺身逃,亡其印绶。是时,上避暑在甘泉宫,丞相长史乘疾置以闻。上问:"丞相何为?"对曰:"丞相秘之,未敢发兵。"上怒曰:"事籍籍如此,何谓秘也?丞相无周公之风矣。周公不诛管蔡乎?"乃赐丞相玺书曰:"捕斩反者,自有赏罚。以牛车为橹,毋接短兵,多杀伤士众。坚闭城门,毋令反者得出。"

尽管后来汉武帝从甘泉宫返回长安城,在长安城西南角外建章宫亲自督战,刘屈氂也奋力将兵出击,最终打得太子据落荒而逃,保全了汉武帝的地位[1],但这是生死存亡的关键时刻,刘屈氂起初的态度,明显是在坐观太子据成败,不能不引发汉武帝的愤怒,接下来也不能不对他猜忌和防范。

因此,与未来可能发生的"长忧"相比,对于刘屈氂来说,自有更为严重的危险,迫在眉睫。

一直渴求长生不老的汉武帝,先是在元鼎元年(前116),在鼎湖宫中患了一场大病,这一年,他四十一岁。当时"巫医无所不致,不愈",也就是已经濒临死亡,然而经与一位灵异的女巫"神君"相会于甘泉,却使得"病良已"。汉武帝为庆贺喜获重生,不禁在这一年的五月,"赦天下,大酺五日"[2]。

---

[1]《汉书》卷六六《刘屈氂传》,页2880。
[2]《史记》卷二八《封禅书》,页1668—1669。《汉书》卷六《武帝纪》,页181。

这一番经历，使得汉武帝愈加痴迷于各种阴阳数术，以求取成神升仙，在这当中，也包括服食仙方灵药。史称"海上燕齐之间，莫不扼掔而自言有禁方，能神仙矣"，又称"齐人之上疏言神怪奇方者以万数"，或谓"遣方士求神怪采芝药以千数"①。这些长命之方的具体内容，现在已经无从知悉，但《汉书·艺文志》在《方技略·神仙家》下评议说："或者专以为务，则诞欺怪迂之文弥以益多，非圣王之所以教也。"②司马迁即已清楚指出，汉武帝服用这些方剂，"然无验者"③，其中自多此等"诞欺怪迂之文"。

现代学者劳榦，根据后世的一般情况推测说："这种丹药的材料，无论哪一种方剂，都离不开铅和汞，有时且杂有砷和铜。这些原料的任何一种都是有剧毒的。虽然某些化合物可能毒性小一点，但长期服用仍然可以慢性中毒。"通过分析北魏道武帝和唐宪宗、唐武宗服用这类丹药后的效用，劳榦还指出："服食丹药后，第一是性情变成烦躁，喜怒失常。第二是性情变得多疑，猜忌得过分，以至亲人都不相信。这两点与汉武帝当巫蛊事件发生时的性情相合。"④

劳氏这一分析，应当符合当时的实际情况，汉武帝在长期服

---

① 《史记》卷二八《封禅书》，页1671、页1678、页1680。
② 《汉书》卷三〇《艺文志》，页1780。
③ 《史记》卷二八《封禅书》，页1678。
④ 劳榦《对于〈巫蛊之祸的政治意义〉的看法》，据作者文集《古代中国的历史与文化》（北京，中华书局，2006），页150—151。

食仙方秘药之后，一方面，身体日益衰败，另一方面，情绪也越来越失去控制，在很大程度上，已非常情所能理喻。结果是朝臣动辄得咎，人人自危。无可奈何之中，便几乎无不盼其速死。

在巫蛊之祸的全过程当中，从前丞相公孙贺父子，到卫皇后和太子据母子，再到继任丞相刘屈牦夫妻，这些位高权重，又与汉武帝如此近密的权臣贵戚，之所以会在深知汉武帝严厉、忌讳的情况下，还前后相随，纷纷对其行用巫蛊，就是因为灾祸随时都有可能降临到自己头上。对汉武帝的行为，这些人都已经难以预测，也越来越难以自保。

上一章在论述巫蛊之祸时已经谈到，从征和二年时起，汉武帝的身体状况就已经很差，以至他在甘泉宫中养病时，京城里的人会产生"上存亡未可知"的疑虑。在这种情况下，他的情绪会变得更加难以控制。太子据起事造反，给汉武帝本已十分敏感的神经，又造成了严重的刺激，刘屈牦辈自然愈加不安。

空置的储位，很容易造成新的动荡。刘旦的蠢蠢欲动和汉武帝的激怒，就已经清楚地表明了这一点。太子据在长安城中起兵后，"召监北军使者任安发北军兵，安受节已，闭军门不肯应太子"，事后被汉武帝判之曰："欲坐观成败，见胜者欲合从之，有两心。"结果腰斩处决①。如上所述，刘屈牦对待太子据起兵的态度，本来和任安没有实质性差别。因此，对于刚刚在太子据的叛乱中侥幸存活下来的刘屈牦来说，自然要竭力避免重新出现类似

---

① 《史记》卷一〇四《田叔列传》，页3367。《汉书》卷六六《刘屈牦传》，页2881。

的变动,令其再度无所适从。

最好的办法,是在符合武帝意愿的前提下,尽早选择一位比较稳妥的皇子,立为太子,以安定人心。

最年长的刘旦,已经没有可能。接下来的刘胥,也不大受汉武帝喜欢(刘胥当时正暗行祝诅,希求得到帝位①,我们看班固在《汉书》的《叙传》里用"广陵祝诅"四字来概括其生平行事②,愈可知事态的严重,而汉武帝要是获知,更会直接将其处死),而且既然已经可以不考虑刘旦,那么,长幼的次序,也就不必再多加顾虑。这样一来,就只能在刘髆和少子刘弗陵之间做出抉择了。

上一章已经谈到,刘弗陵在太始三年(前94)甫一出生,汉武帝就表现出来对他的喜爱和对未来的一种期望,"乃命其所生门曰尧母门",也就是在一定程度上,萌生了改立刘弗陵为太子的意图。

事实上,再好的孩子刚刚出生也不会看出什么名堂。"尧母门"的说法,恐怕更多的是出自对其母赵婕妤的宠爱。此外,汉武帝晚得少子,免不了世人恒有的老父爱少子的情感,所谓舐犊之爱,诚有甚于妇人,与秦始皇之偏爱少子胡亥并没有什么两样,故宋人司马光谓之曰"奇爱少子"③。当然,在一定程度上,

---

① 《汉书》卷六三《武五子传·广陵王胥》,页2760—2761。
② 《汉书》卷一〇〇下《叙传》下,页4257。
③ 宋司马光《资治通鉴》卷二二汉武帝太始三年正月,页723。

这也反映出汉武帝对太子据确实不甚满意,同时也没有其他更中意的皇子。

但这只是一种潜在的可能性安排,汉武帝更为关注的问题,是他自己想要长生不老。在汉武帝内心当中,皇储恐怕只是一种制度上的设置,而不是实际政务,至少并没有马上面临这一问题。太子据若不是行巫蛊事败露,汉武帝也未必真地更换太子(尽管太子据自己心里不能不想)。

现在刘据死了。要是真的定下立刘弗陵为太子,那么,武帝身体已经很不好,而刘弗陵的年龄又实在太小。征和三年时刘弗陵只有五岁,一旦汉武帝身体不支,朝政便只能假手他人。

身为丞相的刘屈氂,要是真的提出这一方案,汉武帝会怎么想呢?疑忌心极重的汉武帝,当然会想到刘屈氂有控制朝政的野心。事情的严重性还不止于此。刘屈氂不仅姓刘,还是个正儿八经的刘家人——乃"武帝庶兄中山靖王子也"[①]。这也就意味着他不仅可以操控权力,还有可能取而代之,直接出面当皇帝。

显而易见,这很犯忌,是提不得的。很自然的,刘髆成了最佳选择。

刘髆的年龄虽然也不是很大,但他的儿子刘贺已经出生,再小也不会小于十五岁了。在《汉书》中没有记述刘髆任何缺点,即使拥立他的刘屈氂和李广利两家后来都被处以极刑,也没因此追究他任何责任,或是对他加以谴责,这说明他本人应该是安分

---

① 《汉书》卷六六《刘屈氂传》,页2879。

守己的。另外，如前所述，汉武帝对李夫人的感情，强过其他任何嫔妃，举荐刘髆为太子，也不会招致汉武帝的反感，甚至有可能正合乎他的心意。

所以，刘屈牦接受李广利的建议，试图拥立刘髆为太子，首先应是安定朝廷的秩序，避免动乱，以远祸自保；其次才是李广利所说的"长忧"，也就是汉武帝去世之后所面临的问题。确立刘髆为太子，恰好可以同时解决近忧后患。

不料刘屈牦还没有来得及实施这一方案，就被人告发，首先断送了自己的性命。不得已，李广利降走匈奴。老昌邑王刘髆则与皇帝大位擦身而过。哪怕他本来是汉武帝的选项之一，这下子也根本不会再予考虑了。

二　武帝临终安排

处理了刘屈牦和李广利的案件之后，满腹猜忌的汉武帝，不管是对刘髆还是对他的异母兄长刘胥，这两位长成的皇子，都不会再轻易信任。因为他们每一个人，都随时有可能再行巫蛊，或是干脆直接起兵犯难，置自己于死地。

于是，汉武帝干脆把设立皇太子事搁置一旁，一心一意地希求长生久视。然而，自然的规律不可抗拒，三年后，他终于走到了生命的尽头。

后元二年（前87），从巫蛊事变前身体状况就已经日渐衰弱的汉武帝，先是在正月，于黄土高原南缘的甘泉宫中，接受了诸侯的朝见①。但他的疾患随后就开始出现增重的迹象。不知是出于对空气、环境等因素的考虑，还是别有数术的因素影响，汉武帝从渭河北岸移往终南山北麓盩厔（今陕西周至）境内的长杨宫和五柞宫，在这两座宫殿之间，移居不定②。

为改善病况，汉武帝又求助于方士，于是，有"望气者言长安狱中有天子气，上遣使者分条中都官狱系者，轻重皆杀之"，亦即分派使者到京师长安城中的各个监狱，将在押犯人，一律处决，以断绝新天子代之而起③。

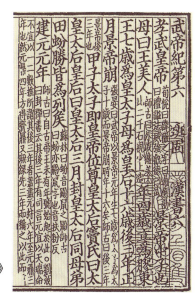

图8 《北京大学图书馆藏宋元珍本丛刊》
　　 影印宋庆元本《汉书·武帝纪》

---

① 《汉书》卷六《武帝纪》，页211。
② 《汉书》卷八《宣帝纪》，页236。
③ 《汉书》卷八《宣帝纪》，页236。

即使是富贵天子,终究也难免一死,这本来是自然的规律,并不能通过滥杀无辜者的性命来换取自己的永生。但从后来的实际情况来看,当时长安城的监狱之中,应是确有所谓"天子气"存在。盖后来成为汉宣帝的太子据之孙刘病已(元康二年五月,始为避免百姓上书触犯名讳,更名为"询"),因人怜悯而幸免于死之后,正关押在各地郡国赴京上计(即上报统计数据)人员特别监狱之中,赖廷尉监邴吉护持,得以再度保全性命①。冥冥之中,仿佛确有定数存焉。

不管怎样,这些鼓动汉武帝滥杀无辜的望气术士,若是活到刘病已登基称帝之时,一定会为自己当年糊弄汉武帝的胡话而欢欣鼓舞。因为汉武帝的病情,随后竟突然加剧,以至终归不治。

意识到身将不起之后,汉武帝终于不得不正式宣布:"立皇子弗陵为皇太子。"这位刘弗陵,也就是后来所谓的汉昭帝。时在后元二年二月乙丑,也就是二月初七,两天后的丁卯日,也就是二月初九,这位戕害天下苍生而乐之不疲一辈子的汉武大帝,命终长安城西南方向的盩厔五柞宫。严格地说,这恐怕也算不上"寿终正寝"②,实际上是和前朝另一位与之差可比肩的暴君秦始皇一样,死在了不倦游走的途中。

在册立刘弗陵为太子的同一天,汉武帝指令霍光、车千秋(田千秋)、金日磾、上官桀、桑弘羊五位大臣,"并受遗诏,辅

---

① 《汉书》卷八《宣帝纪》并唐颜师古注,页235—236、页256。
② 《汉书》卷六《武帝纪》,页211。

导少主"①，亦即受命辅佐幼子刘弗陵为帝。不过看他死亡的地点就不难推测，导致汉武帝亡命的疾病，一定是突然发作，或者也可能是身上固有的宿疾陡然加剧，以致命丧旅途。

正因为病发猝然，以致汉武帝竟未能正式写出书面的"遗诏"。当时的情形，应是汉武帝明白自己快不行了，才匆促决定"以（霍）光为大司马大将军，（金）日䃅为车骑将军，及太仆上官桀为左将军，搜粟都尉桑弘羊为御史大夫，皆拜卧内床下，受遗诏辅少主"②，连同样承负"辅导少主"之任的丞相车千秋，都没有来得及赶到病床之前，亲受遗命③。

因此，所谓"遗诏"，只能是汉武帝在咽气之前，才向床下俯伏着的霍光等四位大臣口述的后事安排，而且当时讲出来的话，语义恐怕是颇显含混的，已经难以清楚记录成文。正因为如此，燕王旦在闻知汉武帝死去且刘弗陵行将即位的讯息后，才会发出"上弃群臣，无语言"的质疑，进而甚至打出刘弗陵"非武帝子"的旗号，图谋反叛④。

从燕王旦对昭帝即位一事的反应中可以确认，在汉武帝去世之后，朝廷并没有向各地的诸侯王和官员等以文字的形式颁布过汉武帝的"遗诏"。过去考古工作者在甘肃玉门花海遗址曾发现

---

① 《汉书》卷七《昭帝纪》，页217；又卷六六《车千秋传》，页2886；卷六八《霍光传》，页2932。
② 《汉书》卷六八《霍光传》，页2932。
③ 《汉书》卷六六《车千秋传》，页2886。
④ 《汉书》卷六三《武五子传·燕剌王旦》，页2751—2755。

图9 唐初画家阎立本笔下描摹的汉昭帝像
（波士顿美术馆藏阎立本绘《历代帝王图》）

过一枚木觚，上面写有一篇汉朝皇帝临终的诏命①，采集这件木觚的嘉峪关市文物保管所工作人员在撰文介绍相关情况时，推定这份"遗诏"是后元二年二月丙寅（初八）汉武帝在临终前一天发布的②。不过胡平生经过进一步研究，指出这份诏书应属汉高祖刘邦临终前留给后来的惠帝刘盈的遗言③，我也从汉高祖诏书的特点及其流传状况，对胡氏所说做过补充论证④。现在再加上燕王旦"上弃群臣，无语言"这一说法，可以进一步确认这一点。

刘弗陵在老爹咽气的第二天，亦即二月初十（戊辰），就正式登基即位。唯昭帝刘弗陵登基时年仅八岁⑤，武帝传位于如此幼龄少子，便不得不预先甄选顾命大臣。

在以上霍光等五人当中，汉武帝原本早已确定，要以霍光作为"首辅"。《汉书》记载在武帝去世之前数年，即"察群臣唯光任大重，可属社稷。上乃使黄门画者画周公负成王朝诸侯以赐光"⑥。这样的画幅，不啻为西汉版的"你办事，我放心"，比文

---

① 吴礽骧、李永良、马建华《敦煌汉简释文》（兰州，甘肃人民出版社，1991）之《释文·新中国建立后出土的汉简》第1448号简，页150。
② 嘉峪关市文物保管所《玉门花海汉代烽燧遗址出土的简牍》，刊甘肃文物工作队、甘肃省博物馆编《汉简研究文集》（兰州，甘肃人民出版社，1984），页16—21。
③ 胡平生《写在木觚上的汉代遗诏》，刊《文物天地》1987年第6期，页30—32。
④ 拙著《制造汉武帝》（北京，生活·读书·新知三联书店，2015）第三章《〈汉武故事〉所记史事初不足信》，页61—65。
⑤ 《汉书》卷七《昭帝纪》，页217。
⑥ 《汉书》卷六八《霍光传》，页2932；又卷六六《车千秋传》，页2886。

字的表述更为形象,意图也更鲜明,可谓厚望独寄,其地位绝非其他四位顾命大臣所能比拟。

汉武帝对霍光独倚重任,本自有其历史因缘。所谓秦始皇统一中国,实质上是建立政令同一的集权统治。帝王才略愈为雄强,愈加不愿推诚委信于臣僚,常常是大权独揽于一身,但若是遗命幼子继承帝位,势必需要有得力的大臣从旁支撑。

这种辅佐帝王理政的人物,当然要以不威胁君位为先决条件,合适的人选一般只有两种:一是宦官,一是外戚。秦二世重用宦者赵高而转瞬亡国灭宗,殷鉴未远,故汉家独赖外戚。昔清人赵翼在所撰《廿二史札记》一书中曾列有"汉外戚辅政""两汉外戚之祸"两个条目,专门论述过这一问题[①]。与此同时,赵氏还注意到汉武帝时卫青、霍去病、李广利三大将"皆从嬖宠擢用",并感叹云"其始皆由贱妇而起,间气所钟,固有不择地者哉"[②]!实际上这也是汉武帝在刻意擢用外戚,体现出即使是像武帝刘彻这样强劲有为的英主,也不能不援引外戚,作为依托。

高祖末年尝誓言"若无功上所不置而侯者,天下共诛之"[③],武帝对此亦遵奉不渝,始终坚持"有功乃得封侯"[④],故外戚要想

---

① 清赵翼《廿二史札记》(北京,中华书局,1984,王树民《廿二史札记校证》本)卷二"汉外戚辅政"与"两汉外戚之祸"条,页66—68。
② 清赵翼《廿二史札记》卷二"武帝三大将皆由女宠"条,页51。
③ 《史记》卷一七《汉兴以来诸侯王年表》,页967—968。《汉书》卷一八《外戚恩泽侯表》,页678。
④ 《汉书》卷六八《金日䃅传》,页2962。

受封为侯,跻身尊位,也需要统兵出征,获取相应的战功。清朝重臣刘秉璋之子刘体仁,在民国初年撰著《通鉴札记》,对此做有远比赵翼透彻的分析①。霍光系以同父异母兄去病为武帝卫皇后胞姊之子的缘故,入侍禁闼,因处事"小心谨慎,未尝有过"而获得汉武帝亲近信用。尽管卫氏家族的势力,已经随着太子据和卫皇后的败亡而烟消云散,但霍光缘自外戚而与汉武帝建立起来的异常近密的关系,还是使得车千秋以下四位顾命大臣根本无法与之颉颃。

在与霍光一同领受遗诏辅佐少主的其余四位臣僚当中,车千秋身为丞相,是朝廷地位最高的执政大臣。上官桀在太初年间随贰师将军李广利征伐大宛时,以战功擢升少府,掌治宫室,位至九卿,接受武帝遗命时则已迁官太仆②。桑弘羊早在元封元年,即以治粟都尉代领大司农事,统管天下盐铁均输等财政事宜。至天汉元年(前100),复正式出任大司农一职,虽然四年后因故贬为搜粟都尉,也算是一度高居于九卿之位③。而霍光本人官不过奉车都尉,秩比二千石,"出则奉车,入侍左右"④,其职位不仅不为尊崇,复恰与内侍宦者有诸多相通之处。在这几个人当

---

① 刘体仁《通鉴札记》(北京,北京图书馆出版社,2004,影印民国石印《辟园史学四种》本)卷二"卫霍皆以贵戚为大将军故战比有功"条,页104—111。
② 《汉书》卷六一《李广利传》,页2702—2704;又卷六八《霍光传》,页2932。
③ 《史记》卷三〇《平准书》,页1737—1738。《汉书》卷一九下《百官公卿表》下,页785。
④ 《汉书》卷六八《霍光传》,页2931。

中，只有金日䃅司职驸马都尉①，也属侍从官员，身份与霍光类同而地位尚略微低下。

按照汉武帝最初的安排，这五位顾命大臣，实际上分为两组：一组负责治理外朝，当然要以丞相车千秋为主；另一组负责掌管内朝，明确安排是以霍光为首。昭帝初立时，霍光对车千秋说："始与君侯俱受先帝遗诏，今光治内，君侯治外，宜有以教督，使光毋负天下。"②这段话就清楚地反映出上述内、外两朝的分工。

又《汉书·金日䃅传》记载汉武帝病重，"属霍光以辅少主，光让日䃅。日䃅曰：'臣外国人，且使匈奴轻汉。'于是遂为光副。"③此则反映出金日䃅的使命只是协助霍光来司理内朝，在一定程度上，仍然是在履行其作为侍从之臣的职责。霍光所谓"治内"，具体来说，是通过"领尚书事"的身份来颁布朝命，而在这一方面，《汉书》明确记载，是以"车骑将军金日䃅、左将军上官桀副焉"④，也就是说，上官桀也被安排在"治内"这一组里。

在这两组臣僚之间，按照法定的地位，应当以车千秋为最高长官，但少主昭帝登基时只是一位八岁幼童，"领尚书事"的霍光，自然成为皇帝的代言人。武帝临终前曾"使黄门画者画周公负成王朝诸侯"像赐予霍光，嘱托云："立少子，君行周公之

---

① 《汉书》卷六八《金日䃅传》，页2959—2961。
② 《汉书》卷六六《车千秋传》，页2886。
③ 《汉书》卷六八《金日䃅传》，页2962。
④ 《汉书》卷七《昭帝纪》，页217。

事。"① 可见这种局面正是出自汉武帝刘彻本人的旨意②。

为确保霍光能拥有足够的权威和相应的地位来主导朝政，武帝特"以光为大司马大将军"，即赋予霍氏最高统兵之权③，其作为"大司马"亦即太尉的行政地位仅次于丞相。由于"大司马大将军"这一职位与丞相互相牵制，适得其宜，"自后外戚辅政者往往为是官"④，乃至"终汉之世，皆沿是俗"⑤。

汉武帝信用外戚出身的霍光，其根本目的是为保障刘家的皇位不被朝臣侵逼攘夺，但外戚势力过盛，同样会有取而代之的危险，汉初诸吕就是眼前的镜鉴，故武帝在内心中确定要立少子弗陵为太子的时候，"以其年稚母少，恐女主颛恣乱国家，犹与久之"⑥，最后痛下决心借故处死昭帝母钩弋夫人，并明确告诉她是以生子将贵而"女（汝）不得活"⑦。明此可知武帝安排上述两组人一同辅佐昭帝，理应存有相互钳制的用意。

---

① 《汉书》卷六八《霍光传》，页2932。
② 近人吕思勉在所著《秦汉史》第五章第十一节《巫蛊之祸》中（页150—151）对此表示质疑，以为"夫光疏浅，武帝即欲托以后事，岂得拟之周公"？且谓"武帝末年，继嗣之际，事有不可知者矣。……画周公负成王朝诸侯以赐霍光之语，又安知非光等为之邪"。然则昭帝之立，果武帝意与否，信不可知矣"。今案以霍光比拟周公，容或有霍氏妄自张大其词的成分，但是他受武帝遗诏为昭帝辅政，有桑弘羊、金日䃅等在场，不会全出于伪造。
③ 《汉书》卷六八《霍光传》，页2932。
④ 清赵翼《廿二史札记》卷二"汉三公官"条，页46。
⑤ 刘体仁《通鉴札记》卷三"不任三公事归台阁非始于光武"条，页147—150。
⑥ 《汉书》卷九七上《外戚传》上，页3956。
⑦ 《史记》卷四九《外戚世家》之褚少孙续补，页2407。

《汉书》称车千秋其人在出任宰辅之前,"无他材能术学,又无伐阅功劳",只因上书为卫太子讼冤,敢于讲述"父子之间人所难言"之事,博得汉武帝信任,"旬月取宰相封侯"①。汉武帝刘彻完全有理由相信,车千秋为效忠于刘氏社稷,维护其千秋万代的根本利益,连皇帝老子都敢犯颜直谏,更不会容忍他人盗劫皇位。

其实车千秋在入朝为相之前,并不是略无"伐阅功劳",《汉书》所记有失偏颇和疏略。据《史记》记载,巫蛊变起,有佐助丞相举劾不法的司直田仁,因奉命"主闭守城门"却"坐纵太子"亡走于湖,论法当诛,田仁惧祸而发兵顽抗,车千秋时为长陵县令,及时上书告变,令田仁举族覆灭②,显示出他在关键时刻,敢于担当,能够果决任事,亦且为朝廷立下卓著功勋③。后

---

① 《汉书》卷六六《车千秋传》,页2883—2886;又卷六三《武五子传·戾太子据》,页2747。
② 《史记》卷一〇四《田叔列传》,页3362。
③ 案宋人司马光在《资治通鉴》卷二二(页738)记述汉武帝征和四年三月,"田千秋曰:'方士言神仙者甚众,而无显功,臣请皆罢斥遣之!'上曰:'大鸿胪言是也。'于是悉罢诸方士候神人者。是后上每对群臣自叹:'向时愚惑,为方士所欺。天下岂有仙人,尽妖妄耳!节食服药,差可少病而已。'"明人杨慎尝据此阐扬田千秋功德云,汉武帝"'天下岂有神仙,尽妖妄耳'之说,实千秋启之也。呜呼,千秋能申戾太子之冤,而罢方士之妄亦贤矣,世犹以'一言取相'少之,何其不恕耶"?今案《资治通鉴》这段记载不见于《汉书》,审其内容实不足采信,系司马光等人取自南朝小说《汉武故事》,有为而述,别详拙著《制造汉武帝》之《引言》,页7—8;又第二章《〈通鉴〉有关汉武帝与戾太子之间治国路线分歧的记载出自〈汉武故事〉》,页52—54。

来车千秋受封富民侯，虽然是因循丞相率皆为侯的惯例①，但即使无此相位，仅凭扑灭田仁之功，也完全够封侯的资格。

对比一下当时在丞相位上的刘屈氂，先是在戾太子发兵攻入丞相府时，不唯挺身而逃，尚且"亡其印绶"；后来当田仁"坐令太子得出"之际，又优柔寡断，未能果决将其处死，以致被汉武帝训斥云"丞相无周公之风"②，两人执政治事的能力，岂非高下立见？

昔南朝陈人徐陵，虽以"博涉史籍"著称于时，述及选授官职的准则，竟以"汉有高庙令田千秋亦为丞相"之事与"秦有车府令赵高直至丞相"相提并论，作为行事不辨粉墨的典型例证③；宋人朱翌甚至还很轻蔑地贬称车千秋为"一妄男子"④，此等文士肤廓之谈，自是疏于稽考。

同时，车千秋还"敦厚有智"，擅长处理棘手问题⑤，或许在汉武帝看来，这一点足以保证他在丞相位置上妥善协调与霍光等人的关系，维持朝政运转，并在关键时刻做出合理的处置。

---

① 《汉书》卷一八《外戚恩泽侯表》，页690。
② 《汉书》卷六六《刘屈氂传》，页2880—2882。
③ 《陈书》（北京，中华书局，1972）卷二六《徐陵传》，页332—333。案田千秋（车千秋）以高庙令为丞相的说法，也很不准确，盖据《汉书》卷一九下《百官公卿表》下（页789—790），田千秋在征和三年已擢升至大鸿胪，为官数月之后，始于征和四年六月，登上相位。
④ 宋朱翌《猗觉寮杂记》（北京，中华书局，1999，重印民国上海古书流通处影印原刻初印《知不足斋丛书》本）卷下，页671。
⑤ 《汉书》卷六六《车千秋传》，页2883—2886。

一同膺受顾命的上官桀和桑弘羊，都是干练有为的朝臣，勇于任事。上官桀当年随同李广利西征，即敢于孤军深入①；桑弘羊主持所谓酒榷盐铁均输，倡行"平准"以及"入粟补官"等法，为国兴利，"民不益赋而天下用饶"，更是武帝赖以治国的股肱之臣②。运作得当，他们都会对霍光有所牵制。

汉武帝托孤时授予上官桀"左将军"头衔，即应寓有适当分散霍光兵权的用意（武帝同时委任金日䃅为车骑将军，似乎也含有这种意味）③；而桑弘羊出任的御史大夫一职，不仅负责监察百官，而且身居"九卿之右"，"掌副丞相"以"统理天下"④，故刘向等评议本朝大政，系以"二府"或"两府"并称⑤。观《盐铁论》所记雄辩之词，可知桑弘羊的凌厉作风，正好可以与车千秋之老成持重相互补充，对霍光的专权加以制衡。

这些人事安排，都可以看作汉武帝预设的防范措施。昭帝去世后霍光主持废除刘贺的帝位时，曾有一份百官联署的奏章，参照这份奏章的题名顺序，可以将上述五位顾命大臣依次排列如下：丞相车千秋、大司马大将军霍光、车骑将军驸马都尉金日

---

① 《汉书》卷六一《李广利传》，页2702—2704。
② 《史记》卷三〇《平准书》，页1737—1738。
③ 《汉书》卷六八《霍光传》，页2932。
④ 《汉书》卷一九上《百官公卿表》上，页725；又卷六七《朱云传》，页2913；卷八三《薛宣传》，页3391。
⑤ 《汉书》卷三六《楚元王传》并唐颜师古注引曹魏如淳语，页1944—1945；又卷六六《车千秋传》篇末班固赞语，页2904；卷七八《萧望之传》，页3277。

碑、左将军太仆上官桀、御史大夫桑弘羊①。"领尚书事"的霍光及其两位副手,都拥有将军头衔,而正是这种"将军"身份使其得以位列御史大夫之上②。除去这"领尚书事"的职事和大将军的头衔之后,霍光便没有资格与车千秋平起平坐,更不用说在事实上高高凌驾于车氏之上了。而且从金日䃅到上官桀、桑弘羊,官位恰好反转过来,逐次升高,其内重外轻、以卑驭尊的权术设计,一目了然。

谈到以卑驭尊,还需要注意到霍光、金日䃅、上官桀这三个人蒙受武帝青睐,有一项共同原因,这就是三人都出身低微,并且能恭谨侍奉武帝生活起居。

霍光虽然身属外戚,却只是与卫皇后家姊私生之子同父,血缘关系相当微妙,相对而言,可谓既疏且贱,故入侍武帝,不能不小心谨慎。金日䃅是被武帝诛杀的匈奴休屠王太子,本来没入汉宫充当饲养马匹的奴隶,得以侍从皇帝左右,实属意想不到的幸事,故勤勉笃慎更异于常人,以至数十年"目不忤视"③。上官桀位列九卿,看起来好像与霍、金两人有所不同,实际上本是羽林期门郎出身,以在风雨旅程中能为武帝奋力捧持车盖获得赏

---

① 案西晋司马彪《续汉书·百官志》谓"将军,……比公者四,第一大将军,次骠骑将军,次车骑将军,次卫将军。又有前、后、左、右将军"。梁刘昭注引蔡质《汉仪》曰:"汉兴,置大将军、骠骑,位次丞相;车骑、卫将军、左、右、前、后,皆金紫,位次上卿。典京师兵卫,四夷屯警。"见《后汉书》志第二十四,页3563。
② 宋洪迈《容斋随笔》(上海,上海古籍出版社,1978)之《三笔》卷一"汉将军在御史上"条,页427。
③ 《汉书》卷六八《金日䃅传》,页2959—2962。

识①。在汉武帝去世之前，上官桀虽然已经官至太仆，却仍然兼有"骑都尉"这一职衔，性质应与霍光的奉车都尉和金日䃅的驸马都尉大体相近②。明朝人王袆归纳上述共同特征，谓"武帝之所以取三人者，其故如此"③，所说甚有见地。

三　大司马大将军

后世史籍述及霍光辅政，每多褒扬之词，其影响最为深远者，则属班固在《汉书·霍光传》篇末书写的赞语："（霍光）受襁褓之托，任汉室之寄，当庙堂，拥幼主，摧燕王，仆上官，因权制敌，以成其忠。处废置之际，临大节而不可夺，遂匡国家，安社稷。拥昭立宣，光为师保，虽周公、阿衡，何以加此！"④循至晚清民国之际，主流的评价，还是以"伊、霍并称"⑤。今人劳榦论霍光秉政，对其德其行，亦多赞誉⑥。

---

① 《汉书》卷九七上《外戚传》上，页3957。
② 《汉书》卷六《武帝纪》，页211。案晋司马彪《续汉书·百官志》将"骑都尉"次于"奉车都尉"和"驸马都尉"之下，秩级亦同样"比二千石"，职事"本监羽林骑"，西京制度，应当与之相近。见《后汉书》志第二十五，页3576—3577。
③ 明王袆《大事记续编》（台北，台湾商务印书馆，1986，影印文渊阁《四库全书》本）卷一，页8b—9b。
④ 《汉书》卷六八《霍光传》，页2967。
⑤ 李澄宇《读汉书蠡述》（长沙，岳麓书社，1994，《二十五史三编》本）卷三，页966。
⑥ 劳榦《霍光当政时的政治问题》，据作者文集《古代中国的历史与文化》，页135—145。

图10 明万历刻本《三才图会》中的霍光像

实际上霍光在昭、宣两朝所作所为,不过是挟持幼主以号令天下。明清间尝有一些人将其与王莽、曹操之辈相提并论[1],亦即斥之为乱臣贼子,按照传统的社会观念和史家评判准则,这或许稍嫌过当,但置于"权臣"之列可也[2],无论如何也算不上忠君体国的正人君子,更不能与周公、阿衡相并比了。

民国初年,刘体仁在评述汉代以卑官"领尚书事"这一做法时曾经谈到:

---

[1] 清王士禛《居易录》(清康熙刻本)卷二三引明曹溶《潇洒堂集》之《霍光论》文并王氏案语,页6。案清初人徐骏有《读〈霍光传〉》诗云:"戈铤雪色守候(侯?)门,按剑棨天赚后昆。谁料当年王莽意,还疑孺子作曾孙。"诗中同样是把霍光挟戈按剑而擅主人君废立,看作是王莽篡汉的先导。徐氏诗见所著《石帆轩诗集》(清康熙刻本)卷一〇,页10a。
[2] 清方濬颐《二知轩文存》(清光绪刻本)卷二《霍光论》,页2a。

> 盖英主之意，不难以一手揽天下之大权，及其将死，为身后之计，欲授诸卑贱者，以防后患。孰知事权所在，则卑者仍尊，而贱者立贵，虽事归尚书，然尚书其名而丞相其实也。①

这些出身微贱的人，因为需要更多仰赖人主，向上攀附，所以才会对其恭敬侍奉，并严厉克制自己的私心和性情，所谓小廉曲谨，便辟侧媚，正是这一类人的共同特征②。但神志正常的人谁也不会甘为奴仆，这种人一旦大权在握，必然更能作威作福，满足压抑已久的欲望，这在官场上自古已然，霍光则可以说是其中一位颇具代表性的人物。

霍光首先采取联姻的办法，试图与上官桀和金日䃅结成利益同盟，使这个"三人核心小组"完全听从自己的摆布③。如前所述，当汉武帝病危托孤之际，霍光为试探金日䃅的心意，曾假意谦让日䃅，在得到对方甘居附从的答复之后，随即"以女妻日䃅嗣子赏"④，组成了一对至亲的儿女亲家。

霍家与上官氏的联姻，文献记载中有些细节不是十分清楚，需要稍加辨析。《汉书·霍光传》记载"光与左将军（上官）桀

---

① 刘体仁《通鉴札记》卷三"不任三公事归台阁非始于光武"条，页149—150。
② 吕思勉《秦汉史》第五章第十一节《巫蛊之祸》，页151—153。
③ 案宋人司马光在《稽古录》（上海，商务印书馆，民国《四部丛刊初编》之洋装缩印本）卷一二中（页50）叙及汉武帝托孤一事，乃径谓"霍光、金日䃅、上官桀受遗诏辅政"，干脆省略不提车千秋和桑弘羊，显然也认为是由这三位"治内"的大臣掌控着核心权力。
④ 《汉书》卷六八《金日䃅传》，页2962。

结婚相亲,光长女为桀子安妻"①,上官桀拜受左将军职衔,事出汉武帝遗诏,故审度上文语气,霍光既然是嫁女于"左将军"之子上官安,也应当发生在昭帝即位之初。

然而,《汉书·外戚传》谓上官安与霍氏所生女儿立为昭帝皇后时,"年甫六岁",并谓"皇后立十岁而昭帝崩"②,《汉书·昭帝纪》亦载"立皇后上官氏"事在始元四年(前83)三月③,至昭帝死时(前74)正好十年,依此逆推,则此上官皇后出生于武帝后元元年(前88),其母霍氏嫁入上官桀家,自然不得早于此年。

唯霍氏与上官家族若是已有姻亲,以汉武帝之精明,恐怕不会安排霍光与上官桀一同接受顾命。《汉书·外戚传》另记载昭帝死时上官皇后"年十四五云"④,所说不够确定。若以十五岁来计算,自与六岁立为皇后吻合;但是若按十四岁计算,便应五岁立为皇后,其出生时间也应该定在昭帝登基的后元二年年底,那么,其母霍氏就应当是在昭帝甫一即位便嫁入上官家中,正与其女弟嫁入金家,情形相同。也正因为如此,《汉书·霍光传》中才会存有"光与左将军(上官)桀结婚相亲"的说法。

综合分析上述情况,这桩政治婚姻,理应发生在霍光蒙受顾命之后,《汉书·外戚传》中上官氏六岁立为皇后的记载,似乎

---

① 《汉书》卷六八《霍光传》,页2934。
② 《汉书》卷九七上《外戚传》上,页3958—3960。
③ 《汉书》卷七《昭帝纪》,页221。
④ 《汉书》卷九七上《外戚传》上,页3960。

略有差误。

尽管霍光与金日䃅、上官桀两人迅速缔结姻亲，却并没有顺利实现预期的目标。《汉书·霍光传》记述有如下一件事情：

> 武帝崩，太子袭尊号，是为孝昭皇帝。帝年八岁，政事一决于光。先是，后元年，侍中仆射莽何罗与弟重合侯通谋为逆，时光与金日䃅、上官桀等共诛之，功未录。武帝病，封玺书曰："帝崩发书以从事。"遗诏封金日䃅为秺侯，上官桀为安阳侯，光为博陆侯，皆以前捕反者功封。

这件事颇显诡谲。霍光等三人正是汉武帝托孤的"三人核心小组"成员，为增重其权位，在顾命的遗诏中都特地授予将军职衔，汉武帝既然有意叙功封侯，同样有意于尊崇这三个人的地位，为什么不在病逝之前一并公之于众？

这件霍光、金日䃅、上官桀三人奉所谓"遗诏"封侯之事，实在过于迷离扑朔，难怪《汉书》复就此记述说："时卫尉王莽子男忽侍中，扬语曰：'帝病，忽常在左右，安得遗诏封三子事！群儿自相贵耳。'光闻之，切让王莽，莽鸩杀忽。"[1]霍光之恼羞成怒并切责于王莽（案此王莽与汉末篡夺汉家江山者非同一

---

[1] 《汉书》卷六八《霍光传》，页2932—2933。

人），似正缘于王忽此语恰好戳破其中玄机①。

这一所谓出自武帝的封侯"遗诏",一直拖到两年多以后的昭帝始元二年（前85）正月元日,始正式施行,霍光和上官桀总算得以如愿封侯②。《汉书》中留存下来的说法,是因为"日䃅以帝少不受封,辅政岁余,病困,大将军光白封日䃅,卧授印绶"③。当时金日䃅的病情已经进入危笃状态,第二天就离世而去,其神志还能不能正常表达自己的意愿,十分令人怀疑。明清间人王夫之就认为是霍光和上官桀两人趁"日䃅病垂死,而后强以印绶加其身。日䃅不死,光且惮之"④,所说非常合乎情理。

这一记载清楚地反映出金日䃅生前一直拒绝接受这一爵位,而在平定莽何罗叛乱的过程中,武帝全赖日䃅舍身救护才幸免于难,可谓功勋卓著,受封当之无愧,现在以昭帝年少就拒不领受老皇帝刘彻的恩典,这个理由又实在很不像样,殊难令人信服。

更为蹊跷的是,金日䃅逝世于昭帝始元元年（前86）九月丙子,也就是本月初二,这在《汉书·昭帝纪》中有清楚记载⑤,又

---

① 案近人李源澄在《霍光辅政与霍氏族诛考实》一文中,即对霍光封侯遗诏表示怀疑,以为"三人并封而书,非其实矣"。李文原刊《文史杂志》第二卷之九、十期合刊（1943年10月）,此据作者文集《李源澄著作集》（台北,"中研院"中国文哲研究所,2008）第二部《政治及政治制度史》,页1542—1543。
② 《汉书》卷七《昭帝纪》,页220；又卷一八《外戚恩泽侯表》,页691。
③ 《汉书》卷六八《金日䃅传》,页2962。
④ 清王夫之《读通鉴论》（长沙,岳麓书社,1996,《船山全书》本）卷四《汉昭帝》之"金日䃅不受封"条,页153。
⑤ 《汉书》卷七《昭帝纪》,页220。

《汉书·百官公卿表》记述金日磾是在武帝后元二年出任车骑将军之后"一年薨"①，也可以从侧面证明这一点。假如仅仅是因金日磾坚拒不受而使得霍光和上官桀也不便接受封赏，那么，在金日磾临终前被强行加以印绶之后，霍光和上官桀本应随即同时封侯，可是却迟至将近四个月之后，才自行封授侯爵②，岂非因当政未久，权柄尚且未能肆意操纵而不能不有所顾忌乎？

《汉书·金日磾传》记述诛除莽何罗过程如次：

> 初，莽何罗与江充相善，及充败卫太子，何罗弟通用诛太子时力战得封。后上知太子冤，乃夷灭充宗族党与。何罗兄弟惧及，遂谋为逆。日磾视其志意有非常，心疑之，阴独察其动静，与俱上下。何罗亦觉日磾意，以故久不得发。是时上行幸林光宫，日磾小疾卧庐。何罗与通及小弟安成矫制夜出，共杀使者，发兵。明旦，上未起，何罗亡何从外入。日磾奏厕心动，立入坐内户下。须臾，何罗袖白刃从东箱上，见日磾，色变，走趋卧内欲入，行触宝瑟，僵。日磾得抱何罗，因传曰："莽何罗反！"上惊起，左右拔刃欲格之，

---

① 《汉书》卷一九下《百官公卿表》下，页791。
② 案《汉书》卷一七《景武昭宣元成功臣表》（页666）系金日磾受封为侯事在昭帝始元二年而未记具体月份，但同时明确记述受封之日为"丙子日"，且"封一日薨"，这与前述《汉书·昭帝纪》的记载基本吻合（只是所记"丙子日"受封与《汉书·昭帝纪》所记该日病逝微有出入，而似此差异本无须深究），故知《汉书·景武昭宣元成功臣表》系年有误，清人朱一新在《汉书管见》（长沙，岳麓书社，1994，《二十五史三编》本）卷一（页363）当中早已指出这一点。

上恐并中日䃅，止勿格。日䃅挃胡投何罗殿下，得禽缚之，穷治皆伏辜。由是著忠孝节。①

据此可知，救护汉武帝性命和粉碎叛乱的首功，非金日䃅莫属。

《汉书》之《景武昭宣元成功臣表》记述金日䃅这一功绩曰"以驸马都尉发侍中莽何罗反侯"②，而《外戚恩泽侯表》记述霍光和上官桀同一功业也是书作"捕反者莽何罗"③，实际上，这只是对霍光和上官桀在金日䃅生擒莽何罗后奉诏命参与整个平叛行动的一种笼统表述。

《汉书·外戚传》记述上官桀在这一事变中的具体功绩，乃谓系"以前捕斩反者莽通功，封桀为安阳侯"④，《汉书·昭帝纪》亦明确记载霍光和上官桀两人"皆以前捕反房重合侯马（莽）通功封"⑤，即谓其赖以封侯的功绩，只是在事发之后受命收捕从犯

---

① 《汉书》卷六八《金日䃅传》，页2960—2961。
② 《汉书》卷一七《景武昭宣元成功臣表》，页666。
③ 《汉书》卷一八《外戚恩泽侯表》，页691。
④ 《汉书》卷九七上《外戚传》上，页3957。
⑤ 《汉书》卷七《昭帝纪》，页220。案此重合侯名字，据《汉书》卷六《武帝纪》（页209）本是书作"马通"，《汉书》卷六《武帝纪》（页211）唐颜师古注引曹魏孟康语，谓莽何罗兄弟本姓马，乃东汉光武帝明德皇后马氏"恶其先人有反，易姓莽"，司马光《资治通鉴》从之（卷二二汉武帝后元元年，页743—744）。又清王念孙《读书杂志》之《汉书》第一"捕斩反房重合侯马通"条（页93），以为应当依据荀悦《汉纪》的记载，在"重合侯马通"之上，增补"侍中仆射莽何罗"七字，乃不知霍光、上官桀二人本不预捕斩莽何罗一事，《汉纪》误书，本不足采信，杨树达《汉书窥管》卷一（页64—65）已经指出这一点。

莽通，并未直接降伏首犯莽何罗。

由上述情况可见，班固前后所用文辞，在轻重之间还是有明显差别。因此，霍光、上官桀两人是否有资格与金日䃅同样受封为侯，自然很容易引起非议。

通观前后形迹，唯一合理的解释，就是这一所谓"遗诏"出自霍光伪造，而金日䃅乃不肯与之同流合污（与此相关的是，此事可以更进一步证实，如前文所论，汉武帝对整个后事的安排，都没有能够形成清晰的文字记录。因为假若有文字记录，理应与这份所谓封侯诏书一道，同时载录朝廷继位的人选以及令车千秋、霍光等顾命之事，而霍光就应该在武帝故世之初，便将此封侯之事与车千秋、霍光等受命辅佐昭帝事一同公之于世）。盖日䃅昔由匈奴休屠王太子而沦落为奴，饱经世事沧桑。史称其母"教诲两子，甚有法度，上闻而嘉之。病死，诏图画于甘泉宫，

图11 同治十年晦木斋刻本《隶续》摹刻东汉武氏祠画像石中的金日䃅形象

署曰'休屠王阏氏',日䃅每见画常拜,乡(向)之涕泣,然后乃去"。这种母教应同样寄寓有诸多人生荣辱的感悟,而金日䃅的涕泣,恐怕也饱含他本人以及整个家族的哀伤在内。

在著名的东汉武氏祠画像石中,就存留有一幅金日䃅拜泣母像的画面[①]。金日䃅后来虽蒙武帝拔擢,跃升尊位,身后亦别无奥援,自知能为人主所看重并赖以保全身家性命者,唯有极尽审慎之能事。后人尝有评价云"亡国之子,心危而虑深"[②],可谓切中肯綮。观其见爱子偶与宫人戏耍,即忍痛杀之,以示谨敬不敢冒犯,以及汉武帝赐以宫女竟不敢近身狎昵,武帝欲收纳其女儿于后宫亦坚辞不肯[③],可知金日䃅之为人行事,乃但求远祸而绝不敢希求非分之福。

因此,当然要拒绝领受这份来路不明的封侯诏书,这也表明他并不会毫无原则地随声附和霍光的一切旨意。对于霍光来说,好在金日䃅辅政仅一年有余,即病故于世,老天帮助他除掉了一个重要障碍[④]。

[①] 宋洪适《隶续》(清同治十年洪氏晦木斋摹刻汪氏楼松书屋刻本)卷六《图碑》下"武梁祠堂画记"条,页377。案这幅画面左侧的人物为金日䃅,右侧表示其母画像,但所书榜题都不够准确,据《汉书》本传,"骑都尉"应正作"驸马都尉","休屠像"应正作"休屠王阏氏像",说详清瞿中溶《汉武梁祠画像考》(北京,北京图书馆出版社,2004,影印民国丁卯吴兴刘氏希古楼刊本)卷六,页317—321。
[②] 明佚名撰失名史评(寒斋藏明末写本)之"霍光等受顾命"条(案此本无页码)。
[③] 《汉书》卷六八《金日䃅传》,页2959—2962。
[④] 案金日䃅去世时享年四十九岁,这样快即追随先皇于地下,当非汉武帝始料所及。参见清阮刘文如《四史疑年录》(清嘉庆年间阮元广州刻本)之《汉书疑年录》卷一,页12b—13a。

上官桀的情况，更为不妙。一开始两个人狼狈为奸，在子女"结婚相亲"之后，"光每出浴，桀常代光入决事"，或值霍光患病，亦由"上官氏代听事"，包括私谋侯爵自相为贵在内，相互配合相当融洽，但因为两人都性非善类，很快就发生严重冲突。

在五位顾命大臣当中，上官桀的地位最为特别。一方面，他原本已经位至太仆，属于外朝的重臣，但同时又带有"骑都尉"一职，身兼内廷侍卫。显而易见，在连接内外方面，上官桀具有良好的基础。事实上，也正因为上官桀具有这一独特的优势，霍光才会对他多所笼络迁就。

孰知后来上官桀设法活动，竟令孙女入为昭帝皇后，野心便随之日渐增长，竟不再安于由霍光"专制朝事"，转而公开与之争权，最后发展到联络昭帝姊盖长公主、燕王旦、桑弘羊等，并"外连郡国豪杰以千数"，试图发动政变。

结果反遭霍光一网打尽，诬以图谋"废帝而立（上官）桀"的罪名，诛灭上官桀以及桑弘羊的宗族①。时在元凤元年（前80）九月②，距此数人受诏辅政，还不到八年时间，霍光就成功地清除了两位强劲的对手，除了他本人以外，武帝安排的顾命大臣，

---

① 《汉书》卷六八《霍光传》，页2934—2936；又卷六三《武五子传·燕刺王旦》，页2756；卷六七《胡建传》，页2911—2912；卷九七上《外戚传》上，页3958—3959。参见宋王益之《西汉年纪》卷一八，页282—283。案王益之分析上官桀等谋反一案说："当是时也，首发此谋者燕仓，仓为大将军幕府军吏；继以告杨敞，敞即燕王所告长史敞立功至粟都尉者也；闻其事于朝者，乃杜延年，延年又（霍）光亲信腹心之人也。事之终始，发于此三人，固不无可疑者。"

② 《汉书》卷七《昭帝纪》，页226。

就只剩有宰相车千秋一人。

《汉书》记述桑弘羊获罪之具体原委云:"桑弘羊为御史大夫八年,自以为国家兴榷筦之利,伐其功,欲为子弟得官,怨望霍光,与上官桀谋反,遂诛灭。"① 其实这只是较为次要的原因,更为重要的是在桑弘羊参与反叛之前,霍光就已经对他发难,这就是在一年多前的始元六年(前81)二月,霍光以昭帝名义,"诏有司问郡国所举贤良文学民所疾苦,议罢盐铁榷酤"②,此即桓宽《盐铁论》所记录的盐铁会议。

这一动议首倡于霍光故吏杜延年,其本意或许只是为疏解民困③,但所谓"盐铁榷酤"是桑弘羊在武帝朝的首要政绩,通观霍光前后行事,他指使人发动这场辩论,则明显是有为而发,意在贬抑御史大夫④,因为他对这些"喜妄说狂言,不避忌讳"的儒生,本"常雠之"而无丝毫好感⑤。好在桑弘羊能言善辩,"据当世,合时变,推道术",使得所谓"巨儒硕学嘿然不能自解"⑥,结

---

① 《汉书》卷六六《车千秋传》,页2887;又卷六八《霍光传》,页2935;卷二四下《食货志》下,页1176。
② 《汉书》卷七《昭帝纪》,页223。
③ 《汉书》卷六〇《杜周传附子延年》,页2664。
④ 参见郭沫若《盐铁论读本》(北京,人民出版社,1985,《郭沫若全集》本)之郭氏自序,页472—473。又西嶋定生《秦漢帝国》(東京,講談社,1974)5《霍氏政権の成立と崩壊》之《塩鉄会議》,页269—271。
⑤ 《汉书》卷六八《霍光传》,页2954。
⑥ 汉桓宽《盐铁论·杂论》,据王利器《盐铁论校注(定本)》卷一〇,页613—614。

果在车千秋的实际支持下①,盐铁均输这些事关国计民生的重大举措,一样都没有能够废除,而且直到元帝建昭二年(前37),居延汉简中仍然可以看到负责均输盐铁事宜的"大司农部丞"在各地活动的情况。

盐铁会议之后,桑弘羊和车千秋共同奏上的改革措施,仅仅"罢榷酤官"而已;同时复"令民得以律占租,卖酒升四钱"②,实际上不过是废除官营专卖而改换另一种形式来收取酒税罢了。故明人王祎谓之曰:"是亦月攘一鸡者耳,桑大夫之意欤?"③

尽管盐铁之议未能撼动桑弘羊的地位,但如此公然挑衅,必然会激发强烈反感。《盐铁论》记载桑弘羊在与贤良文学辩论时讲述说:"《春秋》之法,君亲无将,将而必诛。……淮南、衡山修文学,招四方游士,山东儒、墨咸聚于江、淮之间,讲议集

---

① 宋人真德秀在《大学衍义》(明崇祯刻时人陈仁锡评阅本)卷二六《格物致知之要·审治体·义利轻重之别》(页6b)中即谓贤良文学罢废盐铁均输之议"沮于弘羊,扼于千秋"。今案"敦厚有智"的车千秋在盐铁会议上虽然很少发言表态,但在《盐铁论》中仅存的几段话里,我们还是可以清楚地看到,他认为"贤良、文学之言,深远而难行","未见其能用箴石而医百姓之疾也",与桑弘羊显然是站在同一立场之上。车千秋语出《盐铁论》之《执务》《箴石》两篇,见王利器《盐铁论校注(定本)》卷七,页454;卷六,页405;又关于这两段话是否应归属于丞相车千秋的名下,参见本书卷六《箴石》篇王氏校语,页406。
② 《汉书》卷七《昭帝纪》,页224;又卷二四下《食货志》下,页1176。陶元甘《居延汉简笺证》(北京,北京图书馆出版社,2007,《汉简研究文献四种》影印民国稿本),页496—497。案据《盐铁论·取下》记述,与榷酤同时罢废者还有"关内铁官",见王利器《盐铁论校注(定本)》卷七,页463—464。
③ 明王祎《大事记续编》卷一,页22b—23a。

论,著书数十篇。然卒于背义不臣,使谋叛逆,诛及宗族。"①徐复观以为此即"暗中以霍光比淮南、衡山,以四方游士、儒墨及晁错,比贤良文学"②,所说很有道理。思索这一事件发生的背景及其后续发展,我们也就不难理解桑弘羊加入上官桀政变的深层原因了③。

虽然史称诸大臣辅政之初,便"政事一决大将军光"④,但如上文所述,霍光实际上还不能随心所欲。在诛杀上官桀父子和桑弘羊等人之后颁布的诏书里,一开头就数落说:"左将军安阳侯桀、票(骠)骑将军桑乐侯安、御史大夫弘羊皆数以邪枉干辅政,大将军不听,而怀怨望。"⑤这更清楚地显示出上官桀和桑弘羊等人,常常会提出不同的主张,而上官桀密谋起事时,本来拟议在外朝"桑弘羊当与诸大臣共执退光"⑥,则说明朝臣当中颇有一些人对霍光的专横蓄有不满,清人方濬颐论之曰:"忌光者众,而光之专权自恣从可想见已。"⑦成功平定上官桀等人的反叛,使

---

① 汉桓宽《盐铁论·晁错》,据王利器《盐铁论校注(定本)》卷二,页113。
② 徐复观《两汉思想史》(上海,华东师范大学出版社,2001)第三卷之《〈盐铁论〉中的政治社会文化问题》,页80。
③ 参见西嶋定生《秦漢帝国》5《霍氏政権の成立と崩壊》之《霍氏政権の確立》,页274—275。又安作璋《汉史初探》(上海,学习生活出版社,1955)之《论桑弘羊》,页63—65。
④ 《汉书》卷六六《车千秋传》,页2886;又卷六八《霍光传》,页2932。
⑤ 《汉书》卷七《昭帝纪》,页226—227。
⑥ 《汉书》卷六八《霍光传》,页2935。
⑦ 清方濬颐《二知轩文存》卷二《霍光论》,页2b—3a。

得霍光"威震海内"①,这才真正确立其不可违逆的绝对权威。

现在只是在名义上还存在一个位居其上的丞相,说不定对霍光恣意行事还会多少有些牵制。尽管车千秋"居丞相位,谨厚有重德",从受命辅政之初,对霍光施政即"终不肯有所言",盐铁会议上面对霍光咄咄逼人的态势,也只是"当轴处中,括囊不言,容身而去",努力保持中立不阿的姿态,而霍光在表面上对他也很敬重,"每有吉祥嘉应,数褒赏丞相",甚至为照顾他年老行动不便,特给以朝见时"得乘小车入宫殿中"的殊荣(车千秋本姓田,以此始号"车丞相")②,但在内心深处,对这位老丞相还是有所忌惮,在除掉上官桀和桑弘羊之后,就伺机铲去这最后一道障碍,车千秋想要自守其身也并不容易。

很快,在一年多以后的元凤三年(前78)初,霍光就找到了下手的时机。《汉书·杜延年传》记述相关事宜云:

> 光持刑罚严,延年辅之以宽。治燕王狱时,御史大夫桑弘羊子迁亡,过父故吏侯史吴。后迁捕得,伏法。会赦,侯史吴自出系狱。廷尉王平与少府徐仁杂治反事,皆以为桑迁坐父谋反而侯史吴藏之,非匿反者,乃匿为随者也。即以赦令除吴罪。后侍御史治实,以桑迁通经术,知父谋反而不谏

---

① 《汉书》卷六八《霍光传》,页2936。
② 《汉书》卷六六《车千秋传》,页2886—2887。汉桓宽《盐铁论·杂论》,据王利器《盐铁论校注(定本)》卷一〇,页613—614。

图12　海昏侯墓出土玉饰件①

争,与反者身无异,侯史吴故三百石吏,首匿迁,不与庶人匿随从者等,吴不得赦。奏请覆治,劾廷尉、少府纵反者。少府徐仁即丞相车千秋女婿也,故千秋数为侯史吴言。恐光不听,千秋即召中二千石、博士会公车门,议问吴法。议者知大将军指,皆执吴为不道。明日,千秋封上众议。光于是以千秋擅召中二千石以下,外内异言,遂下廷尉平、少府仁狱。朝廷皆恐丞相坐之。延年乃奏记光争,以为"吏纵罪人有常法,今更诋吴为不道,恐于法深。又丞相素无所守持,而为好言于下,尽其素行也。至擅召中二千石,甚无状。延年愚,以为丞相久故,及先帝用事,非有大故,不可弃也。间者民颇言狱深,吏为峻诋,今丞相所议,又狱事也,如是

---

① 江西省文物考古研究所、首都博物馆编《五色炫曜——南昌汉代海昏侯国考古成果》,页156。

以及丞相，恐不合众心。群下欢哗，庶人私议，流言四布，延年窃重将军失此名于天下也！"光以廷尉、少府弄法轻重，皆论弃市，而不以及丞相，终与相竟。延年议论持平，合和朝廷，皆此类也。①

霍光对车千秋必欲除之而后快的冷酷心机，群臣百官对霍光威势的高度畏惧，以及朝野上下对车千秋的普遍敬重，在这里都体现得淋漓尽致。即使是霍家心腹爪牙，论及此事，也据实讲述说车丞相的女婿少府徐仁系"坐逆将军意下狱死"②。

虽然霍光碍于四方非议，恩准车千秋勉强保全骸骨，但经此一番整治之后，这位顾命老臣已经颜面尽失，不再具有任何威信，以至《汉书》记载百官以下"视丞相亡如也"③。清人王念孙阐释说："亡如，犹云蔑如，言百官以下皆蔑视丞相也。"④所谓"丞相"云者，仿佛承命办事的吏员，霍光终于得以毫无羁绊地彻底专擅朝政。由于这位大司马大将军已经一手遮天，诚可谓"海内之命，断于掌握"⑤，就连昭帝本人也不敢再有丝毫主张。

时人褚少孙增续《史记·三代世表》，竟然毫无顾忌地讴颂

---

① 《汉书》卷六〇《杜周传附子延年》，页2662—2663。案《汉书》卷七《昭帝纪》记徐仁、王平"坐纵反者"罪，事在元凤三年夏四月。
② 《汉书》卷六八《霍光传》，页2953。
③ 《汉书》卷六八《霍光传》，页2953。
④ 清王念孙《读书杂志》之《汉书》第十二"亡如也"条，页24—25。
⑤ 《汉书》卷七六《张敞传》，页3217。

霍光系以黄帝后世而"王天下"①,并引述所谓《黄帝终始传》说:"汉兴百有余年,有人不短不长②,出白燕之乡,持天下之政,时有婴儿主,却行车。""婴儿主"当然是指昭帝,用后世通行的话来讲,就是"儿皇帝",唐人张守节谓这里所说"婴儿主,却行车",乃是"言霍光持政擅权,逼帝令如却行车,使不得前也"③。

第二年,也就是元凤四年(前77),昭帝年满十八岁,在正月吉日加着"元服",举行了象征成人的冠礼。作为扶助幼主的顾命大臣,霍光无论如何也应当还政于皇帝了,可是《汉书·霍光传》却记载说:"昭帝既冠,遂委任光。"④合理的解释,只能是昭帝已经完全被霍光挟持,只是汉家江山还没有公然改姓易号而已。

尽管自从先秦以来,即流行有"周公反政,孔子非之"的说

---

① 清张文虎《舒艺室随笔》卷四(页91)对褚少孙这番言论做有评议曰:"案霍光事何与于《三代世表》?此褚少孙续貂之尤鄙谬者。《汉书·儒林传》:王式为昌邑王师,以《诗》谏闻,少孙乃其弟子。是生当宣帝之世。光薨于地节元年(德勇案:此'元年'字误,时为地节二年),霍禹谋反于四年,少孙此记当在霍氏盛时〔霍氏败后,必不敢为此〕。造为妖言,将以取媚,玷其师甚矣。"
② 案《汉书》卷六八《霍光传》(页2933)记霍光"长财(才)七尺三寸",陶元甘统计西陲成卒簿记,得知青壮年男子身高大多七尺二寸至七尺三寸,指出"当时一般男子身材为汉尺七尺左右",与王充《论衡》等书所记人生"七尺之形"相符,唯汉人崇尚伟丈夫,故身高八尺、九尺者则每每夸耀于人口。说见陶氏《居延汉简笺证》,页411—423。明此汉人一般身高状况与社会观念,可知《黄帝终始传》所说"不短不长",系以霍光看似平常的外表,来反衬其"持天下之政"的德行才略。
③ 《史记》卷一三《三代世表》之褚少孙补续语并唐司马贞《索隐》,页506—507。
④ 《汉书》卷七《昭帝纪》,页229;又卷六八《霍光传》,页2936。

法[1],可以用来为霍光开脱,但在《汉书·五行志》中还是另有评议云:"光执朝政,犹周公之摄也。是岁正月,上加元服,通《诗》《尚书》,有明哲之性。光亡周公之德,秉政九年,久于周公,上既已冠而不归政,将为国害。"[2]宋人司马光虽然极力称赞霍光辅佐汉室之忠,针对此举,也竟然严厉指斥说:"专政而不归,此则光之罪矣。"[3]王益之撰著《西汉年纪》,更直接撮述《汉书·五行志》的评语,来体现对霍光弄权的厌恶[4]。

---

[1] 唐赵蕤《长短经·权议·惧诫》引《尸子》,据周斌《长短经校证与研究》(成都,巴蜀书社,2003)卷七,页392。
[2] 《汉书》卷二七上《五行志》上,页1335。
[3] 宋司马光《稽古录》卷一二,页54。
[4] 宋王益之《西汉年纪》卷一八,页287。

第四章　二十七天的皇帝

元凤四年（前77）正月，就在汉昭帝身加元服之后，丞相车千秋在羞辱中死去。这当然很合霍光的心意。不过年纪轻轻的昭帝，三年多以后，在元平元年（前74）四月，竟也撒手人寰①，却绝不是霍光乐于看到的事情。

英国人鲁惟一（Michael Loewe）觉得昭帝年仅二十二岁就早早离世，死因未免令人滋疑，其间是否存在霍光加害于彼的可能，今已无从知晓②。这种疑虑，其实完全没有必要，因为昭帝之死，对霍光并没有什么好处：他需要另行寻找一个新的傀儡，操纵起来能不能像刘弗陵这样得心应手，还无法确定。

虽然从理论上说，霍光还可以有另外一种选择，即像西汉末年的王莽一样，直接取代高皇帝子孙，但"不学亡术"的霍光并

---

① 《汉书》卷七《昭帝纪》，页229—230、页232。
② Michael Loewe, "The Former Han Dynasty", *The Cambridge History of China* Vol. I, Ed. by Denis Twitchett and Michael Loewe, Cambridge: Cambridge Univ., 1986, p.183.

没有王莽那样高的学养和威望,当时的形势也绝没有外姓旁人篡汉自立的可能。

史载霍光"初辅幼主,政自己出,……殿中尝有怪,一夜群臣相惊,光召尚符玺郎,郎不肯授光。光欲夺之,郎按剑曰:'臣头可得,玺不可得也!'"①不管霍光是不是有意借机试探,这一事件都清楚地显示出当时人心所向,对汉室的忠诚,还不易动摇。以"沉静详审"著称的霍光揣度时势,选择了操控刘氏傀儡皇帝这一稳妥做法。

本着这一方针,当元凤三年(前78)睦孟(本名睦弘,以字行)因所谓"大石自立、僵柳复起"等异常现象而妄称汉家宜"求索贤人,禅以帝位"时,霍光便当即令其伏法受诛②。

一 权臣的选择

当初上官桀内外疏通将孙女送入后宫,进而立为昭帝皇后,霍光并不赞同。他公开讲出来的理由,是女孩年龄尚且幼小,暗藏在内心深处的真实想法,则应当是留待日后为昭帝从容配置霍姓皇后。尽管如此,上官桀的孙女毕竟也是自己的嫡亲外孙,若是能够立为皇后,只要操纵得当,终究要比毫无血缘关系的人对

---

① 《汉书》卷六八《霍光传》,页2933。
② 《汉书》卷七五《睦弘传》,页3135—3136;又卷二七中之上《五行志》中之上,页1400。

自己会更为有利一些。

明人吴应箕早已指出，霍光之所以不倾尽全力阻止上官氏之女入为皇后，"亦以其亲戚绐连，可以自固"①。特别是在上官桀父子出事之后，皇后无依无靠，更只能听凭霍光摆布。

所以，在族灭上官氏的时候，霍光不仅以"年少不与谋"为由，救下这位外孙女的性命，还为她保留住皇后的地位；同时，又以皇帝身体欠安为由，致令"左右及医皆阿意，言宜禁内，虽宫人使令皆为穷绔，多其带，后宫莫有进者"，用以保证"皇后擅宠有子"。

无奈人算不如天算，昭帝去世之前虽然已经成年，但出生时即晚产很久（据云"任［妊］身十四月乃生"，虽然不太可靠，但不会纯属瞎话，晚产时间较久，应是事实），身体确实不是很好，而在他病故时皇后上官氏刚刚十四岁②，是否已通人道，尚未可知，反正上官皇后并没有如霍光所愿生下皇子，连带昭帝也断绝了后嗣。

好在除了未尝生育之外，就其他方面的生理状况而言，霍家这位外孙女身体还算不错，一直活到五十多岁，后来为霍光操控朝政，发挥了至关重要的作用。

---

① 明吴应箕《楼山堂集》（上海，商务印书馆，1935，《丛书集成初编》排印《粤雅堂丛书》本）卷四《史论》之《霍光论》一，页30。
② 《汉书》卷二七上《五行志》上，页1335；又卷九七上《外戚传》上，页3956—3960。案唐颜师古注《汉书》，引述东汉服虔语云："穷绔，有前后当，不得交通也。"

昭帝没有子嗣继承皇位，新皇帝就应该从他的兄弟当中甄选。时"武帝六男独有广陵王胥在，群臣议所立，咸持广陵王"。由前引《杜延年传》可知，当时朝廷百官几乎无不仰承霍光旨意，绝不会齐心与他作难，所以，这一提案必定是基于朝野公认的常规，孰知却引得霍光"内不自安"。

霍光惴惴不安的原因，《汉书》说是因为"王本以行失道，先帝所不用"①。上一章已经谈到，汉武帝在选择帝位继承者时，确实觉得"广陵王胥多过失"②，但汉武帝选择继承人，不仅舍弃了广陵王刘胥，同时也舍弃了昌邑王刘髆，而刘髆自身并没有什么明显的缺点。

刘胥没有被立为皇储，以至继承帝位，主要是出自汉武帝对成年皇子的猜忌。事实上，刘胥也没有什么过于乖张的举止，只是"好倡乐逸游"，且"动作无法度"而已③。后来被霍光选中立为宣帝的刘病已，"喜游侠"而好"斗鸡走马"④，这些好尚也并不比广陵王刘胥高洁。再说刘胥的品行若是确有严重缺陷，也不会得到群臣一致公推，霍光的心里应当另有隐衷。

广陵王刘胥始封于汉武帝元狩六年（前117）⑤，到昭帝过世

---

① 《汉书》卷六八《霍光传》，页2937。
② 《汉书》卷九七上《外戚传》上，页3956。
③ 《汉书》卷六三《武五子传·广陵王胥》，页2760。
④ 《汉书》卷八《宣帝纪》，页237。
⑤ 《史记》卷六〇《三王世家》，页2113—2114。《汉书》卷六三《武五子传》，页2749。

的元平元年,君临一方王国已经四十三年,昭帝在世时,刘胥见皇帝年少无子,就动过觊觎之心,一旦登基即位,自然不会像已故的昭帝一样任人操弄。加之广陵王体格壮硕,力气之大足以扛鼎,甚至能够"空手搏熊彘猛兽"[1],一旦触怒龙颜,无须刀斧手出面,自己就能轻易解决他这位"大司马大将军",霍光当然没有勇气冒险。

按照古往今来一以贯之的官场政治运作规则,在陷入这种窘迫境地的时候,总是会有看似不起眼儿的小人物不失时机地站出来为当权者解套。史载"郎有上书言'周太王废太伯立王季,文王舍伯邑考立武王,唯在所宜,虽废长立少可也。广陵王不可以承宗庙'"。所说自然正中下怀,霍光当即破格擢升此人为九江太守。

在这种微妙时刻,孙女上官太后这块牌位派上了用场,霍光"即日承皇太后诏,遣行大鸿胪事少府乐成、宗正德、光禄大夫吉、中郎将利汉迎昌邑王贺"[2]。

这位"昌邑王贺",是老昌邑王刘髆的儿子。在前面的第一章里已经谈到,错过登基为帝机缘的刘髆,在昭帝始元元年(前86)二十多岁的时候,就早早去世了。就在这一年的正月,刘贺

---

[1]《汉书》卷六三《武五子传·广陵王胥》,页2760。
[2]《汉书》卷六八《霍光传》,页2937。

继承王位，成为新一代的昌邑国国王①。

这样，汉昭帝子侄辈的刘贺，就即将入承大统了。

二 转瞬即废的帝位

中国古代有新帝王登基，在大多数情况下，在登基的当年，还是沿用刚刚故去的前任皇帝的年号。汉昭帝离世，是在元平元年四月癸未这一天。在名义上，是先让刘贺入京主持昭帝的葬礼，故史称"大将军霍光征王贺典丧"②。

至六月壬申，昭帝被下葬长安西北的平陵③。在此之前，刘贺已经登基称帝。

---

① 《汉书》卷六《武帝纪》，页211；又卷一四《诸侯王表》，页420；卷六三《武五子传·昌邑王髆附子贺》，页2764。案《汉书·武帝纪》记昌邑王刘髆薨于后元元年正月，《汉书·诸侯王表》记"始元元年，王贺嗣，十二年，征为昭帝后"，《汉书·昌邑王传》记刘髆"天汉四年立，十一年薨，子贺嗣"，虽然未记具体年月，但为王年限与《诸侯王表》相同，可以相互印证。从天汉四年算起，其第十一年，正是汉昭帝始元元年，《汉书·诸侯王表》的记载，与之吻合。又根据《汉书·诸侯王表》的记载，由刘贺应召入京的汉昭帝元平元年上溯十二年，恰为始元元年。因此，刘贺继承父位成为昌邑王的时间，应在汉昭帝始元元年，而《汉书·武帝纪》系此事在后元元年正月，其"后元"应是"始元"的讹误，"正月"这一月份，则可以对《汉书·诸侯王表》的记载做出补充。也就是说，此事刘贺继嗣昌邑王的年月，可以年从《诸侯王表》而月据《武帝本纪》，将其定在昭帝始元元年正月。

② 《汉书》卷六三《武五子传·昌邑王髆附子贺》，页2764；又卷六八《霍光传》，页2940。

③ 《汉书》卷七《昭帝纪》并唐颜师古注引晋人傅瓒语，页232—233。

刘贺登基，是在这一年的六月丙寅①。这一天，是六月的第一天，也就是初一②。由于本来只是以主持葬礼的身份入京的，刘贺来到长安城里之后，先是经历了一套被立为太子的手续，然后才正式继位③。包括六月初一这一天在内，昭帝是被安葬在刘贺登基七天之后，而这一年的纪年，则仍然还是元平元年。

按照《汉书·天文志》的记载，早在昭帝去世两个月之前的元平元年二月，似乎就显现了预示刘贺命运的天象：

>（元平元年）二月，……乙酉，牂云如狗，赤色，长尾三枚，夹汉西行。大星如月，大臣之象。众星随之，众皆随从也。天文以东行为顺，西行为逆，此大臣欲行权以安社稷。占曰："太白散为天狗，为卒起。卒起见，祸无时，臣运柄。牂云为乱君。"到其四月，昌邑王贺行淫辟，立二十七日，大将军霍光白皇太后废贺。④

文中"到其四月"，我理解是指二月乙酉（十八日）出现牂云时起，经历四个月时间，也就是在刘贺于六月初一登基之后。

这当然是一个很不吉祥的预兆。古代这一类天人感应的事项，在今天看来，自然都是牵强附会所成，但这一天象提前四个

---

① 《汉书》卷八《宣帝纪》，页238。
② 陈垣《二十史朔闰表》，页18。
③ 《汉书》卷六八《霍光传》，页2940。
④ 《汉书》卷二六《天文志》，页1307—1308。

月就出现了,不大可能完全出自编造,应是确实出现了所谓"羋云"等不大平常的云形星象,而在刘贺被废黜前后,有人才将其与新皇帝的命运联系在一起。

这一年,刘贺在昌邑王的位置上,已经度过了十二个年头。关于这一点,《汉书》本传记述说刘贺"立十三年,昭帝崩"①,而《汉书·诸侯王表》记作:"始元元年,王贺嗣。十二年,征为昭帝后。"②"十二"符合实际年数,故"十三"当正作"十二",或今本《汉书·昌邑王传》文字存在舛讹。

根据相关情况来推测,霍光改而选用昌邑王刘贺,大概是基于如下几点考虑:第一,刘贺是武帝的孙子,辈分比刘胥低,更便于利用外孙女上官太后的名义来加以弹压。第二,刘贺当年还不到二十岁(估计大概在十八九岁上下),政治经验很浅,比较容易控制③。第三,从《汉书》记述的一系列行为举止来看,刘贺的神志肯定不够十分健全,当时人张敞称之为"清狂不惠",曹魏时人苏林以为所谓"清狂"也就是"白痴"的另一种说法④。

刘贺这种"清狂不惠"的神志,在昭帝病重时,就有很充分的表现。史称刘贺"闻天子不豫,弋猎驰骋如故,与驺奴宰人游

---

① 《汉书》卷六三《武五子传·昌邑王髆附子贺》,页2764。
② 《汉书》卷一四《诸侯王表》,页420。
③ 案《汉书》卷六三《武五子传·昌邑王髆附子贺》(页2767)记地节四年(前66)时贺"年二十六七岁",故逆推至元平元年(前74),刘贺的年龄应在十八岁至十九岁之间。
④ 《汉书》卷六三《武五子传·昌邑王髆附子贺》并唐颜师古注引曹魏苏林语,页2767—2769。

图13 海昏侯墓出土玉佩饰①

居娱戏,骄嫚不敬"②。如果说这还只是他的个性比较粗放,不受礼法拘束,算不上什么精神问题的话,那么,请看他在应召入京旅途中的作为:

> 夜漏未尽一刻,以火发书。其日中,贺发,晡时至定陶,行百三十五里,侍从者马死相望于道。郎中令龚遂谏王,令还郎谒者五十余人。贺到济阳,求长鸣鸡,道买积竹杖。过弘农,使大奴善以衣车载女子。至湖,使者以让相安乐。安乐告遂,遂入问贺,贺曰:"无有。"遂曰:"即无有,

---

① 江西省文物考古研究所、首都博物馆编《五色炫曜——南昌汉代海昏侯国考古成果》,页165。
② 《汉书》卷二七中之上《五行志》中之上,页1366—1367。

何爱一善以毁行义！请收属吏，以湔洒大王。"即捽善，属卫士长行法。

贺到霸上，大鸿胪郊迎，驷奉乘舆车。王使仆寿成御，郎中令遂参乘。旦至广明东都门，遂曰："礼，奔丧望见国都哭。此长安东郭门也。"贺曰："我嗌痛，不能哭。"至城门，遂复言，贺曰："城门与郭门等耳。"①

在即将入承大位的关键时刻，刘贺的行为举止竟然如此不着调，不能稍加克制，整饬一下门面，以给霍光以及满朝百官留下一个好的印象，这已经充分显示出他的神志状态和行为特征确实颇有些异乎寻常。

一般来说，白痴当然要更好对付一些。后来霍光假借皇太后名义宣布废除昌邑王帝位时，有一幕耐人寻味的场景：

光令王起拜受诏，王曰："闻天子有争臣七人，虽无道不失天下。"光曰："皇太后诏废，安得天子！"乃即持其手，解脱其玺组，奉上太后，扶王下殿，出金马门，群臣随送。王西面拜，曰："愚戆不任汉事。"②

所谓"天子有争臣七人，虽无道不失天下"云云，语出《孝经》，

---

① 《汉书》卷六三《武五子传·昌邑王髆附子贺》，页2764—2765。
② 《汉书》卷六八《霍光传》，页2946。

清人朱一新剖析说:"观昌邑临废两言,犹非昏悖,特童騃不解事耳。班氏载此,具有深意。"①

不过白痴也有白痴的坏处,就是往往不会审视利害,按照常理出牌,特别是昌邑王刘贺这种"清狂"型的白痴,毕竟还有"狂"的一面,若是完全失控发作起来,说不定会比正常人还难控制。刘贺从进京的路上开始,直到进入未央宫领受皇帝玺绶之后,做出了一系列奇奇怪怪的举动,但都只是生活琐事,完全符合他清狂童騃的神志状态和"动作亡节"(案即"动作无节")的行为特征②。

按理说,这些都是霍光意料之中的事情,也应该是他暗中得意的事情。可是,在刘贺登上皇帝御座仅仅二十七天之后,霍光却举述一系列失于检点的生活琐事,冠以"行昏乱、危社稷"的罪状,动用上官皇太后的名义,将其废归故国。

除了"昏乱"之外,描述刘贺行为的词语,还有"淫辟""狂悖""狂乱无道""狂乱失道""淫乱"诸项词语③,但在由上官太后主持的废黜刘贺帝位的仪式上,由丞相杨敞出面领衔奏上的罪状里,我们看到的实质性内容,却仍然都是一些失于检

---

① 清朱一新《汉书管见》卷四,页434。
② 《汉书》卷六三《武五子传·昌邑王髆附子贺》并唐颜师古注引曹魏苏林语,页2764—2770;又卷七二《王吉传》,页3058—3061。
③ 《汉书》卷二六《天文志》,页1308;卷二七中之上《五行志》中之上,页1366—1367;又卷二七中之下《五行志》中之下,页1412;卷五九《张安世传》,页2647;卷六六《杨敞传》,页2889;卷七一《于定国传》,页3042。

点的生活琐事。

这篇罪状很长,先是由一位尚书令在廷上宣读:

> 臣敞等顿首死罪,天子所以永保宗庙总一海内者,以慈孝礼谊赏罚为本。孝昭皇帝早弃天下,亡嗣,臣敞等议,礼曰"为人后者为之子也",昌邑王宜嗣后,遣宗正、大鸿胪、光禄大夫奉节使征昌邑王典丧。
>
> 服斩缞,亡悲哀之心,废礼谊,居道上不素食,使从官略女子载衣车,内所居传舍。始至谒见,立为皇太子,常私买鸡豚以食。受皇帝信玺、行玺大行前,就次发玺不封。从官更持节,引内昌邑从官驺宰官奴二百余人,常与居禁闼内敖戏。自之符玺取节十六,朝暮临,令从官更持节从。为书曰"皇帝问侍中君卿:使中御府令高昌奉黄金千斤,赐君卿取十妻。"大行在前殿,发乐府乐器,引内昌邑乐人,击鼓歌吹作俳倡。会下还,上前殿,击钟磬,召内泰一宗庙乐人辇道牟首,鼓吹歌舞,悉奏众乐。发长安厨三太牢具祠阁室中,祀已,与从官饮啖。驾法驾,皮轩鸾旗,驱驰北宫、桂宫,弄彘斗虎。召皇太后御小马车,使官奴骑乘,游戏掖庭中。与孝昭皇帝宫人蒙等淫乱,诏掖庭令敢泄言要斩。

读到这里,上官太后喝令道:"止!为人臣子当悖乱如是邪!"刘贺不禁吓得离席而伏,而那位尚书令仍继续宣读刘贺罪状说:

取诸侯王、列侯、二千石绶及墨绶、黄绶以并佩昌邑郎官者免奴。变易节上黄旄以赤。发御府金钱刀剑玉器采缯，赏赐所与游戏者。与从官官奴夜饮，湛沔于酒。诏太官上乘舆食如故。食监奏未释服未可御故食，复诏太官趣具，无关食监。太官不敢具，即使从官出买鸡豚，诏殿门内，以为常。独夜设九宾温室，延见姊夫昌邑关内侯。祖宗庙祠未举，为玺书使使者持节，以三太牢祠昌邑哀王园庙。称嗣子皇帝。

受玺以来二十七日，使者旁午，持节诏诸官署征发，凡千一百二十七事。文学光禄大夫夏侯胜等及侍中傅嘉数进谏以过失，使人簿责胜，缚嘉系狱。荒淫迷惑，失帝王礼谊，乱汉制度。臣敞等数进谏，不变更，日以益甚，恐危社稷，天下不安。

臣敞等谨与博士臣霸、臣隽舍、臣德、臣虞舍、臣射、臣仓议，皆曰："高皇帝建功业为汉太祖，孝文皇帝慈仁节俭为太宗，今陛下嗣孝昭皇帝后，行淫辟不轨。诗云：'籍曰未知，亦既抱子。'五辟之属，莫大不孝。周襄王不能事母，《春秋》曰'天王出居于郑'，繇不孝出之，绝之于天下也。宗庙重于君，陛下未见命高庙，不可以承天序，奉祖宗庙，子万姓，当废。"臣请有司御史大夫臣谊、宗正臣德、太常臣昌与太祝以一太牢具，告祠高庙。臣敞等昧死以闻。

皇太后闻言,诏曰"可"①,也就是批准执行废黜刘贺帝位的请求。

除了率性做事,很不守规矩之外,这里列举的罪过,实在算不上大邪大恶。需要说明的是,奏章中所说夏侯胜等因进谏而招致"簿责"事,《汉书·五行志》另有记述,乃书作因刘贺"狂乱无道,缚戮谏者夏侯胜等,于是大臣白皇太后,废贺为庶人"②。但实际上刘贺绝无杀戮夏侯胜事,夏侯胜不仅以九十高龄寿终正寝,而且即使下狱,也是在后来因响应汉宣帝下诏评议汉武帝功过的"阳谋"而忤逆上旨,被宣帝判以"非议诏书,毁先帝"等罪名,从而招致系狱三年多时间③。若是仅仅以此而论,其行为"狂乱无道"而应废止帝位者,倒应该是汉宣帝刘病已,而恰恰不应该是刘贺。

另外,需要略加说明的是,考古发掘者已经披露,在海昏侯墓出土的简牍当中,包含一些房中术文献。仅从相关展览图册上载录的一支房中术简来看,其内容与马王堆竹书《合阴阳》之"十修"特别是《天下至道谈》的"八道"相似,而较"八道"又有所变化,即延伸其"八道"为"十道",用简单的话来概括,是讲在男女交媾过程中男性生殖器插入的角度、深浅和抽动频率之类性技巧④。

---

① 《汉书》卷六八《霍光传》,页2939—2946。
② 《汉书》卷二七中之上《五行志》中之上,页1366—1367。
③ 《汉书》卷七五《夏侯胜传》,页3155—3159。
④ 江西省文物考古研究所、首都博物馆编《五色炫曜——南昌汉代海昏侯国考古成果》,页188。

然而，切莫以为这是多么荒唐，或有多么下作，房中术在当时是堂而皇之的养生手段，当时人讲究这样的法术，是为了乐而有节，和平寿考①，而不是什么荒淫放荡。因而，不宜依此来对海昏侯刘贺做道德审判，坐实其"淫乱"的罪名。

假如昌邑王的行为，确实已经危及社稷，理应举朝上下，尽人皆知，当霍光宣布废黜其帝位的决定时，人们自宜平静接受。然而，当时的实际情况，却是"群臣皆惊愕失色"②，显示出并没有相应的征兆，其间必有隐情。

图14　四川成都市新都区文管所藏东汉"社日野合"画像砖③

---

① 《汉书》卷三〇《艺文志》，页1778—1779。
② 《汉书》卷六三《武五子传·昌邑王髆附子贺》，页2765；又卷六八《霍光传》，页2937。
③ 俞伟超等主编《中国画像砖全集》之《四川汉画像砖》（成都，四川美术出版社，2006），页149。

清人方濬颐曾就此质疑说:"昌邑受玺才二十七日,而连名奏书所陈罪状累累,信乎否乎?"①明万历时人孙慎行则明确指斥说:"夫以后廷细过与食鸡豚、索大官之故而辄废之,即天下后世之为可立者少矣。……即废立事,固不足质幽明而令人主不愤闷者也。"②

明末人汪用世更从宫廷权力斗争的通行手法着眼,揭示其内中实情云:

盖放君之诏,出于权相之手,大约与会计之檄文、参劾之弹章相似,非多其罪状而暴扬其恶,则不足以声钟鼓之灵、抒白简之气,故往往张小以为大,描虚以为实,而真是非隐矣。嗟乎,因一时不白之冤,滋千古吠影之口者,宁第一昌邑王已哉!③

清人方苞对霍光"负天下之重"的功德业绩本来赏誉有加,却也觉得仅仅因为这些"后廷细过"就将昌邑王废黜,实在有些不成体统,竟然胡乱指责说,班固撰述《汉书·霍光传》时载录"昌邑失道之奏不详,不足以白光之志事"④。

---

① 清方濬颐《二知轩文存》卷二《霍光论》,页3a。
② 明孙慎行《玄晏斋文抄》(明崇祯刻本)卷一《霍光论》,页70a。
③ 明汪用世《史评小品》(明末刻本)卷一〇"昌邑王"条,页2b—3a。
④ 清方苞《方苞集》(上海,上海古籍出版社,1983)卷二《书〈汉书·霍光传〉后》,页62—63。

事实上，上面这篇废位奏疏中举述的刘贺所有罪状，是一字不落地被抄录在了《汉书·霍光传》中，方氏此一自解之词，完全不着边际。

其实这一事件的真相，并不难揭示，从昌邑王刘贺和霍光这两方面都能够找到清楚的线索。在独揽朝政多年之后，霍光遣人迎立昌邑王的意图，当时冷眼旁观者都一清二楚。在昌邑王入京时，其王府中尉王吉即特地上书，剀切陈情，着重谈到这一点：

> 臣闻高宗谅暗，三年不言。今大王以丧事征，宜日夜哭泣悲哀而已，慎毋有所发。且何独丧事，凡南面之君何言哉？天不言，四时行焉，百物生焉，愿大王察之。大将军仁爱勇智，忠信之德天下莫不闻，事孝武皇帝二十余年，未尝有过。先帝弃群臣，属以天下，寄幼孤焉，大将军抱持幼君褓褓之中，布政施教，海内晏然，虽周公伊尹亡以加也。今帝崩亡嗣，大将军惟思可以奉宗庙者，攀援而立大王，其仁厚岂有量哉！臣愿大王事之敬之，政事一听之，大王垂拱南面而已。愿留意，常以为念。①

抛开冠冕堂皇的辞藻，我们不难看出，王吉这段话是在非常明确地告诫昌邑王，他的身份只是霍光选择的傀儡，故即位后只能像昭帝一样"垂拱南面"而"慎毋有所发"，绝不能触动霍光的权柄。

---

① 《汉书》卷七二《王吉传》，页3061—3062。

孰知这位昌邑王刘贺并未能依言行事，竟然头脑发热，真的做起皇帝来了（这当然与他性本"清狂"具有直接关系）。如同张敞在劝谏昌邑王的上书中所说，刘贺不仅在众目睽睽之下，公然冒犯霍光的权威，"国辅大臣未褒，而昌邑小辇先迁，此过之大者也。"① 而且如前列引文所示，在废黜皇位时，霍光数算其罪过，尚云昌邑王"受玺以来二十七日，使者旁午，持节诏诸官署征发，凡千一百二十七事"，特别是刘贺已经着手调整宫廷禁卫兵马，诏命"王相安乐迁长乐卫尉"②，亦即掌管太后寝宫长乐宫的戍卫③，这是控制上官太后言行举止乃至生命安危的紧要职位，霍光对此当然已经忍无可忍，废黜其位不过是时间早晚的事情。

刘贺身边的旧臣，当时就有人清楚地意识到局势的凶险和急迫。《汉书·昌邑王传》记载昌邑国郎中令龚遂即利用为刘贺解梦的机会，剀切陈言，建议他审时度势，知所退避：

> 既即位，后王梦青蝇之矢积西阶东，可五六石，以屋版瓦覆，发视之，青蝇矢也。以问遂，遂曰："陛下之《诗》不云乎？'营营青蝇，至于藩；恺悌君子，毋信谗言。'陛下左侧谗人众多，如是青蝇恶矣。宜进先帝大臣子孙亲近以

---

① 《汉书》卷七六《张敞传》，页3216。
② 《汉书》卷八九《循吏传·龚遂》，页3638。
③ 《汉书》卷一九上《百官公卿表》上并唐颜师古注，页728—729。参见清钱大昕《三史拾遗》（南京，江苏古籍出版社，1997，《嘉定钱大昕全集》本）卷二之"汉书·百官公卿表上"，页40—41。

为左右。如不忍昌邑故人,信用谗谀,必有凶咎。愿诡祸为福,皆放逐之。臣当先逐矣。"贺不用其言,卒至于废。①

"宜进先帝大臣子孙亲近以为左右"这些话,显然是在警示刘贺,若不赶紧做出亲近信用霍家的姿态,并自断尾闾,俯首帖耳地任由霍光操弄,必将招致祸殃。无奈昌邑王的脑子本来就不灵光,而他带到京城那些人又多属想要获取权位的"谗人",又岂甘坐以待逐?他们不仅没有采纳龚遂这番明智的见解,而且还一意孤行,图谋清除霍光。

刘贺从封国带到京城有旧臣二百余人,霍光判以"亡辅导之谊,陷王于恶"的罪名,悉数诛杀。这批人临刑前号呼市中,连连大叫"当断不断,反受其乱"②,北宋时人苏轼剖析此事秘辛云:

> 观昌邑王与张敞语(德勇案,事见《汉书·昌邑王传》),真清狂不慧者耳,乌能为恶?既废则已矣,何至诛其从官二百余人?以吾观之,其中从官必有谋光者。光知之,故立废贺,非专以淫乱故也。二百人者方诛,号呼于市曰:"当断不断,反受其乱!"此其有谋明矣。特其事秘,史无缘得之。著此者,亦欲后人微见其意也。武王数纣之罪,孔子犹

---

① 《汉书》卷六三《昌邑王贺传》,页2766。
② 《汉书》卷六八《霍光传》,页2946。

且疑之，光等数贺之恶，可尽信哉？①

清人何焯亦有言曰："观其临死之言，则昌邑群臣，亦谋为变，光微觉之，不独以其行淫乱而忧懑改图。"②后来恽敬更清楚地讲述说："是昌邑群臣谋光，光因废王杀群臣耳。"唯亦因这番举措，使得"光之罪，则微而显焉"③。

可见"当断不断，反受其乱"这两句痛惜不已的哀叹，清楚地反映出昌邑王登基之后，面对霍光统揽朝政的局面，这些人已经谋划采取行动，清除霍光④。西汉末年人陈崇述及霍光主持征召昌邑王入京为帝一事时，曾经评议说，此举实属霍氏"计策不审"，始致此"过征之累"⑤。头脑正常的人，实在很难准确预测像刘贺这样的二杆子的行为。

尽管刘贺及其手下暗地里开始筹措夺回被霍光掌管的汉家江山，无奈霍光已经严密控制朝廷多年，宫禁内外，多有耳目，对此必定有所风闻。《汉书·五行志》有纪事云：

---

① 宋苏轼《东坡志林》（扬州，江苏广陵古籍刻印社，1984，重印民国进步书局石印《笔记小说大观》本）卷三，页7。
② 清何焯《义门读书记》（北京，中华书局，1987）卷一八《前汉书·列传》，页309。
③ 清恽敬《大云山房文稿》（上海，商务印书馆，民国《四部丛刊初编》影印清同治刊本）初集卷二《读霍光传》，页37a。
④ 参见吕思勉《秦汉史》第五章第十一节《巫蛊之祸》，页153—154。又吕思勉《古史家传记文选》（上海，上海古籍出版社，2009，吕氏《史学与史籍七种》本）之《汉书·霍光金日䃅传》，页389。
⑤ 《汉书》卷九九上《王莽传》上，页4061。

（昌邑王）贺即位，天阴，昼夜不见日月。贺欲出，光禄大夫夏侯胜当车谏曰："天久阴而不雨，臣下有谋上者，陛下欲何之？"贺怒，缚胜以属吏，吏白大将军霍光。光时与车骑将军张安世谋欲废贺。光让安世，以为泄语，安世实不泄，召问胜。胜上《洪范·五行传》曰："皇之不极，厥罚常阴，时则有下人伐上。不敢察察言，故云臣下有谋。"光、安世读之，大惊，以此益重经术士。后数日，卒共废贺。①

此事一方面反映出霍光能够及时知晓昌邑王刘贺身边所发生的事情，同时也说明外间对霍光废黜昌邑王的企图已经有所察觉②。

形势越来越严峻，迫使霍光不得不采取断然措施，抢先下手，废除昌邑王刚刚登上的帝位③。前面引述的《汉书·天文志》阐释刘贺登基之前出现的异常天象，说这些星云象征着"大臣欲行权以安社稷"，事实上已经清楚表明，正是权臣霍光定下决心，来除掉刘贺。

---

① 《汉书》卷二七下之上《五行志》下之上，页1459—1460。
② 清末皮锡瑞著《经学历史》（民国甲子上海涵芬楼影印原刻本）之《经学极盛时代》（页21b）谓"汉儒言灾异实有征验，如昌邑王时夏侯胜以为久阴不雨，臣下有谋上者，而应在霍光，所说天人兆应，虽然不足听信，但皮氏在此也是把霍光视作恣意"伐上"之"下人"。
③ 案李源澄《霍光辅政与霍氏族诛考实》一文，对此曾有所论述，见作者文集《李源澄著作集》第二部《政治及政治制度史》，页1545—1546。另外，西嶋定生《秦漢帝国》5《霍氏政権の成立と崩壊》之《霍氏政権の確立》一节（页285—286），以及唐长孺《讲义三种》（北京，中华书局，2011）之《秦汉三国史》第三章第一节《武帝以后的政治》（页88—89），也谈到过这一点。

三　政变大戏

在霍光这一方面,《汉书》记载其谋划废立皇帝事经过云:

> 光忧懑,独以问所亲故吏大司农田延年。延年曰:"将军为国柱石,审此人不可,何不建白太后,更选贤而立之?"光曰:"今欲如是,于古尝有此否?"延年曰:"伊尹相殷,废太甲以安宗庙,后世称其忠。将军若能行此,亦汉之伊尹也。"光乃引延年给事中,阴与车骑将军张安世图计。①

田延年这位霍光的"故吏",本"以材略给事大将军莫府"起家,亦因得霍光看重,始累官至大司农一职②,两人的关系非同寻常,所以霍光才会首先与他商议这种见不得人的勾当。

除此之外,另有王谭者,其父王䜣尝继车千秋为丞相,封宜春侯,当时乃父已故,王谭袭爵为侯,亦"以列侯与谋废昌邑王立宣帝",并因此而"益封三百户"③,后来霍光率领群臣向皇太后上奏废黜昌邑王帝位时,王谭名在列侯之首,他很可能因这一特殊地位而较早介入了霍光、田延年和张安世的密谋。

这样大的举动,不能不预先知会丞相。当时的丞相杨敞,虽

---

① 《汉书》卷六八《霍光传》,页2937;又卷二七下之上《五行志》下之上,页1459—1460。
② 《汉书》卷九〇《酷吏传·田延年》,页3665。
③ 《汉书》卷六六《王䜣传附子谭》,页2887—2888。

然出身霍光故吏，但处事谨小慎微。当年上官桀与燕王旦等谋反，杨敞最早知悉动静，却因"素谨畏事，不敢言，乃移病卧，以告谏议大夫杜延年"，宁可让杜延年去领功受赏。昔孔夫子尝有语云以臣召君尚且不可以为训，像臣子废黜皇帝这样的事情，自秦始皇建立帝制以来尚未见到先例，更是他根本无法想象的事情。因此，在得悉霍光的图谋之后，杨敞不禁极为惊恐，以至"不知所言，汗出洽背，徒唯唯而已"。

幸好敞夫人颇有大丈夫气概，处变不惊，镇定异常，深知这是容不得稍加犹豫的事情，于是趁田延年起身更衣的机会，向杨敞告诫利害说："此国大事，今大将军议已定，使九卿来报君侯。君侯不疾应，与大将军同心，犹与无决，先事诛矣。"杨敞这才醒悟过来，赶紧向田延年表示"请奉大将军教令"①。

元平元年六月癸巳，这一天是六月二十八，也就是说，在刘贺登基之后的第二十八天，在上述一系列密室阴谋擘画停当之后，这场政变大戏，也就粉墨登场了②：

---

① 《汉书》卷六六《杨敞传》，页2889。案《汉书》卷六六《蔡义传》（页2899）载时人指斥霍光"置宰相不选贤，苟用可专制者"，霍光选择杨敞作丞相，看重的就是他既唯命是从，又绝不会自作主张、擅生是非这一点，宋人真德秀在《大学衍义》卷二〇《格物致知之要·辨人才·愒邪罔上之情》（页7a）中即曾举述此事，与李林甫任用陈希烈并列，作为奸臣用人的典型："奸臣专国，必士大夫柔懦缄默易制者为己之贰，然后权一出于己而莫与争，霍光之用杨敞、李林甫之用陈希烈是也。"

② 《汉书》卷八《宣帝纪》，页238。

（霍光）遂召丞相、御史、将军、列侯、中二千石、大夫、博士会议未央宫。光曰："昌邑王行昏乱，恐危社稷，如何？"群臣皆惊鄂失色，莫敢发言，但唯唯而已。田延年前，离席按剑，曰："先帝属将军以幼孤，寄将军以天下，以将军忠贤能安刘氏也。今群下鼎沸，社稷将倾，且汉之传谥常为孝者，以长有天下，令宗庙血食也。如令汉家绝祀，将军虽死，何面目见先帝于地下乎？今日之议，不得旋踵。群臣后应者，臣请剑斩之。"光谢曰："九卿责光是也。天下匈匈不安，光当受难。"于是议者皆叩头，曰："万姓之命在于将军，唯大将军令。"光即与群臣俱见白太后，具陈昌邑王不可以承宗庙状。①

此情此景，今日读来，依然寒气逼人；而且就连霍光本人，在数年之后，忆及当时"震动朝廷"的情景，尚且"举手自抚心曰：'使我至今病悸。'"②

　　在这一过程中，田延年从起初参与机密，拟定发动政变，到关键时刻，离席按剑，威逼群臣认可其事，都起到了最为重要的作用，当时人称"当废昌邑王时，非田子宾（案田延年，字子宾）之言大事不成"，故待宣帝即位之后，"以决疑定策封阳成

---

① 《汉书》卷六八《霍光传》，页2937—2938。
② 《汉书》卷九〇《酷吏传·田延年》，页3665—3666。

侯"①。然而由此又可以进一步确证,霍光废黜刘贺帝位,是一场地地道道的宫廷政变。

这场政变,尽管相当成功,而且也非常顺利,但按照一般的情理来说,动手废除在位的皇帝,这终究不是人臣应该做的事情。以霍光处置事务之缜密,当然不能对此毫不顾忌。仔细分析前后相关纪事可以看到,除了动用上官皇后的身份做招牌之外,在行政程序上,他还有意给刘贺的皇帝身份留下了一个很明显的瑕疵,这就是废除刘贺帝位奏章中所说"陛下未见命高庙"②——也就是刘贺还没有"告庙"。

图15 海昏侯墓出土铜质磬虡底座③

---

① 《汉书》卷九〇《酷吏传·田延年》,页3665—3666。
② 《汉书》卷六八《霍光传》,页2945—2946。
③ 2016年3月拍摄于首都博物馆展厅。

这种"告庙"行为，是汉代皇帝同时也是后来历代皇帝在即位的时候，都必然要履行的一道程序。对于汉朝的君主来说，只有经历了到"太祖"庙里去向高皇帝刘邦之灵禀报自己登基即位之事这一道手续，才算完成出任皇帝一职所需要的全部仪式，成为人神共认的汉家天子。

一般来说，汉朝新皇帝的"告庙"仪式，都是在登基典礼之后很短的时间内进行。如汉文帝在高后八年闰九月己酉（二十九）即位，文帝元年十月辛亥（初二），"皇帝见于告庙"，中间只间隔十月庚戌朔日（初一）这一天[①]。又如《汉书》对昭帝、宣帝、元帝、成帝、哀帝、平帝各位皇帝整个登基即位程序的记载，都是"即皇帝位，谒高庙"[②]，前后紧密衔接，宛如一气呵成。

然而，汉废帝刘贺，却一直到登基第二十八天之后，霍光把他废除的时候，还没有去谒见太祖高皇帝。其间的缘由，十分耐人寻味。

如前文所述，霍光安排刘贺入京做皇帝，对程序的安排，本来十分审慎。先是让他仅以主持昭帝丧礼的身份来到长安城。看了看，应该没有发现十分显著的问题，于是，先将其立为太子，作为过渡。再加以观察，仍然没有看出过于严重的"妨碍"，这才让他正式登基称帝。

[①]《汉书》卷四《文帝纪》，页108—110。陈垣《二十史朔闰表》，页13。
[②]《汉书》卷七《昭帝纪》，页217；又卷八《宣帝纪》，页238；卷九《元帝纪》，页278；卷一〇《成帝纪》，页302；卷一一《哀帝纪》，页334，卷一二《平帝纪》，页347。

图16 《北京大学图书馆藏宋元珍本丛刊》影印宋庆元本《汉书·霍光传》

假如当时就让刘贺按照常规，随即完成"告庙"的仪式，那么，在制度上，他就成为地地道道的皇帝，再想下手将其废黜，就会遭遇更多更大的困难。所以，刘贺迟迟没有"告庙"，只能出自霍光刻意的安排，亦即霍光仍留下一手，再观察一段时间，以防万一。

现在到了关键的时刻，这一手果然发挥了重要作用，至少可以给世人一个很好的解释：由于"宗庙重于君"，通过"告庙"而得到高皇帝刘邦的认可，才能成为真正的汉家天子，如前文引述的刘贺废位奏章所见，这位新皇帝既然"未见命高庙"，也就"不可以承天序，奉祖宗庙，子万姓"，结论是天经地义的："当废。"①

---

① 《汉书》卷六八《霍光传》，页2945—2946。

纵观其处心积虑专擅权力的整个过程，可知武帝甫一离世，霍光即已弃置所谓"人臣之礼"于不顾，一心操弄权柄，而且心狠手辣，肆无忌惮。其施政之初虽然较武帝时期略显宽缓，而原其本心，亦不过"欲以说（悦）下"亦即邀买人心而已[①]，这与他为杜绝"擅政专权"之非议而笼络任用宗室刘辟强、刘长乐等人[②]，是一样的道理。杨树达早已清楚指出，这一虚假的宽缓局面，并没有持续多长时间，如《汉书·黄霸传》所记，及上官、盖主之难后，光"遵武帝法度，以刑罚痛绳群下，由是俗吏上严酷以为能"[③]。

班固在《汉书·霍光传》篇末的赞语，除了本节前面引述的褒扬之辞以外，也不痛不痒地批评说："然光不学亡术，暗于大理。阴妻邪谋，立女为后，湛溺盈溢之欲，以增颠覆之祸。"[④]看似有所贬责，实质上还是在设法为之开脱。

霍光心术奸邪，实已机深入骨，绝非"不学亡术，暗于大理"八字可以了得。李慈铭在清末将其定位为"以权术挟主者"[⑤]，还

---

① 《汉书》卷二七中之下《五行志》中之下，页1409。
② 《汉书》卷三六《楚元王传》，页1926；又卷七《宣帝纪》，页220。
③ 《汉书》卷八九《循吏传》，页3628—3629。杨树达《汉书窥管》（上海，上海古籍出版社，1984）卷七，页526。案在国家大政方面，甚至连武帝晚年在所谓"轮台诏书"中斥之为"扰劳天下"举措的屯田轮台一事，霍光亦"用桑弘羊前议"而复行之，事见《汉书》卷九六下《西域传》下，页3912—3916。
④ 《汉书》卷六八《霍光传》，页2967。
⑤ 清李慈铭《越缦堂读书记》（上海，上海书店出版社，2000）之《史部·正史类》"汉书"条，页209。

算大体允当。其实宣帝初即位时,就有侍御史严延年,劾奏霍光策动这次宫廷政变,是"擅废立,亡人臣礼,不道"①。清人尤侗则谓霍光此举"卒开莽、操辈废立之渐"②,更深入剖析了霍光专权对后世的恶劣影响。故东汉时人就把"数读《汉书·霍光传》"看作乱臣贼子"欲谋废立"的征兆③。

如上所述,事实上汉武帝去世没过多久,汉家朝廷实际上就牢牢地控制在这样一位阴险老辣的权臣手中。正是在这样一场宫廷政变的刀光剑影之下,以及权臣霍光缜密异常的心思当中,未来的孝宣皇帝刘询,从长安城南的草野,来到了高墙深院的皇宫。

---

① 《汉书》卷九〇《严延年》,页3667。案宋人吕祖谦对严延年此举拍手称赞,感叹云:"大哉!延年之奏也。自夷、齐之后,一人而已。"说见吕祖谦《吕东莱太史别集》(杭州,浙江古籍出版社,2005,《吕祖谦全集》本)卷一五《读汉史手笔》,页575。又案《汉书》卷六三《武五子传·昌邑王髆附子贺》(页3666)载刘贺有妻系严延年女,唯彼严延年字长孙,官居执金吾,此侍御史严延年则字次卿,二者名同人异,并无关联。
② 清尤侗《西堂杂俎》(清康熙间刻《西堂文集》本)一集卷八《杂言》二种之《读〈东坡志林〉》,页22b—23a。
③ 《后汉书》卷七八《宦者列传·吕强》并唐李贤注,页2533。

第五章　宣帝登基与亲政

前面第三章中已经谈到，汉宣帝刘询初名病已，生父为武帝长子亦即太子据的儿子史皇孙，故于武帝为曾孙，号曰"皇曾孙"。巫蛊祸起，太子据与史皇孙举家遇害，皇曾孙病已赖廷尉监邴吉怜悯，得以幸存于世。

《汉书·宣帝纪》记述其早年生长经历说："后有诏掖庭养视，上属籍宗正。时掖庭令张贺尝事戾太子，思顾旧恩，哀曾孙，奉养甚谨，以私钱供给教书。既壮，为取暴室啬夫许广汉女，曾孙因依倚广汉兄弟及祖母家史氏。"[①]这与其他皇子的成长经历，有很大不同。

一　又选来一个皇帝

霍光发动政变赶走昌邑王之后，依然需要扶持一位刘姓皇

---

① 《汉书》卷八《宣帝纪》，页235—237。

帝,因"广陵王已前不用,及燕刺王反诛,其子不在议中。近亲唯有卫太子孙号皇曾孙在民间,咸称述焉"①,于是选定了这位皇曾孙病已。

与昌邑王刘贺相比,新皇帝的辈分又降低一辈,年龄则仍大致相当(宣帝"年十八即尊位")②,对于霍光来说,这显然更有利于施展上官太后的权威,来帮助他控制朝政,而宣帝长养民间,岳父许广汉亦不过是一受刑宦者③,没有政治势力作根基,同样也更容易摆布,此即清人恽敬在分析宣帝得以入主大统的原因时所说:"光惩于此(德勇案,指上一章所述刘贺昌邑国旧臣图谋收拾霍光之事),故立宣帝,以起侧微,无从官及强姻亲

图17 明万历刻本《三才图会》中的汉宣帝像

---

① 《汉书》卷六八《霍光传》,页2947。案据《汉书》卷六〇《杜延年传》(页265),首先是由杜延年向霍光、张安世建议拥立宣帝。
② 《汉书》卷六三《戾太子传》,页2748。
③ 《汉书》卷九七上《外戚传》上,页3964。

为党也。"①近人吕思勉在研究昭宣之际史事时，也得出了同样结论，以为"昌邑以亲藩邸旧臣败，（霍）光未尝不惩其事，宣帝起匹夫，则无辅之者矣"②。从表面上看，似乎很容易再重新造就一个合乎霍家理想的傀儡皇帝。

汉宣帝在元平元年（前74）七月即位以后，处事确实很像已故的孝昭皇帝，几乎没有表现出任何控制权力的欲望。如上一章所说，宣帝甫一即位，侍御史严延年即劾奏霍光擅行废立而殊无人臣之礼，然而由于时机微妙，如同明清间人王夫之所讲的那样："光之必有所顾忌而不怨延年，宣帝有畏于霍氏，必心利延年之说而不责延年。"③双方都还在谨慎观察，对此只能搁置不论④。

只是在这一年十一月中旬之前，有公卿议论欲更立皇后而"心仪霍将军女"的时候，宣帝下诏"求微时故剑"，以一种相当

---

① 清恽敬《大云山房文稿》初集卷二《读霍光传》，页37a。
② 吕思勉《秦汉史》第五章第十一节《巫蛊之祸》，页154—155。
③ 清王夫之《读通鉴论》卷四《汉昭帝》之"严延年劾奏霍光非能守正"条，页155。
④ 《汉书》卷九〇《酷吏传·严延年》，页3667。案胡寅《致堂读史管见》（北京，北京图书馆出版社，2004，《中华再造善本》丛书影印宋嘉定十一年衡阳郡斋刻本）卷二《汉纪·孝宣》（页14b—15a）有评论说："霍光以大将军断国，当孝昭时，车千秋薨二年，然后拜杨敞相，盖少昭帝也。当孝宣初，杨敞才薨十日，即拜蔡义相，不敢少宣帝也。光素以小心谨慎未尝有过为武帝所识拔，既废立在手，志意遂肆，丞相虚位至二年之久，又择畏事不敢言如杨敞者乃与之，岂非轻视其君欤？敞薨之时，宣帝初立，而严延年劾奏大将军擅废立，无人臣礼，大不道。奏虽寝，而朝廷肃然，光为是故少惮也欤？"这正体现出霍光对宣帝确是有所顾忌。

独特的方式,隐讳地表述了自己的意愿。于是,"大臣知指(旨),白立许倢伃为皇后",终使患难夫人许氏得以册立为皇后①。

在此之前,因为有昌邑王前车之鉴,霍光对初入皇宫的宣帝防范甚严,令上官太后一直居住在皇帝居处的未央宫内,对其加以震慑和监督②。面对宣帝通过"求微时故剑"以确保许氏后位这一微妙举动,机心深邃的霍光,愈加不敢掉以轻心了。大概是为防止上官太后反遭宣帝控制,同时在表面上也合乎常规礼制,霍光安排上官太后在这个月的月底之前回到长乐宫中,并在长乐宫"初置屯卫"③。

考虑到上一章所说,昌邑王甫一进京,就安插手下人安乐担任长乐卫尉的情况,可知霍光此举是在增强太后寝宫的防卫能力,以充分保障这件法宝的安全④。接下来,在第二年亦即本始元年(前73)春正月,霍光做出了"稽首归政"的姿态。如第

---

① 《汉书》卷八《宣帝纪》,页239;又卷九七上《外戚传》上,页3965。
② 明人严衍《资治通鉴补》(上海,上海古籍出版社,2008,影印清光绪二年盛氏思补楼活字印本)卷二四汉孝昭皇帝元平元年十一月,页173。
③ 案今中华书局本《汉书》卷八《宣帝纪》(页239)记相关史事作"皇太后归长乐宫。初置屯卫",但商务印书馆百衲本《二十四史》影印宋景祐刊本(见缩印本,页76)、线装书局近年影印宋庆元刻本《汉书》(页3b—4a)以及《中华再造善本》丛书影印宋蔡琪家塾刻本《汉书》(页5a),俱书作"皇太后归长乐宫。长乐宫初置屯卫",检荀悦《汉纪》、司马光《资治通鉴》、王益之《西汉年纪》以及王先谦《汉书补注》等书均同景祐本等宋刻《汉书》,知今中华书局本应有脱文。
④ 明王祎《大事记续编》卷一(页37a)谓"卫太子发长乐宫卫,则旧有卫士矣。今兹增置,故谓之屯卫也"。清王荣商《汉书补注》(清末民初民间刻本)卷四(页2a)亦曰"此云初置者,盖视旧制有所增故也"。

三章所述,在昭帝已冠之后,霍光从来也没有显示过还政于皇帝的意愿,现在做出这种举动,显然是在试探宣帝的虚实。

《汉书》中如下一段记载,形象地反映出汉宣帝初就大位时诚惶诚恐的心态:

> 宣帝始立,谒见高庙,大将军光从骖乘,上内严惮之,若有芒刺在背。后车骑将军张安世代光骖乘,天子从容肆体,甚安近焉。及光身死而宗族竟诛,故俗传之曰:"威震主者不畜,霍氏之祸萌于骖乘。"①

看这一景象,"君马黄,臣马苍,二马同逐臣马良"那两句汉代铙歌②,倒仿佛是在咏叹宣帝和霍光之间主弱臣强的君臣关系。

霍光在当时的权势和手段,借用明末人李贽的话来说,可谓"置君如弈棋"③。在这种情况下,宣帝对霍光所谓"归政",自易察其伪诈④,从而只能"谦让不受",同时他还明确指示臣下,要"诸事皆先关白光,然后奏御天子",以后"光每朝见,上虚己敛

---

① 《汉书》卷六八《霍光传》,页2958。
② 宋郭茂倩《乐府诗集》(北京,人民文学出版社,2010,影印傅增湘旧藏集配宋元刊本)卷一六《鼓吹曲辞·汉铙歌》之《君马黄》,页355。
③ 明李贽《史纲评要》(北京,社会科学文献出版社,2000,《李贽文集》本)卷八,页118。
④ 清方濬颐《二知轩文存》卷二《霍光论》,页3b。

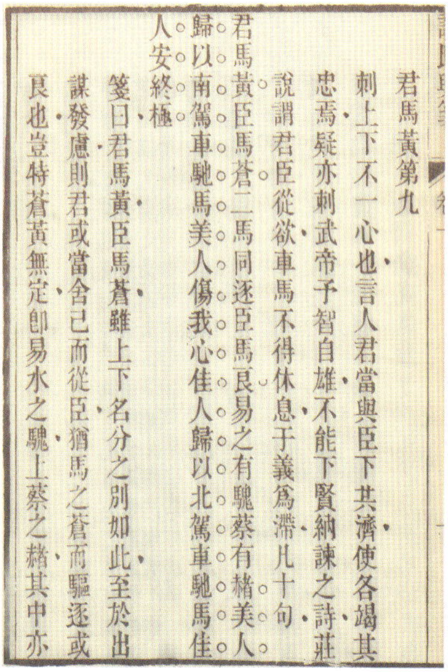
君馬黃第九
刺上下不一心也言人君當與臣下共濟使各竭其
忠焉疑亦刺武帝予智自雄不能下賢納諫之詩莊
說謂君臣從欲車馬不得休息于義爲滯凡十句
君馬黃臣馬蒼二馬同逐臣馬良易之有騩蔡有赭美人
歸以南駕車馳馬美人傷我心佳人歸以北駕車馳馬佳
人安終極
箋曰君馬黃臣馬蒼雖上下名分之别如此至於出
謀發慮則君或當舍己而從臣猶馬之蒼而驅逐或
良也豈特蒼黃無定即易水之騩上蔡之赭其中亦

图18 咸丰原刻本陈沆《诗比兴笺》中的《君马黄》篇

容，礼下之已甚”[①]，亦即任由霍光“骄溢过制”[②]，实则如宋人王应麟所指出的那样：“帝心疑忌益甚矣。”[③]

宋人胡寅尝就此评论说：“光虽稽首归政，以礼文而辞，实未肯去，则何说哉？又使事先白己，然后奏御，是君臣易道，凡有不便于己、忠告于君者，皆不得达，罔上迷国，罪已不胜诛矣；况吝权怙势，又复五年，使人主蓄怒、朝臣积忿，光而未

① 《汉书》卷八《宣帝纪》，页239；又卷六八《霍光传》，页2948。

② 《汉书》卷二七上《五行志》上，页1335。

③ 宋王应麟《通鉴答问》（南京，江苏古籍出版社，1988，影印清光绪浙江书局刻《玉海》附印本）卷五“大将军光稽首归政上谦让不受”条，页74。

死,亦且不能免也。"①

当局者迷,霍光当时只是满意地看到自己想要的结果:废黜昌邑王所造成的威慑力,足以让宣帝清醒认识自己所处的地位,其独擅朝政的局面根深蒂固,似乎已经无法动摇,用清人方濬颐的话来讲,就是"光之不臣,至斯已极"②。

无奈严延年没有看清这种形势,又向霍光的心腹干将大司农田延年发难,弹劾他"持兵干属车",即持械冒犯天子后车,结果被霍光抓住时机,反打一耙,"谴责延年何以不移书宫殿门禁止大司农,而令得出入宫。于是覆劾延年阑内罪人,法至死",淫威之下,严延年只好落荒而去,隐身亡命③。

二 未央宫的真天子

然而,霍光及其家人党羽,都大大低估了宣帝的能力。

汉宣帝自幼饱经磨难,与生长于皇宫王室而不知世事的昭帝、昌邑王完全不同。长期的民间生活,使得他"喜游侠,斗鸡走马,具知闾里奸邪,吏治得失",曾经"数上下诸陵,周遍三辅,常困于莲勺卤中。尤乐杜、鄠之间,率常在下杜",完全有能力破解霍光一辈人那一套操作权术的手腕,上述"求微时故

---

① 宋胡寅《致堂读史管见》卷二《汉纪·孝宣》,页15b。
② 清方濬颐《二知轩文存》卷二《霍光论》,页3b。
③ 《汉书》卷九〇《酷吏传·严延年》,页3667。

剑"的举动,就很好地体现出他的应对智慧。

与此同时,宣帝复又"高材好学",很早就"师受《诗》《论语》《孝经》",有良好的文化修养①,从而能够更为理智地审时度势,从大处着眼,妥善处理和霍光及其党羽的关系。

史称"自昭帝时,光子禹及兄孙云皆中郎将,云弟山奉车都尉侍中,领胡、越兵,光两女婿为东西宫卫尉,昆弟诸婿外孙皆奉朝请,为诸曹大夫、骑都尉、给事中。党亲连体,根据于朝廷"②。

宣帝"自在民间闻知霍氏尊盛日久",早有思想准备,十分清楚面对这种局面,轻举妄动,只能重蹈昌邑王覆辙,如近人吕思勉所云:"昭、宣之得安,正以其恭己委任耳。"③他需要做的事情,只是耐心等待时机,故史称"时大将军霍光辅政,上共(恭)己正南面,非宗庙之祀不出"④。

本始三年(前71)春天,霍光的妻子为将小女成君立为宣帝皇后,竟然买通医官偷偷下药,残忍地害死皇后许氏。事后霍光批示,对医官不予追究。清初人丁耀亢著《天史》,将此事列为中国历史上"大逆二十九案"之一⑤,可见事态的严重。以宣

---

① 《汉书》卷八《宣帝纪》,页236—237;又卷六八《霍光传》,页2947。
② 《汉书》卷六八《霍光传》,页2948、页2451。
③ 吕思勉《古史家传记文选》之《汉书·霍光金日䃅传》,页389。
④ 《汉书》卷二五下《郊祀志》下并唐颜师古注,页1248。
⑤ 清丁耀亢《天史》(济南,齐鲁书社,2009)卷一《大逆二十九案》之"霍氏毒后灭族"条,页32—33。

图19 四川出土东汉"传经讲学"画像砖①

帝之精明,不难看出其中的原委,却也只能隐忍不问②。

在痛苦的忍耐中又度过三年之后,直到所谓地节二年(前68)三月,汉宣帝终于熬到了出头的日子:这时霍光死了。成帝时人梅福,曾经针对霍氏家人后来的遭遇讲过一句话,谓"权臣易世则危"③。纵观后来两千多年的历史,这确实是比较普遍的通例。

---

① 李丽芳《历史博物馆珍藏的汉代砖画》(台北,历史博物馆,1991),页44。
② 《汉书》卷八《宣帝纪》,页244;又卷九七上《外戚传》上,页3966。案吕思勉《秦汉史》第五章第十一节《巫蛊之祸》(页157)即谓"宣帝非愚骏者",唯当时情势使之"视后死不能救"。
③ 《汉书》卷六七《梅福传》,页2922。

然而，宣帝并没有马上做出清算的举动，经过长达二十年的经营，霍家子弟党羽遍布朝廷各个要害部门，稍有差池，就会自身不保。宣帝充分施展他的智慧和手腕，来安抚迷惑霍光家人，既厚葬美谥，又封赏子弟，特别是诏命霍光兄霍去病的孙子霍山"以车骑都尉领尚书事"①，差不多依照原样顶替了霍光原来的权位，霍家似乎势焰依旧。

不过，在经过短暂酝酿之后，从这一年五月起，宣帝开始"亲政"，亦即直接处理朝廷日常政务了。

一个月前，天上飞来嘉瑞，有"凤凰集鲁，群鸟从之"②。凤凰来仪，是见载于《尚书》的吉祥兆应，昔孔夫子甚至感叹："凤鸟不至，河不出图，吾已矣夫！"③但功德茂盛的大司马大将军霍光尸骨未寒，而且宣帝安葬霍光，黄屋左纛，盛以梓宫，多拟以天子之礼④，既然如此感念霍光的恩德，似乎就不宜对此大肆张扬；再说凤凰降世，也并不是非加以庆贺不可，两年前的本始四年（前70）五月，"凤皇（凰）集北海安丘、淳于"⑤，就

---

① 《汉书》卷八《宣帝纪》，页247；又卷六八《霍光传》，页2948—2950。
② 《汉书》卷八《宣帝纪》，页247。案"凤凰集鲁"原作"凤凰集鲁郡"，唯当时仅有鲁国而并无鲁郡，《宋书》（北京，中华书局，1974）卷二八《符瑞志》中（页793）记此事即书作"凤凰集鲁"，商务印书馆百衲本《二十四史》影印宋景祐本《汉书》（页8a）同作"集鲁"，故此从清王念孙《读书杂志》之《汉书》第一"鲁郡"条（页93）删除后世衍增之"郡"字。
③ 《论语》（日本天文癸巳刻本）卷五《子罕》，页32a。
④ 《汉书》卷八《宣帝纪》，页247；又卷六八《霍光传》，页2948。
⑤ 《汉书》卷八《宣帝纪》，页246。

悄无声息，朝廷并没有做出任何举动，然而，汉宣帝却偏偏要极力彰显这次凤凰率群鸟降临于汉家的喜庆意义，为之"大赦天下"①，这显然是在庆贺自己从霍氏的束缚中获得解放②。

三 改元与改运

摆脱牢笼的老虎谨慎地亮出了爪牙。在保持霍山领尚书事职位的同时，宣帝复令群臣吏民得以抛开他直接向皇帝上奏封事，皇帝则"五日一听事，自丞相以下各奉职奏事，以傅奏其言，考试功能"③。

明朝人王圻在《三才图会》里紧接着宣帝即位之事下面记述说，霍光"自后元秉政，至此二十年，始归政于帝，及薨，上与皇太后亲临"④，文字表述有些混乱，实际上汉武帝后元二年（前87）以后的第二十个年头，正是霍光去世时的所谓"地节二年（前68）"。汉宣帝在尝试行使本来就属于他的权力。

---

① 《汉书》卷八《宣帝纪》，页247。
② 案《汉书》卷八《宣帝纪》（页242）记载，在宣帝刚刚即位的本始元年五月，也曾因"凤凰集胶东、千乘"而"大赦天下"并赐吏二千石以下爵各有差，此举应当主要是出自霍光的意愿，借以宣示其虽以臣子而擅行废立，却因所谓"宗庙重于君"之说而顺乎天道，得以感召凤凰来仪。
③ 《汉书》卷八《宣帝纪》，页247；又卷六八《霍光传》，页2951；卷七四《魏相传》，页3134—3135。
④ 明王圻《三才图会》（上海，上海古籍出版社，1988，影印明万历刻本）之《人物》卷四，页608。

时下通行的历史年表，记述汉宣帝的年号，都不够准确，即与历史实际颇有出入。事实上汉宣帝的"地节"年号，应当启用于"本始六年"（前68）正月下旬到同年五月十四日这三个多月期间①，而本始六年也就是地节二年。这一年，宣帝刘病已五月亲政，同月十四日京师长安出现目前所知首次实际使用地节年号的钱范②，可见启用地节年号，与宣帝亲政具有直接联系。

　　通观武帝太初年间确立年号纪年制度以后西汉诸帝使用年号的情况，可以看到除了哀帝情况比较特殊，做过更为复杂的变换之外，其余每一位帝王使用年号，都有固定的年数，而且绝不与前面的皇帝相同。如同王国维已经指出的那样，武帝太初、天汉、太始、征和四号，皆四年而改，而昭帝始元、元凤二号，便

---

① 王国维《屯戍丛残》《屯戍丛残考释》，见罗振玉、王国维合著《流沙坠简》（北京，中华书局，1993），页28、页118。案王氏考释20世纪初敦煌所见汉代木简，注意到其中一支简牍，文曰："本始六年三月。癸亥朔。丁丑尽辛卯十五日。乙酉到官。"由此推论，"疑宣帝'本始'之元，初亦因昭帝之制，六年而改，后更用四年递改之制"，最早勘破宣帝地节改元的奥秘，而这一支本始六年三月的简牍，到目前为止，仍是以"本始"年号纪年的文书、铭文中年代最晚的一件。这一年三月癸亥朔，则乙酉日已至本月第二十三天，临近月底，即使是把长安城宣布改元的文书传递到敦煌的时间，最大限度展宽，也不会超过两个月，故由"本始"改元为"地节"的时间上限，可以由此三月下旬上推两个月，即最早也不会早于这一年的正月下旬。至于其时间下限，可以由一件地节二年五月十四日在长安城制作的钱范来确定。这件钱范的情况，见赵晓明《西汉宣帝本始五年钱范的发现及其认识》一文，刊《文博》2005年第6期，页49—50。

② 赵晓明《西汉宣帝本始五年钱范的发现及其认识》，刊《文博》2005年第6期，页49—50。

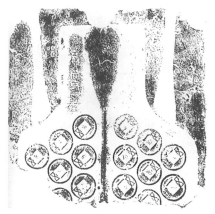

图20 汉长安城故址出土"本始五年壬申十一月造"钱范拓本①

六年一改;又如元帝五年一改元,成帝就四年一改元②。这表明在当时人看来,年号的使用年限,意味着一种天运之数,天不变,数亦不变;反过来讲,天若有变,则数必更换。

霍光操纵昭帝,每隔六年改换一次年号。宣帝继位之后,本始年号依旧延续使用到第六个年头,这意味着霍光意欲借以表明从昭帝到宣帝,运数连贯,并没有变化,同样都是霍家的天下。也正因为如此,宣帝为转换运数,甫一亲政,当即将本始年号更换为地节,并且向前追改,定当年为地节二年,改本始五年为地节元年(前69),若王国维所云,"更用四年递改之制"。——这

---

① 党顺民、赵晓明《西安相家巷村新出西汉"五铢"钱陶范母调查研究》,刊《中国钱币》2005年第2期,页37—40。又赵晓明《西汉宣帝本始五年钱范的发现及其认识》,刊《文博》2005年第6期,页48—52。王泰初、马致远《西汉上林五铢陶质母范研究》,《钱币博览》2007年第1期,页13。
② 《汉书》卷二一下《律历志》下,页1023—1024。王国维《屯戍丛残考释》,见罗振玉、王国维合著《流沙坠简》,页118。

就应当是宣帝地节改元的真实过程和内在旨意。

关于"地节"这一年号的寓意，东汉人应劭在说明西汉诸帝年号的含义时，曾经解释说，是"以先者地震，山崩水出，于是改年曰'地节'，欲令地得其节"。应劭所说此前发生的地震，见于《汉书·宣帝纪》记载，是指上一年亦即本始四年"夏四月壬寅，郡国四十九地震，或山崩水出"，此事尚别见于《汉书》之《五行志》与《夏侯胜传》，谓"地震河南以东四十九郡，北海、琅邪坏祖宗庙、城郭，杀六千余人"。当时以宣帝名义颁布诏书曰："盖灾异者，天地之戒也。朕承洪业，奉宗庙，托于士民之上，未能和群生。乃者地震北海、琅邪，坏祖宗庙，朕甚惧焉。丞相、御史其与列侯、中二千石博问经学之士，有以应变，辅朕之不逮，毋有所讳。"①审此史事，应劭的说法似乎信而有征，合乎历史实际。

然而，如前所述，本始四年（前70）时汉室的朝政还是由霍光一手统揽，即使是有"天地之戒"，其所警示者也应该是霍光，而轮不到孝宣皇帝。盖汉人依从《周礼》，以为三公负有调和阴阳的职责，宣帝时丞相魏相尝有言曰："幸得备员，奉职不修，不能宣广教化，阴阳未和，灾害未息，咎在臣等。"②故遇有重大灾异，通常是要首先策免三公，以求燮理阴阳③，而西汉习

---

① 《汉书》卷八《宣帝纪》并唐颜师古注引应劭语，页245—246；又卷二七下之上《五行志》下之上，页1454；卷七五《夏侯胜传》，页3158。
② 《汉书》卷七四《魏相传》，页3139。
③ 清赵翼《廿二史札记》卷二"灾异策免三公"条，页47—48。

惯以丞相、太尉和御史大夫为三公,霍光的"大司马"职衔正是由太尉改名而来①。

因此,霍光操纵发布这道诏书,显然是在为自己推卸责任,而宣帝亲政以后,即"尽变易大将军时法令,以公田赋与贫民,发扬大将军过失"②,绝不会在年号这样富有神圣意义的标志上,为霍光施政失德承担后果。

《汉书·五行志》在记述本始四年这次地震时,和西汉其他几次大地震一样,都没有具体讲述它所表征的意义,但对《春秋》记述的地震,却引述刘向等人说法,一一讲述了与之对应的人事。为能更加清楚地说明问题,特全文迻录如下:

> 文公九年"九月癸酉,地震"。刘向以为先是时,齐桓、晋文、鲁釐二伯贤君新没,周襄王失道,楚穆王杀父,诸侯皆不肖,权倾于下,天戒若曰:"臣下强盛者将动为害。"后宋、鲁、晋、莒、郑、陈、齐皆杀君。诸震,略皆从董仲舒说也。《京房易传》曰:"臣事虽正,专必震,其震于水则波,于木则摇,于屋则瓦落。大经在辟而易臣,兹谓阴动,厥震摇政宫。大经摇政,兹谓不阴,厥震摇山,山出涌水。嗣子无德专禄,兹谓不顺,厥震动丘陵,涌水出。"

---

① 宋程大昌《演繁露》(北京,中国书店,2008,刷印民国陶湘刻《儒学警悟》本)卷五"汉三公"条,页9a。清赵翼《廿二史札记》卷二"汉三公官"条,页45—46。
② 《汉书》卷六八《霍光传》,页2954。

襄公十六年"五月甲子，地震"。刘向以为先是鸡泽之会，诸侯盟，大夫又盟。是岁三月，诸侯为溴梁之会，而大夫独相与盟，五月地震矣。其后崔氏专齐，栾盈乱晋，良霄倾郑，阍杀吴子，燕逐其君，楚灭陈、蔡。

　　昭公十九年"五月己卯，地震"。刘向以为是时季氏将有逐君之变。其后宋三臣、曹会皆以地叛，蔡、莒逐其君，吴败中国杀二君。

　　二十三年"八月乙未，地震"。刘向以为是时周景王崩，刘、单立王子猛，尹氏立子朝。其后季氏逐昭公，黑肱叛邾，吴杀其君僚，宋五大夫、晋二大夫皆以地叛。

　　哀公三年"四月甲午，地震"。刘向以为是时诸侯皆信邪臣，莫能用仲尼，盗杀蔡侯，齐陈乞弑君。①

这些地震所对应的人事，都是所谓"邪臣"专擅朝政，意象十分明确。

　　就在这次改元两年之后的地节四年，张敞奏上封事，指出当霍光权位隆盛之时，"感动天地，侵迫阴阳，月朓日蚀，昼冥宵光，地大震裂，火生地中，天文失度，妖祥变怪，不可胜记，皆阴类盛长，臣下颛制之所生也"②。后来在元帝时连年出现地震等灾害，有儒者翼奉上奏封事，指陈所谓"天地之戒"意向所在，

---

① 《汉书》卷二七下之上《五行志》下之上，页1452—1454。
② 《汉书》卷七六《张敞传》，页3217。

首谓"今左右亡同姓,独以舅后之家为亲,异姓之臣又疏。二后之党满朝,非特处位,势尤奢僭过度,吕、霍、上官足以卜之,甚非爱人之道,又非后嗣之长策也。阴气之盛,不亦宜乎!"①实际上,他们两人这些话,都已经明确指出,出现此等地震,就是上天在警示霍光以及吕后、上官桀之类的外戚秉政。

另有匡衡同时向元帝上疏,同样指出引发地震的根本原因,乃包括"纲纪失序,疏者逾内,亲戚之恩薄,婚姻之党隆,苟合侥幸,以身设利"②。至哀帝时李寻奏对灾异,亦谓"地道柔静,阴之常义也。地有上、中、下,其上位震,应妃后不顺,中位应大臣作乱,下位应庶民离畔"③。后来东汉人何休撰著《春秋公羊经传解诂》,在训释上述文公九年九月之首例地震时,亦云"地动者,象阴为阳行。是时鲁文公制于公子遂,齐、晋失道,四方叛,得星孛之萌"④。

总之,按照当时人普遍遵信的观念,地震昭戒的对象,首先是恣意干政的后宫外戚或骄横擅权的执事大臣,而霍家适兼而有之,特别具有直接关系的是,在本始四年四月这次地震发生的前一个月,在害死许后之后,经霍光操纵,刚刚"立皇后霍氏"⑤。

---

① 《汉书》卷七五《翼奉传》,页3173—3174。
② 《汉书》卷八一《匡衡传》,页3333—3334。
③ 《汉书》卷七五《李寻传》,页3188—3189。
④ 汉何休《春秋公羊经传解诂》(清道光年间扬州汪氏问礼堂仿刻宋绍熙辛亥建安余仁仲刊本)卷六,页8b。
⑤ 《汉书》卷八《宣帝纪》,页245。

通观上述记事,自宜理解宣帝选择"地节"一名作为年号,显然是要因应上天所示征兆,警告所谓"臣下强盛"者要有所敛节制。稍后,翌年九月壬申又有地震,宣帝下诏省察政事,虽然也有令臣民"箴朕过失""匡朕之不逮"之类的门面话,但具体举动,却是"罢车骑将军、右将军屯兵"①,等于借机夺走了这两大将军下属的军兵。

谈到宣帝从霍家人手中夺回兵权,其最早的举动,是在表面尊崇霍氏子弟特别是仍令霍山"以车骑都尉领尚书事"的同时,没有再给予霍家人"大司马大将军"这项至高无上的权位。

居延汉简中有一枚地节二年六月的简牍,内容是关于丞相史校阅边塞武备的事情②。陶元甘分析指出:"汉初有太尉,主军事,后省太尉,并其职于丞相,及设大司马大将军之后,丞相不过尸位素餐而已。观此简则丞相固尝遣史核校边备。盖此简为地节二年六月文书,霍光死于是年三月,光死后宣帝亲揽大权,……故一切军务,改由丞相司之。以此简与《霍光传》相印证,更可窥见宣帝与霍氏争斗之情形。"③可见,这是宣帝亲政之后为收揽最高军事调度权力而优先采取的重大举措。

---

① 《汉书》卷八《宣帝纪》,页249。
② 谢桂华、李均明、朱国炤合著《居延汉简释文合校》(北京,文物出版社,1987)之第7·7A—B号简,页11。
③ 陶元甘《居延汉简笺证》,页343—344。案陶氏谓当时派遣丞相史巡视边备,是"委任丞相魏相",所说略有差误,据《汉书》卷七三《韦贤传》(页3107),霍光去世之后到地节三年期间的丞相为老臣韦贤,唯韦贤为人系以"质朴少欲,笃志于学"著称,汉宣帝自无须顾忌。

地节三年发生地震时的右将军,是霍光之子霍禹,车骑将军为张安世。此举看似同时解除两个人的兵权,但其实质意义却大相径庭。盖张安世在昭帝崩后即已出任车骑将军一职,在此数月之前宣帝本欲拔擢为大将军,"使专精神,忧念天下,思惟得失",以安世固辞,乃改而"拜为大司马车骑将军,领尚书事",实际上在很大程度上仍然是用以顶替霍光原来的职位。

宣帝在罢废霍禹之右将军屯兵的同时,"亦以禹为大司马",看似重又擢升至乃父霍光当年的职位,实际上却已经变更武帝旧制,令其"冠小冠",且"不冠将军,亦无印绶官署",不过是"虚尊加之,而实夺其众"。

相比之下,在撤掉张安世统管的车骑将军屯兵之后,复令张氏"更为卫将军,两宫卫尉、城门、北军兵属焉",反而赋予他更为要害的禁卫兵权[1]。因知宣帝此举,仍然是在利用节制强臣的由头,清除霍家的势力[2]。

---

[1] 《汉书》卷五九《张汤传附子安世》,页2647—2649;又卷一九上《百官公卿表》上,页725;卷六八《霍光传》,页2952。参见宋司马光《资治通鉴》卷二四汉宣帝地节二年四月戊申附司马氏《考异》,页805。又杨树达《汉书窥管》卷二,页119;又卷七,页533。

[2] 案张安世虽然曾被霍光授以车骑将军这一要职,但如同其委任杨敞为丞相一样,正是看中张氏处世谨言笃行这一品格,以便自己专擅朝政。寒斋藏明末写本佚名史评之"张安世"条(案此本无页码)谓张氏"匿名迹,远权势,定大政而不敢专,荐人才而不敢擅",允称"无有作威作福",评价甚为得当,宣帝本无须忌惮安世,而据《汉书》卷九七上《外戚传》上记载(页3964),张安世兄张贺本是卫太子家吏,在宣帝落难时"以旧恩养视皇曾孙甚厚",故宣帝乃利用其既有权位来对付霍家势力。

汉宣帝在这一重大问题上,采用如此曲折的方式来传达自己的意图,一方面是当时特殊的政治形势所致,盖当时霍家"昆弟诸婿据权势,在兵官"①,仍然不能轻易出手;但另一方面,也与他的文化背景具有直接关系。

　　前面已经谈到,宣帝在民间时即已"师受《诗》《论语》《孝经》",《汉书·宣帝本纪》在谈到其受学经历时,则只特别强调其"受诗于东海澓中翁"②。这位"东海澓中翁"的详细情况虽然别无记载,但东海郯县有后苍(别书作"后仓")曾师从辕固生门徒夏侯始昌研习《诗》《礼》,成为《齐诗》名家,教授有上面提到的翼奉、匡衡和萧望之等许多同郡弟子③。清人陈乔枞对比宣帝诏书和薛宣引述的诗句后指出:"薛宣之辞与孝宣诏书合,考赣君(案薛宣字赣君)为东海郡郯人,与后苍同邑,其所习当为《齐诗》,孝宣受《诗》东海澓中翁,亦当为齐学,故述此诗大旨相同也。"④陈氏这一结论甚为重要,特别是对理解汉宣帝施政举措,尤为多有助益。

　　陈乔枞氏在通贯研治三家遗诗的基础上,复综括《齐诗》之学术特征云:

---

① 《汉书》卷七四《魏相传》,页3134—3135。
② 《汉书》卷八《宣帝纪》,页236—237。
③ 《汉书》卷八八《儒林传》,页3612—3613;又卷七五《夏侯始昌传》,页3154;卷三〇《艺文志》并唐颜师古注引东汉应劭语,页1707—1708。
④ 清陈乔枞《三家诗遗说考》(南京,凤凰出版社,2005,影印《皇清经解续编》本)之《齐诗遗说考》卷五,页5637。

公羊氏本齐学，治公羊《春秋》者，其于《诗》皆称齐。犹之穀梁氏为鲁学，治穀梁《春秋》者其于诗亦称鲁也。董仲舒通《五经》，治公羊《春秋》，与齐人胡毋生同业，则习齐可知。《易》有孟京卦气之候，《诗》有翼奉五际之要，《尚书》有夏侯《洪范》之说，《春秋》有公羊灾异之条，皆明于象数，善推祸福，以著天人之应，渊源所自，同一师承，确然无疑。①

其"明于象数，善推祸福，以著天人之应"数语，确是诵习《齐诗》者通用的论政路数，此亦战国以来驺衍一派"燕齐海上之方士"影响所致②。

教授后苍《齐诗》的夏侯始昌即以"善推《五行传》"著称③，而后苍于习《诗》之外还曾师从同县孟喜学《易》，孟喜更因"得《易》家候阴阳灾变书"而向"诸儒以此耀之"④，故后苍门下翼奉、萧望之、匡衡几大高足所为，便无不因承师说⑤。

由于《齐诗》偏重所谓象数祸福之说，故与纬学多相互羼

---

① 清陈乔枞《三家诗遗说考》之《齐诗遗说考》陈氏自序，页5608。
② 《史记》卷二八《封禅书》，页1646。参见清刘师培《左盦集》（清宣统原刻初印本）之《西汉今文学多采邹衍说考》（案此本尚未排定卷次页码）。
③ 《汉书》卷二七中之上《五行志》中之上，页1353。
④ 《汉书》卷八八《儒林传·孟喜》，页3599。
⑤ 《汉书》卷七五《翼奉传》，页3167—3178；又卷七八《萧望之传》，页3271—3289；卷八一《匡衡传》，页3347。

杂,清人冯登府虽然以为"三家多出入于纬"①,也还是特别强调"辕固言《诗》,多出谶纬",其门下"匡衡、翼奉、萧望之图纬之说,皆为《齐诗》",所说"阴阳术数,与京房、孟喜诸家相表里,……皆据师说以明灾异,……要不若韩、鲁之得正"②;成瓘则谓夏侯始昌所传《齐诗》之学,系"始开七纬之先路者也"③;以至陈乔枞云"汉儒如翼奉、郎𫖮之说诗,多出于纬,盖齐学所本也。……夫齐学湮而诗纬存,则齐诗虽亡而犹未尽泯也。诗纬亡而齐诗遂为绝学矣"④。《诗》擅比兴而讲《齐诗》者尤重天人感应,前述翼奉在元帝时奏对地震等灾事时,即首先说明"臣奉窃学《齐诗》,闻五际之要《十月之交》篇,知日蚀地震之效昭然可明,……人气内逆,则感动天地"⑤。

知悉宣帝这种经学素养,我们也就很容易理解他追改"地节"年号这一做法了(前述"求微时故剑"一事,应同样受到《诗经》比兴手法的影响)。此前宣帝为凤凰集于鲁地而大赦天下,以及后来"每有嘉瑞,辄以改元,神爵、五凤、甘露、黄龙,列为

---

① 清冯登府《三家诗异文疏证》(南京,凤凰出版社,2005,影印《皇清经解》本)卷二,页11041。
② 清冯登府《三家诗遗说》(上海,华东师范大学出版社,2010)卷八《齐诗说》,页145—148。又冯登府《石经阁文初集》(清道光原刻本)卷二《汉三家诗异文疏证序》,页9。案"萧望之"冯氏原文镌作"萧鸾",当属字误。
③ 清成瓘《箓园日札》(台北,世界书局,1984)卷三《读诗偶笔》之"齐诗考"条,页186—189。
④ 清陈乔枞《诗纬集证》(清道光二十六年小嫏嬛馆刻本)卷首陈氏自序,页1。
⑤ 《汉书》卷七五《翼奉传》,页3173—3174。

年纪,盖以感致神祇,表彰德信"①,同样也是基于这一因缘。

根据当时人对待地震的观念,综合审视这一时期的政治态势,宋人胡寅指出,本始四年"河南以东四十九郡"大地震所儆戒的对象,正应当是霍光一家:

> 地者,妻道也,臣道也,宜静而动,动者阳也。霍氏既毒杀许后,是岁春立其女居中宫,光与显俨然为外舅父母,专制内外,显也又有杀皇太子之心,宣帝之势甚孤。咎征著见,山石崩,城郭坏,压杀人民,覆祖宗庙,阴盛之变大矣,而霍光不戒于宜静而动之理。夫地不能终动,与天健同也,其动为反常逆气,臣道不宁之象。不既白乎离权去位,凋落荣宠,贵而能降,尚可及止也。宣帝诏问经学之士有以应变毋讳,而不闻端言直指变异之所由者,良由畏光故尔。②

《汉书·五行志》记载此前在昭帝元凤四年五月,"孝文庙正殿灾",因"古之庙皆在城中,孝文庙始出居外,天戒若曰:'去贵而不正者。'"当时所谓"贵而不正者",便是昭帝已加元服而依旧拒不归政的霍光,"故正月加元服,五月而灾见"③。参据这一情况,以及前文所说张敞在改元地节两年之后即上书指陈因霍光

---

① 《后汉书》卷一下《光武帝纪》下,页82—83。
② 宋胡寅《致堂读史管见》卷二《汉纪·孝宣》,页17。
③ 《汉书》卷二七上《五行志》上,页1335。

专制朝政而招致"地大震裂"的情况,可知按照胡寅所做分析,当时总应有人能够清楚理解引发这次大地震的政治原因。

宣帝通过改元"地节"这一举动,向朝野公众发出明确无误的信息:即宣帝独自奉天承运,不再延续昭帝(实际上也就是霍家)既有的运数。既然天运已经变换,人事势必相应更新,对专权擅政的强臣,则不能不顺应"天地之戒",予以裁抑。对于霍氏家族来说,这是一个非常严重的警告。按照宣帝的行事风格,假如霍家妻室子弟能够及时敛手请罪,自求退处闲散之地,或许还能够保全身家性命。

无奈这些权贵在霍光羽翼下飞扬跋扈日久,竟完全不知局势轻重,还聚在一起津津乐道什么"县官(亦即皇上)非我家大将军不得至是",益为骄恣豪横①,其举家覆灭,当然只是时间早晚的问题了。

四　光复圣刘炎汉

霍氏家族连年作威作福,"杀生在手",如司马光所云,"使人主蓄愤于上,吏民积怨于下,切齿侧目,待时而发",当时有人甚至用"天下害之"来形容世人对他们一家的态度②。现在掌

---

① 《汉书》卷六八《霍光传》,页2953—2954。
② 《汉书》卷六八《霍光传》,页2951、页2953、页2957。宋司马光《资治通鉴》卷二五汉宣帝地节四年五月,页821。

控朝政的霍光已经死去，而宣帝又直接接受群臣上奏封事，并且发出这样明显的政治变动信号，各色人等，马上捕捉时机，做出反应。

一些人看到形势不妙，开始和霍家拉开距离。如金日磾之子金赏，原本为霍光女婿，当时身居太仆高位，见"霍氏有事萌牙，上书去妻"①，也就是休掉了霍家的女儿，以示和霍家撇清关系。还有一些过去依附于霍光门下的官员，甚至反口相噬。如京兆尹赵广汉，揣摩宣帝意向，"心知微指，发长安吏自将，与俱至光子博陆侯禹第，直突入其门，廋索私屠酤，椎破卢罂，斧斩其门关而去。时光女为皇后，闻之，对帝涕泣"，但这正符合宣帝威吓霍家的旨意，故"帝心善之"。史载宣帝为此"召问广汉"之后，"广汉由是侵犯贵戚大臣，……见事风生，无所回避"②，显然受到宣帝的纵容，甚至加以唆使。

另有一些因不依附霍光曾受到排挤打压的人，则直接上书宣帝，提出应该对霍家采取行动。在这方面，以御史大夫魏相属下的"大行治礼丞"萧望之最有代表性：

> 时大将军光薨，子禹复为大司马，兄子山领尚书，亲属皆宿卫内侍。地节三年夏，京师雨雹，望之因是上疏，愿赐清闲之宴，口陈灾异之意。宣帝自在民间闻望之名，曰：

---

① 《汉书》卷六八《金日磾传》，页2951、页2962—2963。
② 《汉书》卷七六《赵广汉传》，页3204。

"此东海萧生邪?下少府宋畸问状,无有所讳。"望之对,以为"春秋昭公三年大雨雹,是时季氏专权,卒逐昭公。乡(向)使鲁君察于天变,宜亡此害。今陛下以圣德居位,思政求贤,尧舜之用心也。然而善祥未臻,阴阳不和,是大臣任政、一姓擅势之所致也。附枝大者贼本心,私家盛者公室危。唯明主躬万机,选同姓,举贤材,以为腹心,与参政谋,令公卿大臣朝见奏事,明陈其职,以考功能。如是,则庶事理,公道立,奸邪塞,私权废矣。"对奏,天子拜望之为谒者。

如前所述,萧望之与汉宣帝一样,也是研治《齐诗》出身,自然更容易看透宣帝的政治意图,这番话真是正中其下怀。

汉宣帝刘病已忍气吞声这么多年,当然是要黜退霍家势力以真正掌管江山社稷,但这事不能操之过急,在稳住霍家子弟的同时,他也需要等待,酝酿集聚像这样的舆论,更为重要的是需要先组织一批像萧望之这样可靠的人手[①]。

[①] 案宋人叶适在《习学记言序目》(北京,中华书局,1977)卷二三《汉书》三(页328)当中,对萧望之受宣帝爱重一事发有议论云:"孝宣于儒生无所用,独用萧望之,观其始终方拙,非能自挠以求合者,特以其于霍氏立同异尔。"清末人曾纪泽亦曾论之曰:"萧望之以不见除用而仇霍氏,……此躁进之士,假公以济其私,非夫有道君子难进易退者之所为也。"乃父曾国藩评点云:"立论具有本原。"说见《曾纪泽遗集》(长沙,岳麓书社,1983)之《文集》卷一《书〈汉书·萧望之传〉后》,页129—130。又刘体仁《通鉴札记》卷二"西汉多伪儒"条(页104—111)谓萧氏上此奏疏,系"逆探上意"所致。诸人所说都很有道理。

于是，在起用萧望之为谒者之后，宣帝就指使他来负责网罗人才，凡有人"上书言便宜，辄下望之问状，高者请丞相、御史，次者中二千石试事，满岁以状闻"①。

与此同时，魏相更明确向宣帝建议，要对霍氏昆弟以及诸婿的兵权等枢要职位"有以损夺"②，宣帝则果如萧望之、魏相所云，从领兵权、宫禁卫戍权和内朝诸近密官职开始，大刀阔斧地削夺霍家的权力："徙光女婿度辽将军未央卫尉平陵侯范明友为光禄勋，次婿诸吏中郎将羽林监任胜出为安定太守。数月，复出光姊婿给事中光禄大夫张朔为蜀郡太守，群孙婿中郎将王汉为武威太守。顷之，复徙光长女婿长乐卫尉邓广汉为少府。更以禹为大司马，冠小冠，亡印绶，罢其右将军屯兵官属，特使禹官名与光俱大司马者。又收范明友度辽将军印绶，但为光禄勋。及光中女婿赵平为散骑骑都尉光禄大夫将屯兵，又收平骑都尉印绶，诸领胡越骑、羽林及两宫卫将屯兵，悉易以所亲信许、史子弟代之。"③

控制这些关键位置之后，汉家江山就已经牢牢地掌控在自己

---

① 《汉书》卷七八《萧望之传》，页3273。
② 《汉书》卷七四《魏相传》，页3134—3135。
③ 《汉书》卷六八《霍光传》，页2952—2953。案汉宣帝利用魏相等人作鹰犬来整治霍家势力的做法，对后世有很大影响，明清间人王夫之将其概括为"授兴革之权于大臣，而人主幸大臣之死以行己意。上下睽，朋党兴，国事数变。至于宋，而宰相易，天子为之改元。因是而权臣有感于此，则恋位以免祸，树党以支亡，迭虚迭盈而国为之弊"。说见所著《读通鉴论》卷四《汉宣帝》之"魏相劾霍光于死后"条，页158—159。

的手中，宣帝大体上可以作为真天子随心所欲地发号施令了。

翌年，也就是地节三年（前67），宣帝又"尊孝武庙为世宗，行所巡狩郡国皆立庙"①；同时，在这一年的四月，"立皇太子，大赦天下。赐御史大夫爵关内侯，中二千石爵右庶长，天下当为父后者爵一级。赐广陵王黄金千斤，诸侯王十五人黄金各百斤，列侯在国者八十七人黄金各二十斤"②。

自己的祖父太子据犯下大罪，不宜提；而且也没有做过天子，提不提也没有多大用。但曾祖父孝武皇帝雄才大略，八面威风，为汉家"增郡数十，斥地且倍"，立下了无尽功德，在各个郡国为汉武帝立庙，本来是昭帝去世之初，燕王旦给朝廷提出的建议，霍光却置之未理③。现在，汉宣帝做出上述一番举措，向上，礼敬曾祖父汉武帝；向下，确立自己的儿子做太子，这都是明确昭示汉朝中兴的标志性行动，而对于霍家党羽，也只是如何处置更为妥当的问题了。

《汉书·霍光传》和刘向《说苑》都记载有茂陵徐生，在霍光去世后曾连续三次上书宣帝，谓"霍氏泰盛，陛下即爱厚之，宜以时抑制，无使至亡"，宣帝俱置之未理。后来霍家举族诛灭，告发霍氏者皆蒙受封赏而徐某不与，有人为其大鸣不平，云昔日徐生所进乃"徙薪曲突之策"，系防患于未然，其功劳应远胜于

---

① 《汉书》卷二五下《郊祀志》下，页1248。
② 《汉书》卷八《宣帝纪》，页249。
③ 《汉书》卷六三《武五子传·燕刺王旦》，页2751—2753。

"焦发灼烂"救火之人,假若当初能够听从此公建议,本可"国亡裂土出爵之费,臣亡逆乱诛灭之败"①。

其实这只是乡野草民迂腐之见,既蒙昧不知朝政动态,又完全不晓得宫廷政治的门径。南宋时人蔡戡等亦曾指责汉宣帝明明对霍氏"积不平固非一日",却偏偏"秘而不言,待以旧恩,委以要职,诱之使乱,至于诛灭",以为"是何异以锦绣蒙陷阱而使人由之"②?这种责难,亦属汉宣帝所说"俗儒不达时宜"③,同样不知深宫大内有时竟会犹如囚笼,人主不能不小心从事。

上述人事调整,自然是抑制霍家的重大举措。直到此时,霍氏一家若能知所进退,"安分自守,谨凛持盈",以至任受火尽灰灭,亦未必不能保全首领④。

盖宣帝全赖霍光决策始得以入主未央宫殿,对霍光的评价和对其家人的处置,都涉及宣帝本人入承大统的合法性问题。对于汉宣帝来说,这是高于一切的政治基础,不容稍有含糊。

---

① 《汉书》卷六八《霍光传》,页2957—2958。汉刘向《说苑·权谋》,据刘文典《说苑斠补》(昆明,云南人民出版社,1959)卷一三,页282—283。
② 宋蔡戡《定斋集》(台北,台湾商务印书馆,1986,影印文渊阁《四库全书》本)卷一二《宣帝论》,页11b—13b。
③ 《汉书》卷九《元帝纪》,页277。案先于蔡戡,司马光在《资治通鉴》中对汉宣帝处置霍氏家族的做法,即提出过类似的责难,以为霍氏之祸,"亦孝宣酝酿以成之也",感叹"孝宣亦少恩哉"!这是基于司马光所下霍光匡扶汉室之功堪比周公、阿衡的评判,其出发点就存在严重偏颇。司马氏说见《通鉴》卷二五汉宣帝地节四年,页820—821。
④ 案明唐顺之《两汉解疑》(扬州,广陵书社,2007,影印清道光六安曹氏木活字排印《学海类编》本)卷上"霍光"条(页598)曾谈到类似看法。

为稳固"为孝昭帝之后"这一基石，如前面第二章已经谈到的那样，宣帝在即位之后，甚至小心恪守"制礼不逾闲"的原则，追谥祖父"故皇太子曰戾"，以彰显其"不悔前过"且复"违戾擅发兵"这一悖逆行为①。

据《汉书》之《昌邑王贺传》和《张敞传》记载，因心存忌惮，汉宣帝甫一视事，即特地安排曾切谏昌邑王谨慎行事的张敞出任山阳太守，以便监视遣返昌邑国故地的刘贺（当时刘贺旧封昌邑国已经"国除，为山阳郡"）；而且直到霍光去世五年之后的元康二年（前64），宣帝还指令张敞前去暗地察看昌邑王的动向，担心他东山再起，图谋大位②，可见宣帝对自己能否稳坐皇位仍然存在很大忧虑。

在这种情况下，尽管内心对霍光其人深恶痛绝，表面上却不仅不宜"全盘否定"，还要继续加以尊崇，更不必非对其家人赶尽杀绝不可。故霍光死后，宣帝要特别赞誉其茂盛功绩在于"定万世策以安宗庙"③；直到后来宣帝在神爵、五凤年间亲自动笔撰写诗歌，吟唱其自民间起为天子之事，仍然写下"君之臣明护不

---

① 《汉书》卷六三《武五子传·戾太子据》，页2748。参见宋司马光《司马光集》（成都，四川大学出版社，2010）卷二五《上皇帝疏》，页653—655。
② 《汉书》卷六三《武五子传·昌邑王髆附子贺》，页2765—2768；又卷七六《张敞传》，页3216—3217。
③ 《汉书》卷八《宣帝纪》，页247。

道"这样的词句,用以彰显霍光的功绩①。迨甘露三年(前51),因"思股肱之美,乃图画其人于麒麟阁,法其形象",以"明著中兴辅佐",依然是以霍光居于首位,而且其他诸臣俱"署其官爵姓名,唯霍光不名,曰大司马大将军博陆侯姓霍氏",以示独尊于诸臣之上②。这种处理方式,也充分体现出汉宣帝"以霸、王道杂之"的施政理念和阴阳两面操纵手法③。

追根求源,霍光为大奸大恶竟能以大忠大贤的形象留存于青史,便是当时宣帝似此称之、后世复有班固与司马光一辈史家信而从之使然。

后来汉成帝问询刘向对汉文帝治国政绩和才能的看法,刘向谓之曰:"如其聪明远识,不忘数十年事,制持万机,天资治理之材,恐文帝亦且不如孝宣皇帝者也。"④东晋袁山松撰著《后汉书》,述及西汉诸帝,同样盛赞"孝宣之明"⑤。若就处事韬略和施政手腕而言,不唯文帝,高祖以下,实莫有匹敌,汉宣帝对这一所谓"明"字或"聪明远识"的赞誉,当之无愧,刘向诸人所言诚良有由也。

---

① 宋郭茂倩《乐府诗集》卷一六《鼓吹曲辞·汉铙歌》之《圣人出》,页358。参据清陈沆《诗比兴笺》(清咸丰四年原刻本)卷一《铙歌十八曲笺》之《圣人出》,页1b—3a。
② 《汉书》卷五四《苏武传》,页2468—2469。
③ 《汉书》卷九《元帝纪》,页277。
④ 汉应劭《风俗通义》(明末刻严于铁评阅本)卷二"孝文帝"条,页7a—12a。
⑤ 唐欧阳询《艺文类聚》(上海,上海古籍出版社,1982)卷一二《帝王部》二《后汉光武帝》引东晋袁山松《后汉书》,页236。

骄横日久的霍氏家族，不仅未能理智应对，竟然铤而走险。先是谋划投毒于太子，继之又策划以武力发动政变，从而逼迫宣帝不得不大肆杀戮。除宣帝霍后废处昭阳宫免除一死之外，霍氏"诸昆弟宾婚为侍中、诸曹、九卿、郡守"者以及"与霍氏相连坐诛灭者数千家"，宣帝以极其血腥的形式，彻底清除一代权臣的势力①。时为地节四年（前66）七月②，而翌年宣帝复改元"元康"。

关于"元康"这一年号的含义，非常注意探究西汉诸帝年号寓意的应劭，过去未曾予以解说。检《礼记·礼运》记述所谓"小康"社会云：

> 今大道既隐，天下为家，各亲其亲，各子其子，货力为己，大人世及以为礼，城郭沟池以为固。礼义以为纪，以正君臣，以笃父子，以睦兄弟，以和夫妇，以设制度，以立田里，以贤勇知，以功为己。故谋用是作，而兵由此起。禹、汤、文、武、成王、周公，由此其选也。此六君子者，未有

---

① 案霍氏家族残余势力后来仍有武力反抗，足见双方仇杀之烈。如《汉书》卷八八《儒林传·梁丘贺》（页3600）载"霍氏外孙代郡太守任宣坐谋反诛，宣子章为公车丞，亡在渭城界中，夜玄服入庙，居郎间，执戟立庙门，待上至，欲为逆。发觉，伏诛"。又如《汉书》卷八《宣帝纪》（页258）记载元康四年二月，"河东霍征史等谋反，诛"，清人何焯以为此霍征史辈"必光之族人，亦任章之流也"，何说见《义门读书记》卷一八《前汉书·列传》，页311。
② 《汉书》卷八《宣帝纪》，页251；又卷六八《霍光传》，页2953—2956；卷二六《天文志》，页1308—1309；卷九七上《外戚传》上，页3968。

不谨于礼者也。以著其义,以考其信,著有过,刑仁讲让,示民有常。如有不由此者,在势者去,众以为殃,是谓小康〔郑玄注:康,安也。大道之人,以礼于忠信为薄,言小安者,失之则贼乱将作矣〕。①

霍氏之乱得以敉平,不谨于礼的在势者已经除去,天下重归于小康世界,这应该就是"元康"这一年号的寓意。

元康元年(前65)三月,宣帝颁布诏书,庆贺近期内连续出现的"凤凰集泰山、陈留,甘露降未央宫"这些嘉瑞,喜不自禁地向天下臣民宣示说:

朕未能章先帝休烈,协宁百姓,承天顺地,调序四时,获蒙嘉瑞,赐兹祉福,夙夜兢兢,靡有骄色,内省匪解,永惟罔极。《书》不云乎?——"凤皇(凰)来仪,庶尹允谐。"

唐人颜师古为之笺释云:"《虞书·益稷》之篇曰:'箫韶九成,凤皇(凰)来仪,击石拊石,百兽率舞,庶尹允谐。'言奏乐之和,凤皇(凰)以其容仪来下,百兽相率舞蹈。是乃众官之长,信皆和辑,故神人交畅。"②可见汉宣帝引述"凤皇(凰)来仪,庶尹允谐"这两句话,犹如是在为"元康"这一年号附加注脚;

---

① 《礼记》(清嘉庆丙寅张敦仁仿宋刻本)卷七《礼运》并东汉郑玄注,页1b—2a。
② 《汉书》卷八《宣帝纪》并唐颜师古注,页253—254。

或者更准确地说，是为颁布"元康"年号而预先做出说明。盖"元康"这一年号，实际上是行用于颁布这道诏书的下一个月，亦即元康元年四月（参见本书附录3《改订西汉新莽纪年表》），前后恰好相互衔接。

观甘露三年（前51）三月，召集诸儒议礼于石渠，宣帝"亲称制临决焉"①，即可知汉宣帝其人固深于礼学者也，援用《礼记》此文以明其心志，自属情理中事。明朝人王祎著《大事记续编》，在"汉孝宣皇帝元康元年"下附有"解题"曰："改元诛霍氏故也。"②或许早已看出其中的端倪。试看晋惠帝诛除势倾天下的权臣杨骏及其同伙之后，随即改启新元，同样也是名为"元康"③，应信此言断非凿空虚语也。由此"元康"反观"地节"年号，前后相互映衬，尤易理解宣帝改元"地节"之微意所在。

昔班固在《汉书·宣帝纪》篇末曾写有赞语云："功光祖宗，业垂后嗣，可谓中兴，侔德殷宗、周宣矣。"④即谓汉宣帝的功德，足以与殷商高宗武丁和西周宣王媲美，后世亦沿之以为中兴圣主，有若光武帝刘秀之再造大汉王朝，如司马光在《资治通

---

① 《汉书》卷八《宣帝纪》，页272。参见清宋翔凤辑《汉甘露石渠礼议》（台北，圣环图书股份有限公司，1998，影印清道光刻《浮溪精舍丛书》本），页61—63。
② 明王祎《大事记续编》卷二，页10b。
③ 《晋书》（北京，中华书局，1974）卷四《惠帝纪》，页90。清钱大昕《廿二史考异》（上海，商务印书馆，1937，《丛书集成初编》排印《史学丛书》本）卷一八，页364。清周济《晋略》（清道光己亥味隽斋原刻本）本纪二《孝惠帝》，页1b。
④ 《汉书》卷八《宣帝纪》，页275。

鉴》中即原封不动地移录了班固这一评价①。

此"中兴"之"中",今通行辞书如《辞海》《汉语大词典》之类皆读作平声,如中间之"中",释"中兴"之语义为"中途振兴",所说似乎不够确切。《诗·大雅·烝民》之诗序另有句云"美宣王也,任贤使能,周室中兴焉",唐陆德明注此"中"字读音为"张仲反"②,可知本应读作"仲"字。

盖以"中"通"仲"是秦汉以前通行的用法,而所谓"中兴"(仲兴)也就是"再兴"或"重兴"之义,清代初年人黄生即曾谈到过这一点③,后来钱大昕对此也有所论述④。东汉桓帝延熹四年(161)上石的《西岳华山庙碑》,记宣帝庙号,书作"仲宗"⑤,宋人洪适以为是"借仲为中"⑥,实际上"仲"正应该是其本字,"仲宗"意即"仲兴之宗"⑦。

唯所谓"中兴"(仲兴)云者,必谓世有衰乱复得重振,此

---

① 宋司马光《资治通鉴》卷二七汉宣帝黄龙元年,页892。
② 唐陆德明《经典释文》(北京,中华书局,1983)卷七《毛诗音义》下,页99。
③ 清黄生《义府》(台北,世界书局,1963)卷下"隶释·蜀郡太守何君阁道碑"条,页98—99。
④ 清钱大昕《十驾斋养新录》(上海,上海书店,1983)卷四"中"条,页78。
⑤ 徐玉立主编《汉碑全集》(郑州,河南美术出版社,2006)第四册"西岳华山庙碑"条,页1113。
⑥ 宋洪适《隶释》(清同治十年洪氏晦木斋摹刻汪氏楼松书屋刻本)卷二"西岳华山庙碑"条,页26。
⑦ 案宣帝庙号,初上于西汉末之平帝元始四年(见《汉书》卷一二《平帝纪》,页357),再追尊于东汉光武帝建武十九年(见《后汉书》卷一下《光武帝纪》下,页70),因时代相去未远,故东汉碑刻得以用其本字。

即班固本人所说:"自古受命及中兴之君,必兴灭继绝,修废举逸,然后天下归仁,四方之政行焉。"① 又昔司马光论人君之才有五,"中兴"列居其一,乃能"虽乱必治,虽危必安,虽已衰必复兴"②,而如前面第三章所述,班固已自赞颂霍光"匡国家,安社稷",俨然周公重生,阿衡再世,刘氏江山安然无恙,又何待宣帝"中兴"?孟坚所说,首尾横绝,两头都没有着落。

若是依从前文所论,还原霍光专政擅权的本来面目,知昭帝以来神尧社稷不绝如缕,有若沦丧于异姓③,则宣帝亲政,确实堪以"中兴"称之。明代初年人谢肃尝有《读〈霍光传〉》诗云:"废立县官翻覆手,中兴勋业更归谁?一封奏失人臣道,千古延年(案指前面第五节提到的劾奏霍光'擅废立,亡人臣礼'的严延年)汉伯夷。"④ 所说中兴勋业,正是归之于宣帝成功结束了霍氏随意翻覆其手的弄权自专局面,而在这一过程当中,宣帝改元"地节"乃是重振圣刘炎汉的首要标志。

---

① 《汉书》卷一八《外戚恩泽侯表》,页677。
② 宋司马光《稽古录》卷一六《历年图》之序文,页114—115。
③ 案日本学者西嶋定生通述秦汉史事,于西汉昭、宣两朝便径以"霍氏政权的产生与崩溃"名之,见西嶋氏著《秦漢帝国》5《霍氏政權の成立と崩壞》,页249—302。后来日本还另有一些中国通史教材,如爱宕元、富谷至合作编撰的《中国の歴史(上)》(京都,昭和堂,2005,页111—113),也采用了这样的表述。与此相似,在中国方面,唐长孺《讲义三种》之《秦汉三国史》第三章第一节《武帝以后的政治》也是用"霍光专政——外戚专政的再现"这样的题目(页88—89)来概括这一时期的政治特征。
④ 明谢肃《密庵诗文稿》(上海,商务印书馆,民国《四部丛刊三编》影印明刻本)之《密庵稿》戊卷《读〈霍光传〉》,页16a。

第六章　由废皇帝到海昏侯

相传南朝梁陈间人虞荔撰著的《鼎录》一书，记载"废帝贺以天（元）凤六年登位，废为海昏侯，铸一小鼎贮酒，其形若瓮，四足，受二斗。其文曰'长满上'，小篆书"[1]。今本《鼎录》"屡经舛乱，真伪已不可辨"[2]，其中自多荒诞不经之论，此汉废帝刘贺铸鼎事，同样无从证明，而所记刘贺登基于"元凤六年"（前75），就完全错误（原文书作"天凤六年"，自属版本流传过程中产生的文字舛讹）。

不过，顺着"长满上"这一话头来推想，若是刘贺没有被霍光选中，进京城长安，去做这二十七天的皇帝（如前面第四章所述，连同被废黜的当天算，实际上是二十八天），他也能安于其位，就会像其他很多汉室的诸侯王一样，在他的昌邑国里，养尊

---

[1] 梁虞荔《鼎录》（北京，书目文献出版社，约20世纪80年代，《北京图书馆古籍珍本丛刊》影印明正德嘉靖间刊《阳山顾氏文房小说》本），页525。
[2] 清官修《四库全书总目》（北京，中华书局，1965，影印清浙江刻本）卷一一五《子部·谱录类》"鼎录"条，页982。

处优，自得其乐。其实只要不是十分过分，或者有人检举揭发，通常还可以很畅快地纵情声色，直至终其天年。

刘贺这一番长安之行，皇帝的御座还没有坐热，就又被霍光硬拉了下来。很悲哀的是，就连诸侯王的老位置，也不能回去接着坐了。这就像从天上掉下来块很大的馅饼，没有吃到嘴里，反倒在头顶上砸了个稀巴烂，弄了个污头垢面。

一　故宫里的囚徒

被霍光废黜帝位之后，返归故国的刘贺，地位颇有些微妙。《汉书》本传记载霍光以上官皇后的名义，"赐汤沐邑二千户，故王家财物皆与贺。……国除，为山阳郡"①。刘贺食邑的人户，《汉书·诸侯王表》记作"三千户"②，与刘贺本传的记载略有不同，今已难以辨析孰是孰误。

由于霍光废黜刘贺帝位的合法性与汉宣帝登基做天子的合法性，这两件事一体相连；换句话来说，就是汉宣帝入承大统的合法性，是以废黜刘贺帝位的合法性为基础的。

宣帝即位之初，廷尉史路温舒上书言事，称其"深察祸变之故"，也就是深切审视刘贺之所以废位以及宣帝刘病已之所以代之而立的缘由，"乃皇天之所以开至圣也，故大将军受命武帝，

---

① 《汉书》卷六三《武五子传·昌邑王髆附子贺》，页2765。
② 《汉书》卷一一四《诸侯王表》，页420。

股肱汉国,披肝胆,决大计,黜亡义,立有德,辅天而行,然后宗庙以安,天下咸宁"①,词句讲得煞是冠冕堂皇,不过是为了让宣帝听起来更受用些而已,实质上正清楚地挑明了废帝与新帝之间的兴替关系。借用《汉书》作者班固的话来讲,就是正因为先判定"昏贺失据",才会迎来"宣承天序"的局面②。

因而,汉宣帝对刘贺也很不放心。登基并且亲政之后,汉宣帝于地节三四年间以至元康初年,派遣山阳太守张敞,不止一次亲赴昌邑国故宫,察看刘贺的动向;并由张敞指派丞吏频繁巡视监督其日常居处情况。张敞汇报情况时也称刘贺为"故昌邑王",而且是"居故宫",后来赐封为海昏侯时也称"其封故昌邑王"云云③。区区两三千户汤沐邑,尚不及后来所封海昏侯之"食邑四千户",加之"故昌邑王"等说法,这些都表明刘贺在被废除帝位之后,一直没有其他爵位,只是故王和废帝而已,亦即差相近似于一介庶民。

刘贺被废黜帝位后所遭受的待遇,其相对较好的一面,就是霍光令其保留了昌邑国的全部财物,这也为刘贺受封海昏侯的生活乃至身后的陪葬,提供了重要的保障。刘贺流落到豫章这样的边荒之地以后,之所以还会有这么厚重的陪葬,显然与其被废黜帝位后仍能继续保留有"故王家财物"具有直接关系。海昏侯墓

---

① 《汉书》卷五一《路温舒传》,页2368—2369。
② 《汉书》卷一〇〇下《叙传》下,页4257。
③ 《汉书》卷六三《武五子传·昌邑王髆附子贺》,页2767—2769。

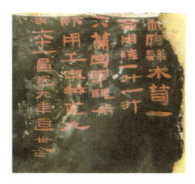

图21 海昏侯墓出土带有"昌邑九年"铭文的漆器[1]

图23 海昏侯墓出土"昌邑籍田"铭文鼎[3]

图22 海昏侯墓出土带有"昌邑十年六月甲子"铭文的漆器[2]

---

[1] 江西省文物考古研究所、首都博物馆编《五色炫曜——南昌汉代海昏侯国考古成果》,页183。
[2] 江西省文物考古研究所、首都博物馆编《五色炫曜——南昌汉代海昏侯国考古成果》,页183。
[3] 江西省文物考古研究所、首都博物馆编《五色炫曜——南昌汉代海昏侯国考古成果》,页58—59。

中出土的那些带有诸如"昌邑九年""昌邑十年"之类昌邑故国年款的漆器和铜器，就明确无误地属于从故昌邑国携带南来的物品。

在另一方面，刘贺这时的地位，甚至连庶民都不如。史载地节三年（前67）五月，张敞奉宣帝之命前去窥探刘贺状况时，看到他的居住状况是：

> 故昌邑王居故宫，奴婢在中者百八十三人，闭大门，开小门，廉吏一人为领钱物市买，朝内食物，它不得出入。督盗一人，别主徼循，察往来者。以王家钱取卒，迵宫清中，备盗贼。①

森严的门禁，表明昌邑国故宫与监狱已经相差无几，刘贺实际上形同囚徒，不过是一种变相的软禁而已。

霍光、汉宣帝都对废帝刘贺如此防范，原因很简单：这只能是出于霍光废黜其帝位的不正当性。这一行为，是无法获得旁观者真心认可的。前面第四章中已经提到，在宣帝即位之初，即有侍御史严延年，劾奏霍光策动这次宫廷政变，是"擅废立，亡人臣礼，不道"②。严延年这种说法，应该代表了社会上大多数人的态度。认识到这样的舆情，也就很容易理解，霍光在褫夺刘贺帝位的同时，又为其保留了全部财产，令其生活不至于过分凄惨，

---

① 《汉书》卷六三《武五子传·昌邑王髆附子贺》，页2767。
② 《汉书》卷九〇《酷吏传·严延年》，页3667。

同样也是对这种社会舆论有所顾忌。

二　受封列侯

　　元康二年（前64），汉宣帝派遣一位特使来到由昌邑国改设的山阳郡。这位特使，怀揣着一封汉宣帝给当地最高行政长官——山阳太守张敞的"玺书"。信上的话，从表面上看，没有什么，只是让他"谨备盗贼，察往来过客"，但同时还特别叮嘱他"毋下所赐书"，就是让他不要把这封信的内容泄露出去[①]。

　　俗话说，欲盖弥彰。"谨备盗贼，察往来过客"，这本来是一郡太守很正常的本职工作，要是汉宣帝没有郑重关照张敞"毋下所赐书"，即使是在当时，很多人看了这封信，恐怕也不会多想；更何况千秋万世之后，我们在今天，只是觉得有些莫名其妙罢了。

　　汉宣帝这句话，后面显然隐藏着一些很深的东西。对这些在玺书上没有书写的内容，张敞倒是心知肚明。因为他来到山阳郡当太守，本来就担当有一项不宜向外人道的特殊使命，这就是监视居处于昌邑国故宫的刘贺。

　　在出任山阳郡太守之前，他的履历是：

>　　敞本以乡有秩补太守卒史，察廉为甘泉仓长，稍迁太仆丞，杜延年甚奇之。会昌邑王征即位，动作不由法度。敞上

---

① 《汉书》卷六三《武五子传·昌邑王髆附子贺》并唐颜师古注，页2767。

书谏曰:"孝昭皇帝蚤崩,无嗣,大臣忧惧,选贤圣承宗庙。东迎之日,唯恐属车之行迟。今天子以盛年初即位,天下莫不拭目倾耳,观化听风。国辅大臣未褒,而昌邑小辇先迁。此过之大者也。"后十余日王贺废,敞以切谏显名,擢为豫州刺史。以数上事有忠言,宣帝征敞为太中大夫,与于定国并平尚书事。以正违忤大将军霍光,而使主兵车出军省减用度,复出为函谷关都尉。①

"国辅大臣未褒,而昌邑小辇先迁"这两句话不大好懂,前人注释《汉书》,对此仅注释"小辇"二字云"挽辇小臣也"②,但看张敞后来的行事,一向都很正派,故不会是阿谀霍光,恐怕还是刘贺清狂童骏的神志状态导致他处事有违正常的法度,所以张敞才会进上这样的谏言。

读过上面引述的这段文字就不难看出,张敞这个人既敢于大胆批评新皇帝刘贺的不当举止,又敢于正道直行,不惜违忤权势威赫的霍光,兼有这两种行为的官员,满朝上下,恐怕都近乎绝无仅有。

能够既不认可刘贺的作为,又不阿附霍光的权势,这对汉宣帝来说,是至关重要的经历,这是经历过考验的可靠品质。所以,《汉书·张敞传》载"宣帝初即位,废王贺在昌邑,上心惮

---

① 《汉书》卷七六《张敞传》,页3216。
② 《汉书》卷七六《张敞传》唐颜师古注引东汉时人李奇语,页3216—3217。

之,徙敞为山阳太守"①,这显然是委派他去监视废帝刘贺的动向。不过《张敞传》的记载,不够十分清楚。所谓"宣帝初即位",实际上是指霍光去世后宣帝亲政之初的时候,据张敞自己讲,时在地节三年五月②。

张敞甫一履任山阳,就到昌邑王故宫,环绕四周,亲自仔细查勘,同时又安排人谨慎督查,防范刘贺与外界的沟通。上一节引录的刘贺在故宫中身如囚徒的生活状况,就是张敞此番巡察所看到的情景。至地节四年(前66)九月,张敞又亲身进入昌邑王故宫,直接接触刘贺,面对面观察他的实际状态。

明了上述情况,我们也就很容易理解,元康二年(前64)时一接到汉宣帝委派特使带来的玺书,张敞马上就明白了:汉宣帝是要求他做出总的汇报,报告四年来监督考察到的情况。

张敞来到山阳郡做太守,帮助汉宣帝监视废皇帝刘贺,已经三年多时间。那么,为什么在这个时候,汉宣帝需要他来汇报相关情况呢?

如上一章所述,地节四年七月,汉宣帝一举灭除霍氏家族以及数千家与之牵连的党羽之后,随即改元"元康",以示刘氏江山的中兴。元康元年春,宣帝始为自己修建陵寝,"以杜东原上为初陵,更名杜县为杜陵。徙丞相、将军、列侯、吏二千石、訾百万者杜陵",至"夏五月,立皇考庙。益奉明园户为奉明县",

---

① 《汉书》卷七六《张敞传》,页3216—3217。
② 《汉书》卷六三《武五子传·昌邑王髆附子贺》,页2767。

也就是为其生父立庙,并增加墓园的人户,将其地升格为县①。这些举措,愈加显示出汉宣帝心绪的安定。这是当时总的形势,即心腹大患已经彻底清除,已无须日夜惴惴不安。

然而仍有一些遗留问题,需要审慎处理。在这次改元前后,汉宣帝还采取了一系列措施,用以稳定社会。其中如在元康元年五月,"复高皇帝功臣绛侯周勃等百三十六人家子孙,令奉祭祀,世世勿绝"②,这就应该是免除这一百三十六家开国功臣子孙所承担的赋税和徭役,而且宣示要保证其"世世勿绝",用以收买人心,扩大和稳固统治的基础。

在这种情况下,同样需要对废皇帝刘贺做出妥当的处置,而处置的前提,是首先需要充分了解刘贺的状况。于是,就有了这样一封写给张敞的信。

除了本书第一章开头所描摹的刘贺相貌之外,张敞还向汉宣帝报告了如下一些重要情况:

(废皇帝刘贺)衣短衣大绔,冠惠文冠,佩玉环,簪笔持牍趋谒。臣敞与坐语中庭,阅妻子奴婢。臣敞欲动观其意,即以恶鸟感之,曰:"昌邑多枭。"故王应曰:"然。前贺西至长安,殊无枭。复来,东至济阳,乃复闻枭声。"臣敞阅至子女持辔,故王跪曰:"持辔母,严长孙女也。"臣敞

---

① 《汉书》卷八《宣帝纪》,页253—254。
② 《汉书》卷八《宣帝纪》,页254。

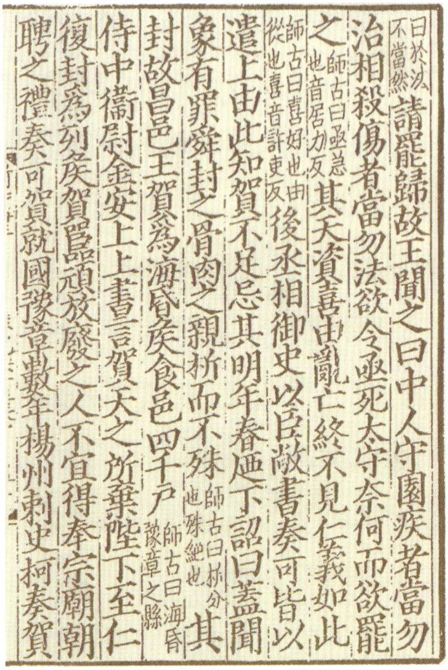
曰於汝不當然請罷歸故王聞之曰中人守園疾者當勿
治相殺傷者當勿法欲令亟死太守奈何而欲罷
之師古曰亟急也音居力反其天資喜由亂亡終不見仁義如此
師古曰喜好也由從也喜音許吏反後丞相御史以臣敞書奏可皆以
遣上由此知賀不足忌其明年春乃下詔曰蓋聞
象有罪舜封之骨肉之親析而不殊師古曰析分也殊絕也其
封故昌邑王賀為海昏侯食邑四千戶師古曰海昏豫章之縣
侍中衛尉金安上上書言賀天之所棄陛下至仁
復封為列侯賀嚚頑放廢之人不宜得奉宗廟朝
聘之禮奏可賀就國豫章數年揚州刺史柯奏賀

图24 《北京大学图书馆藏宋元珍本丛刊》影印宋庆元本《汉书·昌邑王传》

故知执金吾严延年字长孙，女罗紨，前为故王妻。察故王衣服言语跪起，清狂不惠。妻十六人，子二十二人，其十一人男，十一人女。昧死奏名籍及奴婢财物簿。

臣敞前书言：“昌邑哀王歌舞者张修等十人，无子，又非姬，但良人，无官名，王薨当罢归。太傅豹等擅留，以为哀王园中人，所不当得为，请罢归。”故王闻之曰：“中人守园，疾者当勿治，相杀伤者当勿法，欲令亟死，太守奈何而欲罢之？”其天资喜由乱亡，终不见仁义如此。后丞相御史以臣敞书闻，奏可。皆以遣。

如此绘形绘色的叙述，足以让汉宣帝确认，刘贺确实是个傻乎乎的角色，"由此知贺不足忌"①。

放下心来的汉宣帝，显得很是轻松。为此，甚至在这一年的夏天，还改了自己"病已"这一名字。当时颁布的诏书，说改名的原因，是"今百姓多上书触讳以犯罪者，朕甚怜之"，故遵循"古天子之名难知而易讳"的原则，新选了一个相对稀僻一些的字，改称"刘询"。在欣幸心情的作用下，汉宣帝干脆把这一恩惠施及于前，宣布："诸触讳在令前者，赦之。"②也就是过去触犯"病已"名讳的各色人等，统统赦免不问。

汉宣帝新改的"询"字，取的是什么义项，他自己藏着不讲，或许就别有文章。联系当时的政治形势，可以首先对他不再用"病已"一名的心理，做一大致的推测。从他一懂事，到这之前，一直身处忧患之中，现在膏肓之疾，心头之患，都已清除殆尽，真的是百病俱已，无须再担惊受怕了。改掉这个带有旧日生活印记的名字，会让心情更加舒展，以更好地享受安坐万人之上的尊贵和愉悦。

假若此说不谬的话，那么，他新取的"询"字，也就一定会带有特别寓意。《礼记·坊记》引《诗》云："先民有言，询于刍荛。"东汉人郑玄注曰："先民谓上古之君也。询，谋也。刍荛下

---

① 《汉书》卷六三《武五子传·昌邑王髆附子贺》，页2768。
② 《汉书》卷八《宣帝纪》，页256。

民之事也,言古之人君,将有政教,必谋之于庶民乃施之。"①联系前文所说,汉宣帝自少时起的《诗》学素养和行为方式,我想有理由推断,汉宣帝此番更改姓名,同样是想要向臣民强调在拨乱反正之后自己君临天下的全新气象。

这样,又经过一番很审慎的思考,汉宣帝就在下一年元康三年三月壬子,下诏,封授刘贺为海昏侯,移居豫章郡,食邑四千户②。联系前述种种政治变化,便不难知晓,这实际上是要给汉昭帝去世以来这段历史一个了结,亦即随着汉宣帝对朝政控制的稳固,已经不必再对刘贺有更多顾忌,从而改变其变相囚禁的状态,恢复正常生活。这将有助于调节各方面关系。

按照汉朝的制度规定,像海昏侯这样的列侯,其生活待遇,还是相当不错的。《汉书·食货传》记述相关情况说:

> 秦汉之制,列侯封君食租税,岁率户二百。千户之君则二十万,朝觐聘享出其中。③

---

① 《礼记》卷一五《坊记》东汉郑玄注,页17a—17b。
② 《汉书》卷八《宣帝纪》,页257;又卷一五下《王子侯表》下,页493;卷六三《武五子传·昌邑王髆附子贺》,页2767。案《王子侯表》记刘贺受封为海昏侯事在元康三年"四月壬子",而《汉书·宣帝纪》则记宣帝于是年三月下诏册封。检陈垣《二十史朔闰表》,元康三年四月癸亥朔,壬子在此日前十一天,故四月无壬子;又元康三年三月甲午朔,壬子为是月第十九天,《昌邑王传》亦系此事于元康三年"春",三月属春而四月已经入夏,因判定《王子侯表》之"四月壬子"系"三月壬子"之误,亦即这里推定的刘贺受封海昏侯时间,乃月从《宣帝纪》与《昌邑王传》,日据《王子侯表》。
③ 《汉书》卷九一《食货传》,页3686。

近人马叙伦就此解释说:"依此,则列侯食邑若干户者,食其若干户之租税,户出租税钱二百也。"①另外,在宅邸方面,就西汉初年的情况而言,朝廷还会授予列侯"方卅步"的房屋"百五宅"②。这种待遇,当然比不上入京之前做昌邑王的时候,但与其被废黜帝位之后在昌邑故宫里形同囚徒的生活相比,首先是有了更大的自由,其次毕竟有了新的、比较丰富的衣食来源,免得坐吃山空,显然是一项良善的安排。

三 豫章郡海昏县

按照《汉书·地理志》的记载,在西汉末成帝元延三年(前10)九月的时候,"海昏"只是豫章郡境内一个普通的县名,似乎已经不是侯国。因为按照它的体例,假如海昏仍属侯国,其下应附注"侯国"二字,可我们却没有看到③。

但清代以来的研究者都认为《汉书·地理志》对侯国的附注,有很多不应有的缺失,即应注而失注,钱大昕、周振鹤、马孟龙等人,都认为应当依据《汉书·王子侯表》,把《汉书·地

---

① 马叙伦《读两汉书记》,页13b。
② 汉张家山二四七号汉墓竹简整理小组《张家山汉墓竹简》(北京,文物出版社,2001)之《二年律令·户律》,图版,页33,释文注释,页176。
③ 《汉书》卷二八上《地理志》上,页1593。案《汉书·地理志》所载录政区设置的年代断限,系成帝元延三年九月,乃从马孟龙说。马说见所著《西汉侯国地理》(上海,上海古籍出版社,2013)中编第一章第一节《〈汉书·地理志〉行政建制断限考》,页79—84。

理志》中的"海昏"也列为当时的侯国之一①。

然而，在另一方面，如同周振鹤所指出的那样，像海昏侯这样的"王子侯国"，当时是"大多以整县设置"②，这也就意味着"海昏"仍很有可能就是此地原有的县名，亦即在把此地封授给废皇帝刘贺做侯国之前，当地即已设有海昏县。自颜师古以来的学者，通常也都是把"海昏"看作豫章郡下辖的一个县名，汉宣帝是把海昏县封给刘贺做侯国，故名"海昏侯"也③。

伴随着海昏侯墓的发掘和相关发掘情况的公布，一些学者又重新思考这一问题，其中王子今很快发表《"海昏"名义考》一文，正式对此提出了新的看法④。

首先，王氏以为"海昏"起初并不是一个县邑的名称，"其含义应有特别的政治象征意义"。其次，王氏指出：

---

① 清钱大昕《廿二史考异》卷九《侯国考》，页193、页203。周振鹤《西汉政区地理》（北京，人民出版社，1987）附篇第一章第三节《〈汉志〉县目的分析》，页240—242。马孟龙《西汉侯国地理》中编第一章第三节《元延三年侯国数目》，页91—94。
② 周振鹤《西汉政区地理》附篇第一章第一节《汉县沿革的复杂性》，页232—233。案马孟龙《西汉侯国地理》下编第六章第二节《酎金案与汉廷财政危机》（页336）虽进一步深化对这一问题的认识，指出至武帝元朔年间以后，列侯主要以乡聚受封，整县受封的例子已十分罕见，但据《汉书》卷二八上《地理志》上（页1593）记载，豫章郡至汉平帝元始二年，有户六万七千四百六十二，下辖南昌等十八个县或侯国，平均每个县级行政区域，仅三千七百多户，而海昏侯国食邑四千户，若非以整县而是以乡设置，不会有这样的人口数量。
③ 《汉书》卷六三《武五子传·昌邑王髆附子贺》唐颜师古注，页2769。
④ 王子今《"海昏"名义考》，刊《中国史研究动态》2016年第2期，页39—53。

"海昏"的"昏",应与霍光指斥"昌邑王行昏乱,恐危社稷"之"昏乱"有关。而"海"字,……其真实含义,很可能是"晦"。……"晦"有"黑如晦""黑而晦"或"秽浊""晦浊"的含义。如此理解,则"海昏"名号对刘贺道德层次、行为风格和执政表现的否定,都是明确的。

若是单纯就霍光废黜刘贺帝位时对他的评判而言,汉宣帝给刘贺弄这么个寄寓特殊语义的封国名号,或许也有一定道理;至少提出这样的问题,有助于深化对相关史事的认识。若是回溯一下过去的历史,至少在清朝末年,有一位名曰"董沛"的人,也曾经对"海昏"一名做过同样的解读①。然而,若是一一仔细斟酌,实际情况却未必如此。

一个地方得名的缘由,有时会有比较清楚的记载,或是通过字面上的意义,很容易就能够看出,但也有很多历史时期的地名,时过境迁之后,由于史料的局限,对它的来由,后人往往很难说清。遇到这种情况,我觉得最稳妥的办法,只能知道多少是多少,暂时不去管它,不宜强自加以解说。

地名的形成,往往会有通例,而这种通例,又往往因时而变。就"海昏"的"昏"字而言,西汉陈留郡就另外设有一个"东昏"县②。对比二者构词的相似性,"昏"字有可能是当时取

---

① 清董沛《正谊堂文集》(清光绪二十七年刻本)卷二三《晦暗斋笔语题词》,页2a。
② 《汉书》卷二八上《地理志》上,页1558。

用地名的一种"通称",而它具体的含义,今已不易索解。例如,《尔雅》训"昏"为"强",亦即"强勉"之义①,若是将其用作地名通用的后缀,恐怕也是很自然的事情。

当然,这样胡猜乱想,同样没有实质性意义。它只是告诉我们,"海昏"的"昏"字,未必非解释成"昏乱"的语义不可,完全可以与"东昏"的"昏"字具有相同的语义。

又如,王莽时期,普遍更改各地郡县名称,而多着意于地名用字的音训,或者相通,或者相反②。当时,王莽系更改"海昏"为"宜生"③,推寻其意,应是把"海"字解作"众物所聚"之处,亦即"多"义,"昏"(昬)字通作"婚"或"缗",不管多婚抑或多钱,终归都是"宜生"之所。

遗憾的是,王莽做事儿很不靠谱儿,改地名更多是随心所欲,不管是不是合乎学理,我们现在论证这一问题,也不能单独用他的训诂做依据。回到我们所面临的问题上来,关键还是要仔细推敲一下当时的历史状况,是不是需要给刘贺戴上这样一顶"秽浊""昏乱"的帽子来示众;同时还要看一下相近时期的人是怎样来看待"海昏"这一侯国的名称。

就汉宣帝册封海昏侯的目的而言,前面已经谈到,他是要给

---

① 清郝懿行《尔雅义疏》(北京,中国书店,1982,影印清咸丰六年杨以增倩吴门漱芳斋刻本)卷上之一《释诂》,页48a—49a。
② 谭其骧《新莽职方考》,原刊《燕京学报》第15期,1934年6月,此据作者文集《长水集》(北京,人民出版社,1987)上册,页86-90。
③ 《汉书》卷二八上《地理志》上,页1592。

这段历史一个终结性的交代,也就是尽可能给它画上个句号。

册封刘贺为海昏侯的诏书,《汉书》在《宣帝纪》和《昌邑王传》里都有记载,而文字略有不同。《汉书·宣帝纪》记云:

> 盖闻象有罪,舜封之,骨肉之亲,粲而不殊。

唐人颜师古有疏释云:"粲,明也。殊,绝也。"①《汉书·昌邑王贺传》录此诏书的文字是:

> 盖闻象有罪,舜封之,骨肉之亲,析而不殊。

唐人颜师古释之曰:"析,分也。殊,绝也。"②其实不管是认定哪一个版本,这道诏书体现的政治倾向都是积极的,是对废帝刘贺做出妥善的安排。

如前所述,汉宣帝册封刘贺为海昏侯,改变其形如囚徒的生活状况,目的当然是安抚人心,稳定朝政。

汉武帝去世之后,霍光专权,当时首先需要设法抚慰的就是以汉武帝诸子为首的刘家皇室成员。昭帝之初立,广陵王胥、燕王旦,都以年龄长大,顺序居先,对此非常不满,刘旦甚至"疑立者非刘氏"。而霍光对他采取的安抚措施,是"褒赐燕王钱三千万,

---

① 《汉书》卷八《宣帝纪》并唐颜师古注,页257。
② 《汉书》卷六三《武五子传·昌邑王髆附子贺》并唐颜师古注,页2769。

益封万三千户",同时亦"益封胥万三千户"。宣帝对牵连谋反的刘胥,不仅"有诏勿治",而且还"赐胥黄金前后五千斤,它器物甚众"。即使如此,刘旦还是先与中山王、齐王合谋起事,最终又与盖长公主、上官桀、桑弘羊等谋反;刘胥也因祝诅皇帝事发而不得不绞颈自杀①。这些情况,充分反映出武帝去世之后,刘氏皇室成员对昭宣时期的皇位继承秩序和实际执政者的强烈不满。

朝廷官员对这一问题的态度,前面第四章谈到的侍御史严延年,就很有代表性。另外,昌邑国中尉王吉,对国王刘贺之"动作亡节"本来颇有匡谏,后来在霍光废黜刘贺帝位时,虽"以忠直数谏正得减死",没有随同其他二百多名昌邑国的臣僚一同遭下狱诛杀,却仍然被"髡为城旦"。为此,王吉"后戒子孙毋为王国吏"②,这也强烈显示出对朝廷处置方式的怨怼。适当安抚这些官员,也更有利于社会的安稳。

在这种情况下,很难设想汉宣帝还会刻意在侯国的名号上动歪脑筋,以此来羞辱耍弄一番废皇帝刘贺。要是真的这样做了,恐怕会有违其初衷而招致相反的效果,还不如不册封刘贺为好。

王子今在论述这一问题时,曾引据南齐"东昏侯"的事例作为旁证,以"二者名号之类同",来说明自己看法的合理性。

今案王子今提到的这个"东昏侯",讲的是南齐皇帝萧宝卷。

---

① 《汉书》卷六三《武五子传·燕刺王旦》,页2751—2759;又同卷《广陵王胥》,页2760—2762。
② 《汉书》卷七二《王吉传》,页3058—3067。

与西汉皇室中清狂憨傻的刘贺相比,这位萧氏宝卷,才是一位地地道道的宝贝皇帝,是南朝萧齐事实上的亡国之君。在其身后,齐国名义上虽尚有和帝宝融,在形式上暂且过渡于一时,但后来的梁武帝萧衍,当时即操持政柄军兵,已与国君无异,萧宝融不过是很短暂地做做样子的傀儡而已。

像所有的亡国之君一样,萧宝卷免不了荒淫暴虐,但如同清初人王夫之所云:"东昏之淫虐亦殊绝,而非他亡国之主所齿。"① 亦即萧宝卷的荒淫暴虐,实在较其他亡国暴君都要严重很多。因而,以萧宝卷受封之"东昏侯"来做类比,确实很容易让人联想到"海昏""东昏"二者,或俱属丑诋之名,用以彰显两人的罪过。

过去元朝学者胡三省注《通鉴》,诠释"东昏侯"得名的缘由,即云乃萧衍据以起兵的"荆、雍在西,谓帝以昏虐居东,故废为东昏侯"②。

萧衍起兵时,身为雍州刺史,虽然是在齐国西北边地(雍州治襄阳),继而联结荆州的实力人物萧颖胄(当时南康王萧宝融,为持节督荆雍益宁梁南北秦七州军事、西中郎将、荆州刺史,萧颖胄任西中郎将长史),使雍、荆二州连成一片,同时又承认萧颖胄拥立的南康王萧宝融在荆州江陵称帝,作为共主。萧衍举兵东下,与建康城里的萧宝卷,呈东、西对立之势。

---

① 清王夫之《读通鉴论》卷一七《梁武帝》之"齐亡有志节之士"条,页623。
② 宋司马光《资治通鉴》卷一四二东昏侯永元元年元胡三省注,页4433。

可是，封予萧宝卷以东昏侯时，是在他被新除雍州刺史王珍国等弑杀之后。当时，新帝萧宝融尽管还没有东迁，但和帝中兴元年（501）九月，萧宝融就不得不下诏授权萧衍，"若定京邑，得以便宜从事"①。这当然是萧衍势力日盛，不得不承认既成的事实。

是年十二月丙寅，萧衍便已兵入建康城中。三天后，亦即己巳日，通过所谓"皇太后令"，亦即以齐武帝萧赜长子文惠太子长懋妃王宝明"宣德太后"之"令"的名义，授予萧衍以"大司马、录尚书事、骠骑大将军、扬州刺史，封建安郡公，依晋武陵王遵承制故事，百僚致敬"，俨然一副准皇帝架势。就在这一天，同样是以"宣德太后令"的名义，宣布给予已故萧宝卷以"东昏侯"的名号②。

这时，不仅东西对峙的局面，消弭不复存在，而且以自己身在建康城中的缘故，由"在西"而改换成了"居东"，萧衍也没有理由再以"居东"抑或"在西"来做抑扬褒贬。

更进一步深入分析这一问题，还应该看到萧衍本来也没有把

---

① 《南齐书》（北京，中华书局，1972）卷八《和帝纪》，页113。
② 《南齐书》卷八《和帝纪》，页113。《南史》（北京，中华书局，1975）卷六《梁本纪》上，页176。宋司马光《资治通鉴》卷一四四和帝中兴元年十二月，页4508。案今点校本《资治通鉴》记此事作"乙巳"日，但所录章钰《胡刻通鉴正文校宋记》列举有两种宋本是书作"己巳"。今检陈垣《二十史朔闰表》（页72），中兴元年（501）辛酉朔，丙寅为初六，己巳为初九，而此月无乙巳日，故作"乙巳"者自属讹误，兹据《四部丛刊初编》影印涵芬楼藏宋刊本（页19b）改作"己巳"。

第六章　由废皇帝到海昏侯

南康王萧宝融放在眼里。关于这一点,清人黄恩彤曾做过很好的分析:

> 衍初举兵,即以武王伐纣为说,不主废昏立明之议,又不迎请南康王正位襄阳,挟以号令,江陵推戴之举,皆萧颖胄主之,衍特不为异同而已,其意中未尝有和帝。故一旦攻下台城,独夫授首,举凡废置兴革诸大政,均以太后令行之,不用西台之诏,以示恩威悉自己出,人心咸知信向。因之攘取大物,易于探囊,皆其举兵时之成算也。①

明此愈加可知,胡三省的说法很不合理,实际是不能成立的。

今王子今解释"东昏侯"一称的贬义所在,是把"东"通作"童"字,谓其义乃"下愚""无智",而"童昏"二字搭配成词,古人本有成例,大略即"无智""暗乱"的意思。愚案像这样的可能,当然也不能断然排除,但如同前面讲述的对"海昏"语义的直接判断一样,这只是一种纯逻辑上的可能性。

这样的解释,究竟是不是合乎历史实际?和对所有历史文献记载的解读一样,要仔细察看当时具体的历史背景,看看放到特定的历史背景下,是不是能够讲得通畅。

萧衍在雍州起兵后,以拥立南康王萧宝融为帝的名义,来反抗萧宝卷的残虐行径。和帝萧宝融中兴元年,亦即东昏侯萧宝

---

① 清黄恩彤《鉴评别录》(清光绪三十一年家塾刻本)卷三〇《齐纪》二,页26a。

卷永元三年（501）三月乙巳，萧宝融正式登基即位，第二天丙午日，"有司奏封庶人宝卷为零阳侯，诏不许。又奏为涪陵王，诏可"①。

虽然这里称谓萧宝卷为"庶人"，但实际上这位萧宝卷当时还在南齐皇帝的位上发号施令。只是天无二日，宝融既已称帝，就只能像这样来贬称宝卷。问题是萧宝融为什么还要给他封授一个爵位？而且低如"零阳侯"这样的列侯还不够，非把他册封为诸侯王不可？我想，这应该主要基于如下两项原因。

一是萧宝融实力很弱，需要适可而止，给萧宝卷一个合适的安排，有助于推动萧宝卷审时度势，主动退位。当时，差相前后起事反抗萧宝卷的为雍、荆二州。统领雍州起事者为萧衍，荆州是由实力人物萧颖胄控制军队。在雍、荆两州之间，比较而言，雍州萧衍的实力，明显强于荆州的萧颖胄，时人称"萧雍州蓄养士马，非复一日"，而"江陵素畏襄阳人，人众又不敌"②。江陵、襄阳分别为荆州和雍州的治所，这里是以治所代指其州，故雍州刺史萧衍本人对这种情形所做的表述，即谓"荆州本畏襄阳人"③。

若再加深究，还应该看到，萧宝融主要是由萧颖胄拥立称帝，而不是由萧宝融主动掌控始形成这样的局面，愈加显示出萧宝融实在是无能为力。盖萧宝融当时年仅十四岁，实际上还确实

---

① 《南齐书》卷八《和帝纪》，页112。
② 《梁书》（北京，中华书局，1973）卷一〇《萧颖达传》，页187。
③ 《梁书》卷一《武帝纪》上，页4。

缺乏相应的能力。萧宝融既然没有足够的实力一举置对方于死地，便只能希望尽早与萧宝卷一方找到妥协的方案，这样才能保住他的"皇帝"位置。

从另一方面看，此前武帝萧赜去世之后，接连继位的皇太孙昭业、昭文兄弟，相继被后来的明帝萧鸾逼迫退位之后，即分别被授予郁林王和海陵王。因而，这样的做法，也可以算作萧家成规了。萧宝融这样安排，更容易被世人，特别是南齐皇室成员接受。

二是在南齐王朝短暂的二十多年期间内，皇帝的御座实在不大安稳，不管谁坐上去，总有人想去把它掀翻，到萧宝卷时，尤其如此。对这一情况，清人王夫之曾经评议说：

> 自宋以来，天下之灭裂甚矣，一帝殂，一嗣子立，则必有权臣不旋踵而思废之。伺其失德，则暴扬之，以为夺之之名。当宸之席未暖，今将之械已成。谢晦一启戎心，而接迹以兴者不绝，至于东昏立，而无人不思攘臂以仍矣。江祏也，刘暄也，萧遥光也，徐孝嗣也，沈文季也，陈显达也，崔慧景也，张欣泰也，死而不惩，后起而益烈，汲汲焉唯手刃其君以为得志尔。身为大臣，不定策于顾命之日，不进谏于失德之始，翘首以待其颠覆，起而杀之。呜呼！君臣道亡，恬不知恤，相习以成风尚，至此极矣！①

---

① 清王夫之《读通鉴论》卷一六《齐东昏侯》之"萧懿尽忠东昏"条，页620。

图25 明万历刻本《三才图会》中的梁武帝像

当时附从于萧宝融名下的萧衍和萧颖胄的军队,不仅还没有取得南齐全境,甚至萧宝卷本人还稳坐在建康城里当着皇帝。面对南齐这样的政治局面,更只能和缓、稳妥地推进,不宜操之过急,预先对萧宝卷做出过甚的处置。——但这一切,都只是出自萧宝融及其身边亲近之人的盘算。

清楚知悉上述背景,我们也就很容易理解,萧衍之重封已然被弑身故的萧宝卷,实乃醉翁之意不在酒。萧衍的真实意图,即清人黄恩彤所说:"故一旦攻下台城,独夫授首,举凡废置兴革诸大政,均以太后令行之,不用西台之诏,以示恩威悉自己出,人心咸知信向。"亦即不仅不会以"在西"而"临东"的姿态现身于世人,而且还要凸显他与"西台"的区别。

处置前朝君主萧宝卷,是推翻萧宝卷暴政的人才具有的权力。实际上,这也是萧衍进入建康城后所发布的第一道诏令(尽

第六章　由废皇帝到海昏侯

管在名义上是假借"宣德太后"之名发布的）自有特别的意义。

萧衍通过此举，是想让世人清楚地看到，他已经废止萧宝融"西台"的一切权力，以身代之。人们应该明白，只有他萧衍，才是终结萧宝卷暴虐统治的人，而不是远在荆州的少年萧宝融。——这就是萧衍废止萧宝卷的涪陵王地位而重封其为东昏侯的内在因缘。盖如黄恩彤所云，萧衍起兵之初，即以武王伐纣自比，以为东昏侯已是"天命殛之"，打定了"威詟四海，号令天下"的主意，实际上业已不再承认南齐政权具有存在合法性①，尚且稚气未能尽脱的萧宝融又何足道哉！

王子今把萧宝卷之"东昏侯"封号与刘贺的"海昏侯"联系起来，并不是出自无端的揣测，而是在萧衍以"宣德太后"名义颁布的废黜萧宝卷帝位的"令"中，即已明确谈到了这一点，乃云：

令依海昏侯故事，追封东昏侯。②

这里所说"海昏侯故事"，并不十分明确，当然也可以像王子今那样，理解为因两人俱属昏乱之主而得名。

不过在我看来，萧衍所要效法的海昏侯故事，乃是针对此前萧宝融封授乃兄萧宝卷为涪陵王事，改而取则于西汉时期的成例，即因刘贺帝位被废黜后，仅封授给他"海昏侯"这一列侯爵位，

---

① 《梁书》卷一《武帝纪》上，页4。
② 《南齐书》卷七《东昏侯纪》，页107—108。《梁书》卷一《武帝纪》，页5。

效仿这一做法,只需重授给萧宝卷一个列侯即可,而不必再像南齐从前封予萧昭业、萧昭文兄弟以郁林王和海陵王那样,非封王不可。观萧衍起兵时发布的檄书,即有句云"龙骧虎步,并集建业。黜放愚狡,均礼海昏"①,可见按照对待刘贺的礼节来处置萧宝卷,是萧衍早已拟定的计划。所以,才有"东昏侯"之封。

核诸宣德太后的"令"文,这样的解释至少没有什么窒碍。那么,"东昏侯"一名,是否一定要像王子今那样解作"童昏"之义呢?实际情况,同样未必如此。

前面已经谈到,西汉时期就设有东昏县,其地在东汉时仍为陈留郡属县②。三国西晋时期,东昏县虽然不再设立,但后世仍可重新设立历史上废除的旧县。齐在淮河南岸,沿中原之旧,设立有陈留郡,属县也都是沿承北方旧名③。

《南齐书·州郡志》记载的陈留郡属县,虽然没有"东昏",但行政设置,往往随时增减,《南齐书·州郡志》只能载录一时的制度,且本多有阙漏④,当萧衍封授萧宝卷为东昏侯时,陈留郡境内未必没有"东昏"这一属县,更何况当时还完全有可能使用陈留郡旧有的县名,为之册封。盖萧宝卷已经被杀,封与不

---

① 《梁书》卷一《武帝纪》上,页8。
② 晋司马彪《续汉书·郡国志》三,见《后汉书》志第二十一,页3447。
③ 《南齐书》卷一四《州郡志》上,页251。
④ 胡嘏《〈南齐书·州郡志〉高平郡纠谬》,刊《历史地理》第六辑(上海,上海人民出版社,1988),页56。胡嘏《〈南齐书·州郡志〉三处脱文》,刊《历史地理》第七辑(上海,上海人民出版社,1990),页61。胡阿祥《〈南齐书·州郡志〉札记》,刊《历史地理》第十辑(上海,上海人民出版社,1992),页324—332。

封,以及封授给他怎样一个名号的爵位,都只是一种政治象征,而不具备实质意义。所以,"东昏侯"名号中的"东昏"二字,按照一般的通例,仍很有可能是南齐陈留郡下的一个县名。

萧衍不大可能专门为贬抑萧宝卷而给他起一个"东昏侯"的名字作为蔑称,还有一项因素,这就是萧宝卷的暴虐,已经远非"东昏"亦即"童昏"二字所能了得。近人刘体仁曾评价萧宝卷的恶行说:

> 东昏之昏虐,非营阳、苍梧、郁林诸废帝之比也。诸废帝之恶,度皆不过童昏游戏耳。徐羡之、萧道成、萧鸾行废弑之事,甚且自篡其位,安得不甚言其君之恶,以自掩滔天之罪乎?东昏之于诸帝,则有异矣。……东昏杀权贵宿将如刈菅然,可见非诸废帝童昏之比矣。……渐出游走,又不欲人见之。每出先驱斥,所过人家,惟置空宅。尉司击鼓蹋围,鼓声所闻,便应奔走,犯禁者应手格杀。一月凡二十余出,出辄不言定所,东西南北,无处不驱。常以三四更中,鼓声四起,火光照天,士民喧走相随,老小震惊,啼号塞路。尝至沈公城,有一妇人,临产不去,因剖腹视其男女。又尝至定林寺,有沙门,老病不去,藏草间,命左右射之,百箭俱发。……是东昏之虐浮于桀纣,岂营阳、苍梧仅游戏无度,郁林亦不过宴游奢侈之比哉!①

---

① 刘体仁《通鉴札记》卷九"东昏昏虐为南朝诸废帝最"条,页463—467。

萧衍在起兵之初所发布的檄文里，也用下述文字，形象地描摹了萧宝卷的罪孽：

> 至于悖礼违教，伤化虐人，射天弹路，比之犹善；刳胎斮胫，方之非酷。尽寓县之竹，未足纪其过；穷山泽之兔，不能书其罪。自草昧以来，图牒所记，昏君暴后，未有若斯之甚者也。①

不管是时至今日的客观评价，还是萧衍身处其中的直接观察和感觉，都充分体现出萧宝卷的罪恶行径，实已大大超出了"童昏"的性质。

因此，萧衍不大可能特地选用"东昏"亦即"童昏"这个程度很轻的负面词语，来刻意贬损萧宝卷的形象。核诸实际，对于恶贯满盈的萧宝卷来说，如王夫之所云，其罪恶行径已至"非他亡国之主所齿"，这样的做法实属拟于不伦。

关于"海昏侯"与"东昏侯"这两个名号的内在关联，王子今在文章中还有如下一段关键性的论述：

> 除了宣德太后沉痛的"令"文之外，《东昏侯纪》又以"史臣曰"的形式将"东昏侯"名号与"海昏侯"受封时情形联系起来："汉宣帝时，南郡获白虎，获之者张武。言武

---

① 《梁书》卷一《武帝纪》上，页7。

张而猛服也。东昏侯亡德横流,道归拯乱,躬当剪戮,实启太平。推阉竖之名字,亦天意也。"(《南齐书·东昏侯纪》)所谓"推阉竖之名字,亦天意也",指"阉人禁防黄泰平"与"实启太平"政治前景的暗合,并与"汉宣帝时"史事比照:"南郡获白虎,获之者张武。言武张而猛服也。"也以"张武"姓名示意"武张而猛服"。"史臣曰"没有明说却有所暗示的,是"东昏侯"与"海昏侯""亡德横流"的相似。二者名号之类同,由此可以得到说明。①

王子今引述的《南齐书·东昏侯纪》史臣评议,已经包括原书全文,并无节略②。下面,就对此说逐一加以分析。

首先,萧衍在废黜萧宝卷为东昏侯这件事上,确是先后几次提到了西汉废帝刘贺之受封为海昏侯的事情。但我理解,这主要是引据霍光废黜刘贺帝位事作为大臣废皇帝的先例,来为自己的"犯上"行为,寻求并且张扬其合理性、正义性;更进一步的具体处置办法,则如前文所说,同样应该效法汉宣帝的成规,对这样的废皇帝,仅仅封侯即可,而不必再尊之以王位。

这一点,在萧衍起兵时发布的檄文中,表述得最为清晰。这篇檄文,甫一开篇即述云:

---

① 王子今《"海昏"名义考》,刊《中国史研究动态》2016年第2期,页52。
② 《南齐书》卷七《东昏侯纪》,页108。

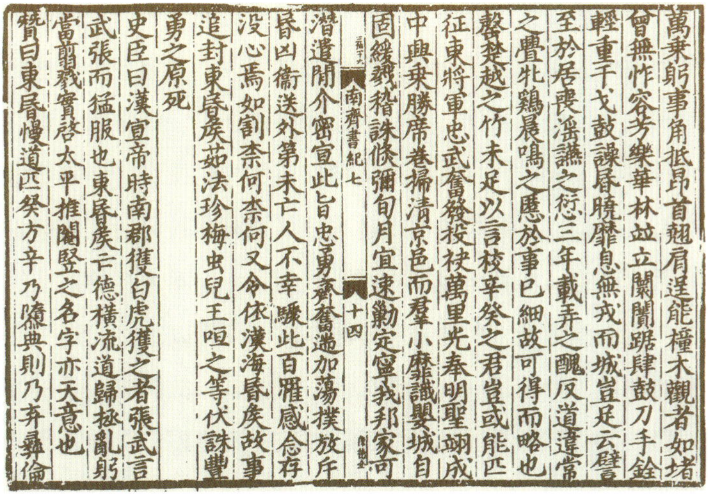
萬乘躬事角抵昂首翹肩逞能橦木觀者如堵曾無怍容芳樂華林竝立闤闠踞肆鼓刀手銓輕重干戈鼓譟昏曉靡息無戎而城豈足云譬至於居喪淫讌之愆三年載弄之醜反道違常之釁牝鷄晨鳴之慝於事已細故可得而略也罄楚越之竹未足以言校辛癸之君豈或能匹征東將軍忠武奮發投袂萬里光奉明聖翊成中興乘勝席卷掃清京邑而羣小靡識嬰城自固緩戮稽誅倏彌旬月宜速勦定寧我邦家可

南齊書紀七　十四

潛遣閒介密宣此旨忠勇齊奮遄加蕩撲放斥昏凶衞送外第未亡人不幸驟此百罹感念存沒心焉如割柰何柰何又令依漢海昏侯故事追封東昏侯茹法珍梅虫兒王咺之等伏誅豐勇之原死

史臣曰漢宣帝時南郡獲白虎獲之者張武言武張而猛服也東昏侯亡德橫流道歸拯亂躬當翦戮實啓太平推閹豎之名字亦天意也

贊曰東昏慢道匹癸方辛乃隳典則乃棄彞倫

图26 《百衲本二十四史》影印傅增湘藏南宋刻本《南齐书·东昏侯纪》

> 夫道不常夷，时无永化，险泰相沿，晦明非一，皆屯困而后亨，资多难以启圣。故昌邑悖德，孝宣聿兴；海西乱政，简文升历，并拓绪开基，绍隆宝命。理验前经，事昭往策。[1]

这里的“海西”，是指东晋废帝司马奕，被权臣桓温逼迫退位，一应待遇，“皆如汉昌邑故事”，最终被降封“海西县公”，桓温随之确立会稽王司马昱（案司马昱实已改封为琅邪王，然仍“不去会稽之号”）为帝，即所谓简文帝[2]。

---

① 《梁书》卷一《武帝纪》上，页6。

② 《晋书》卷八《海西公纪》，页214—215；又卷九《简文帝纪》，页219—210。

萧衍引述昌邑王刘贺和海西公司马奕这两个人来做例证，只是想为他作为南齐臣子而举兵反叛并试图废黜萧宝卷帝位这样的举动来找寻历史的依据，而且这已经很勉强了。汉宣帝承刘贺之废而得以登上大位，尽管也是出自权臣霍光的操纵，但刘贺做事确实不大着调，总算大致说得过去，可司马奕被废，完全是受桓温的无端逼迫，尽管桓温重立司马昱为帝，但本来打的是让他来配合一道出演禅让戏的主意①。这本来是魏晋以来接二连三不停重演的剧目，台前幕后，人们久已习以为常。故唐修《晋书》在《海西公纪》篇末的赞语里评议说："彼（案指桓温）异阿衡，我（案指司马奕）非昌邑。"②

明此，愈加可知，萧衍引述海昏侯刘贺的史事，最关键的因素是想要彰显以臣废帝自有成例可循，而不是萧宝卷与刘贺两人的相似性，更在哪一处述及西汉"海昏侯"的地方，都没有直接拿这个名号本身来同"东昏侯"一名作对比。

总之，王子今援引"东昏侯"一名来与"海昏侯"类比，以为二者都与地名无关，都是专门给受封者设定的称谓，但南朝萧齐时期的"东昏侯"一称，本来就更有可能只是一个普通的地名。这样一来，"海昏侯"的"海昏"二字，同样也更有可能是本自一个固有的地名。

其次，萧子显在《南齐书·东昏侯纪》篇末以"史臣曰"形

---

① 《晋书》卷八《海西公纪》，页213—215；又卷九八《桓温传》页2576—2579。
② 《晋书》卷八《海西公纪》，页216。

式发表的这一段论述,到底讲的是什么意思,我的理解与王氏也有很大不同。

萧子显《南齐书》,在撰著形式上有一项重要特色,这就是史论较多,且篇幅也往往较长,甚至还常常在卷中纪事间随时加入"史臣曰"云云评议,尤可见萧氏颇以驰骋论说自嬉。对我们今天研治萧齐史事来说,所可贵者,乃萧氏由齐入梁,故书中各项议论,自具当时的色彩,这正是后人作史,难以一一再现的宝贵资料。

具体而言,这篇《东昏侯纪》的史论,充分体现出萧子显自身和那个时代的两项特征:一是身为梁臣,极力阐释萧衍以梁代齐系出自天命天意;二是受时代风尚影响,大力宣扬象征萧衍兴梁灭齐的图谶。

萧子显之书,修撰于梁武帝之世。萧子显其人,身受梁武帝"雅爱",而他对萧衍亦甚尊崇,史载其"领国子博士,高祖所制经义,未列学官,子显在职,表置助教一人,生十人。又启撰高祖集,并《普通北伐记》。其年迁国子祭酒,又加侍中,于学递述高祖《五经义》"①。因而撰著《南齐书》时,对梁武帝萧衍不能不备加推扬。对此,清人赵翼《廿二史札记》即曾举例做过论述说:"子显修书在梁武时,其叙郁林失德之处不过六七百字,叙东昏无道之处则二千余字,甚东昏之恶,正以见梁武之兵

---

① 《梁书》卷三五《萧子显传》,页511。

以义举,此又作史之微意也。"① 明此可知,他对《东昏侯纪》的史论,更不能不从"梁武之兵以义举"这一根本宗旨出发。

过去我在研究北齐乐陵王暨王妃斛律氏墓志时曾经谈到,在隋炀帝焚弃禁毁之前的南北朝时期,各种纬候图谶,极为兴盛②。萧子显身处斯世,自不能免俗,故《南齐书》特列有《祥瑞志》一卷,实乃"多载图谶",其《天文志》中也"但纪灾祥",性质颇与图谶相近③,而《五行志》亦载有性质类似的内容,自不待言。

基于上述背景,再来仔细审视《南齐书·东昏侯纪》篇末的史论。其"汉宣帝时,南郡获白虎,获之者张武。言武张而猛服也",其相关史事,见《文选》载录的汉宣帝时人王褒撰《四子讲德论》:

> 今南郡获白虎,亦偃武兴文之应也。获之者张武,武张而猛服也。是以北狄宾洽,边不恤寇,甲士寝而旌旗仆也。④

---

① 清赵翼《廿二史札记》卷九"齐书书法用意处",页189。
② 拙文《北齐乐陵王暨王妃斛律氏墓志与百年太子命案始末》,原刊《燕京学报》新三十期(2012年8月),后收入敝人文集《石室腾言》(北京,中华书局,2014),页260—261。
③ 宋晁公武《昭德先生郡斋读书志》(上海,商务印书馆,《四部丛刊三编》影印宋淳祐袁州刻本)卷二上,页6a。
④ 梁萧统《文选》(北京,中华书局,1977,影印清嘉庆胡克家仿宋刻本)卷五一汉王褒《四子讲德论》,页716。案此汉宣帝时南郡获白虎事,《汉书》卷二五下《郊祀志》下(页1249)也有所记述,文曰:"时南郡获白虎,献其皮牙爪,上为立祠。"

这里讲的,犹如图谶,亦即以南郡张武之捕获猛虎,昭示汉朝于边疆得以降伏北狄,偃武兴文。

今萧子显在《南齐书·东昏侯纪》篇末讲这段话,其关键点是"武张而猛服"。盖梁武帝萧衍,其人"生而有奇异,两胯骈骨,顶上隆起,有文在右手曰'武'"①,故萧子显引述汉宣帝时张武获虎之事,以"武张猛服",喻萧衍身带"武"字符瑞,实属威服萧宝卷的征兆,而"东昏侯亡德横流,道归拯乱,躬当剪戮,实启太平",即实写所谓"武张猛服"的具体对象,并以此偃武兴文,开启新的太平之世。

"推阉竖之名字,亦天意也"这句话,王子今谓指"阉人禁防黄泰平",并且阐释说这可以"与'实启太平'政治前景"相"暗合"。对此,我也有不同的想法。

所谓"阉人禁防黄泰平",是移用《南齐书·东昏侯纪》的原文,其相关纪事,乃是萧衍即将兵入建康城之际,新除雍州刺史王珍国等率兵入殿,萧宝卷"欲还后宫,清曜闼已闭,阉人禁防黄泰平以刀伤其膝,仆地。顾曰:'奴反邪?'直后张齐斩首送梁王"②。把这位宦官"黄泰平"同"实启太平"的论述联系起来,虽然也不无道理,但总感觉与前文所述"武张猛服"缺乏内在的联系。若是覆案王褒《四子讲德论》原文,我更倾向认为,萧子显"道归拯乱,躬当剪戮,实启太平"数语,对应的是王氏

---

① 《梁书》卷一《武帝纪》上,页1—2。
② 《南齐书》卷七《东昏侯纪》,页102、页106。

所说"今南郡获白虎,亦偃武兴文之应也"。盖"偃武兴文",自是太平之象。

萧宝卷时期,主暗时昏,阉党成群,南齐最有名的宦官,名为王宝孙,史载"奄人王宝孙,年十三四,号为'倀子',最有宠,参预朝政,虽王咺之、(梅)虫儿之徒亦下之。控制大臣,移易敕诏,乃至骑马入殿,诋诃天子。公卿见之,莫不慑息"①。王宝孙既为萧宝卷身边最受宠幸的阉人,而黄泰平在宦竖者中却籍籍无名,萧子显似乎更应举述前者或是地位与之相近的人物作为代表。

此"倀子"或亦书作"长子"②,应属讹误③。昔元人胡三省释此"倀"字云:"狂也。"④所说未必准确。此"倀子"一称,清人赵翼视之为"混号"⑤,所说当是。王宝孙"倀子"之号,当即得自"为虎作伥"之"伥",系为虎引路呵道之鬼。当萧衍军迫近建康城时,萧宝卷令"阉人王伥子持白虎幡督率诸军"⑥,似亦显示出"伥子"这一名称与猛兽老虎之间的关系。

唐人戴孚撰志怪小说《广异记》,尝叙述虎、伥关系云:

---

① 《南史》卷七七《恩幸传·茹法珍》,页1934—1935。
② 《南齐书》卷七《东昏侯纪》,页105。
③ 案《梁书》卷一《武帝纪》上(页12)亦书作"王伥子"。
④ 宋司马光《资治通鉴》卷一四三齐东昏侯永元二年六月元胡三省注,页4469。
⑤ 清赵翼《陔余丛考》(北京,商务印书馆,1957)卷三八"混号"条,页841。
⑥ 《梁书》卷一《武帝纪》上,页12。

图27　湖南安化出土商代虎食人卣①

天宝末，宣州有小儿，其居近山。每至夜，恒见一鬼引虎逐己，如是已十数度。小儿谓父母云："鬼引虎来，则必死。世人云'为虎所食，其鬼为伥'。我死，为伥必矣。若虎使我，则引来村中，村中宜设罦于要路以待，虎可得也。"后数日，果死于虎。久之，见梦于父云："身已为伥，明日引虎来，宜于西偏速修一罦。"父乃与村人作罦，罦成之日，果得虎。②

---

① 内藤湖南监修《删订泉屋清赏》（京都，内外出版印刷株式会社，1934，非卖品），页71—72，图版第二三。
② 宋李昉等《太平广记》（北京，中华书局，1961）卷四二八《虎》三"宣州儿"条引《广异记》，页3482。

"为虎所食，其鬼为伥"一说，虽然未见于更早的文献记载，但像这样的说法，往往会有很久远的渊源。湖南地区不止一见的商代"虎食人卣"，学术界对其意象虽有种种揣测，却都难惬人意，而若是联系上述记载，就未尝没有可能是对这种虎、伥关系的一种形象表述。

用这一意义的"伥"字以及王宝孙这一宦官，去解析"推阉竖之名字，亦天意也"这句话的语义，则所推阉竖的名字，就应该是"王伥子"（王宝孙），而所谓"天意"，应该是指"伥子"一名体现出其主子本是一只老虎，这样的老虎，则必然要被一生下来右手上就带有"武"字的萧衍所收拾，即"武张而猛服"是也。

在《南齐书·高帝纪》上篇的篇末有很长一段史论，萧子显在这里，首引《太一九宫占》，推演汉高祖五年以来，与之相应的重大事变，然而其核心意旨，是落实在刘宋末年，"是岁太一在杜门，临八宫，宋帝禅位，不利为客，安居之世，举事为主人，禅代之应也"①。清代四库馆臣，以为"齐高好用图谶，……故子显于《高帝纪》卷一引《太乙九宫占》"②。实则这篇史论是写在《南齐书》的第一篇篇末，萧子显是在阐扬宋帝禅齐的图谶，而萧宝卷本属亡国之君，写在《东昏侯纪》篇末的上述史臣论语，实际是以"武张猛服"这一图谶来宣示萧衍以梁代齐的天

---

① 《南齐书》卷一《高帝纪》上，页23—24。
② 清邵晋涵《南江书录》（清光绪间刘世珩刻《聚学轩丛书》本），页16b—17b。

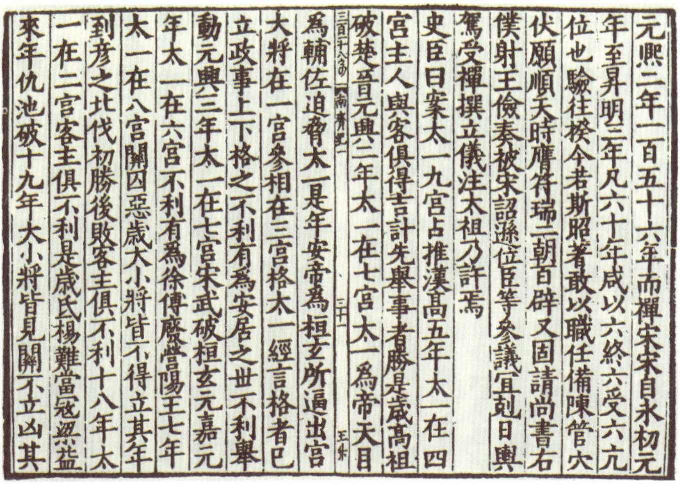

图28 《百衲本二十四史》影印傅增湘藏南宋刻本《南齐书·高帝纪》

命。这两篇史论,两种图谶,前后呼应,正显示出萧齐王朝一始一终的"天定"运势。

需知萧子显这部《南齐书》,一开始,就是启禀梁国朝廷允准之后才动笔的,即宋人曾巩所说"自表武帝,别为此书"①。写成之后,又首先奏上给梁武帝萧衍看,萧衍当然要好好看一看他怎样表述自己在齐的行为,特别是发兵讨伐萧宝卷以建立梁朝这件大事。《梁书》记载这部《南齐书》奏上之后,梁武帝"诏付秘阁"(案此书原名只叫《齐书》,待唐人李百药为南北朝时期北方高氏齐国撰著的同名史书问世之后,读史者为相互区别,始分

---

① 宋曾巩《元丰类稿》(上海,商务印书馆,民国《四部丛刊初编》影印乌程蒋氏密韵楼藏元刊本)卷一一《南齐书目录序》,页11a。

别给两书冠以南、北二字），也就是指令将其存放在朝廷专门掌管著书、藏书的机关秘书省中，予以郑重藏弆[1]。不言而喻，这部《南齐书》得到了梁武帝的赞赏，而在这当中，自然首先是要认可和赞赏萧子显对萧衍代齐自立一事的记述与评价。按照上文所做分析，萧子显写在《南齐书·东昏侯纪》篇末的这篇史论，正合乎梁武帝的心意。

窃以为这样的解释，或较王说更为通畅，而这样一来，《海昏侯纪》篇末"史臣曰"云云这段话，便不会是在暗示"东昏侯"与"海昏侯"的相似，同时它也无法说明在这两个名号之间存在着"类同"。

"海昏侯"一名当中的"海昏"两字绝不可能寓有恶意，还可以证之以东汉光武帝以此名称册封的别一人物。梁人沈约在《宋书》中讲述自己家族的渊源时谈到：

> （沈）谦子靖，济阴太守。靖子戎，字威卿，仕州为从事，说降剧贼尹良，汉光武嘉其功，封为海昏县侯，辞不受。因避地徙居会稽乌程县之余不乡，遂世家焉。[2]

东汉光武帝刘秀封授沈戎为海昏侯事，尚别见于《新唐书·宰相世系表》，文字虽略有差别而实质内容并没有两样：

---

[1]《梁书》卷三五《萧子显传》，页511。
[2]《宋书》卷一〇〇《自序传》，页2443—2444。

（沈）靖字文光，济阴太守。避王莽之难，隐居桐柏山。三子：勋、戎、台。戎字威卿，后汉光禄勋，以九江之从事降剧贼尹良，封为海昏侯。辞不就，徙居会稽之乌程。[①]

两相对比，可知《新唐书·宰相世系表》的纪事，别有来源（应是出自更早年代撰著的谱牒书籍），而不是简单转述《宋书》的内容，这可以进一步证实上述记载的可信性。

据此，光武帝在东汉初年，曾因沈戎降伏剧贼尹良之功而封授给他"海昏侯"的爵位，作为一种特别的恩典，绝不可能刻意采用具有贬损意味的地名，而当时去西汉未远，光武帝刘秀及其臣僚，自然清楚知悉"海昏"只是一个普通的地名，而不会别含贬义。

最后，让我们回到"海昏"二字本身的训诂问题上来。在海昏侯墓中，出土有一枚"海"字铜印，是存放在西藏椁中被考古发掘者称作"娱乐用具库"的地方。不管这枚铜印是用作何事，都显然是"海昏"的一种缩写形式。这也就意味着它不是用在正式的场合，只是一种很随意的自称，或是标记，是私下里的用法。假如"海昏"是汉宣帝强加在刘贺头上的侮辱性封号，那么，一般来说，在这种场合下，刘贺也就可以避而不提，改换其

[①] 《新唐书》（北京，中华书局，1975）卷七四上《宰相世系表》四上，页3146。案"光禄勋"原文作"先禄勋"，此据百衲本影印北宋嘉祐本《新唐书》（页39a）改。

图29 海昏侯墓出土"海"字铜印(左)

图30 海昏侯墓出土"大刘记印"玉印(右)

他称谓,譬如,采用与其"大刘记印"玉印中的"大刘"相类似的名目(案"大刘记印"出土于主椁室东室南部)[①]。

因此,从刘贺自己使用这样的"海"字印记,就可以在很大程度上证明,不管省称为"海",还是完整使用"海昏"二字,都不应该含有什么贬损的语义。

至此我们可以基本明确,"海昏"本来只是豫章郡境内的一个属县,沈约称沈戎受封"海昏县侯",就是对这一属性的清楚表述。

四　南藩海昏侯

尽管汉宣帝册封刘贺为海昏侯,是以清除霍氏家族的势力为背景和前提的,汉宣帝也已经稳稳地控制了局势,经过审慎的思考,才做出封授刘贺为侯的决定,但霍光以非常手段废黜刘贺帝

[①] 江西省文物考古研究所、首都博物馆编《五色炫曜——南昌汉代海昏侯国考古成果》,页125—127。

位的阴影,尚未全部消散。

由于这涉及汉宣帝登上帝位的合法性,汉宣帝对其仍不能完全放松看管。当初废黜刘贺帝位的时候,就有群臣奏言:"古者废放之人屏于远方,不及以政,请徙王贺汉中房陵县。"① 现在宣帝把刘贺的侯国选定在南荒豫章郡,显然就是遵循当时的想法,令其"不及以政"。

同时,刘贺受封为海昏侯时,还附加了一条大大的尾巴:由于刘贺属"天之所弃",故像他这样的"嚚顽放废之人,不宜得奉宗庙朝聘之礼",也就是再不得参与在刘家宗庙举行的祭祖等各项仪式②。

然而在海昏侯墓中,却出土有大量"酎金"。"酎金"的"酎",本来是一种酒的名称。盖汉廷在每年于"正月旦作酒,八月成,名曰酎。酎之言纯也",也就是朝廷指令人特制的一种纯酒。汉朝开国之初本来并没有"酎金"一事,待"至武帝时,因八月尝酎,会诸侯庙中,出金助祭,所谓酎金也"③。这里所说"诸侯",实际包括诸侯王和列侯,也就是说,"酎金"是穷兵黩武的汉武帝强行摊派给这些诸侯王和列侯的一项"苛捐杂税"④。

汉朝规定"诸侯、王岁以户口酎黄金于汉庙,皇帝临受献

---

① 《汉书》卷六八《霍光传》,页2946。
② 《汉书》卷六三《武五子传·昌邑王髆附子贺》,页2769。
③ 《汉书》卷五《景帝纪》唐颜师古注引曹魏张晏语,页137—138。
④ 宋王观国《学林》(北京,中华书局,1988)卷三"酎祭夺爵"条,页84—85。

金"①，即摊派"酎金"的数量因境内户口的多少而定等差，但皇帝已经派给你捐献的数目，不仅不能不出，而且贡献的金子成色要是稍有不足，也会遭到严厉的惩处。

例如，汉武帝元鼎五年（前112）九月，查得"列侯坐献黄金酎祭宗庙不如法"，仅这一次，处罚范围之广，惩治力度之重，即"夺爵者百六人"②，也就是总共有一〇六位列侯，被剥夺了爵位，成为西汉历史上的一件大事。尽管事出有因，只是"权一时之宜"③，但惩罚毕竟是很严重的。

虽然这种不能不承担的义务给各位诸侯王和列侯都带来很沉重的负担，甚至在一些特殊情况下，还会有很大风险，但这同时，也是一种权利。并不是哪一位王侯在什么时候都有资格来献上这些黄金。

海昏侯刘贺就被打入另册，剥夺了这种资格。由于刘贺不得"奉宗庙朝聘之礼"，也就无须在汉家皇帝于宗庙中朝会诸侯的时候，出上自己那一份"份子钱"，这实际上是取消了他亲赴宗庙祭拜祖先的身份，在一定意义上等同于取消了他作为刘氏子孙的身份，性质是很严重的。

从表面上看，对于刘贺来说，不去长安城里参与宗庙的祭祀活动，除了给自己省下很多金子之外，好像也没有什么特别的坏

---

① 《汉书》卷六《武帝纪》唐颜师古注引曹魏如淳语述《汉仪注》，页187。
② 《汉书》卷六《武帝纪》，页187。
③ 宋王观国《学林》卷三"酎祭夺爵"条，页84—85。

图31 海昏侯墓出土写有"南藩海昏侯臣贺元康三年"云云墨书铭文的金饼①

处,而且还可以免除路途的跋涉。从大江之南的豫章,北上中原,再西入关中,漫长的路途,并不是一件很轻松的事情。

再考虑到刘贺废处昌邑故宫时就已经罹患了很严重的痿病,腿脚很不灵便,每年走上这样一趟旅程,甚至可以说是一项很艰苦的事情。万一奉上的酎金成色稍有不足,说不定还会随时遭受"国除"的惩处。

不去也罢。被当朝皇帝摒除于太祖高皇帝后裔的圈子外,虽然不大好听,但并不妨碍刘贺在自己的侯国里养尊处优,寻欢作乐。真的是天高皇帝远,只要不触犯汉宣帝的忌讳,优哉游哉,不亦乐乎?

可是,我们不要忘记,公子哥儿刘贺的脑子,确实不大清醒。现在,在海昏侯墓中出土的一些金饼上,我们竟然看到了

---

① 江西省文物考古研究所、首都博物馆编《五色炫曜——南昌汉代海昏侯国考古成果》,页122。

图32 海昏侯墓出土写有"南藩海昏侯臣贺元康三年"云云墨书铭文的金饼局部

"南藩海昏侯臣贺元康三年"云云的墨书,这显示出刘贺在南迁豫章郡之后,依然幻想着有朝一日能够有机会重预宗庙之祭,随时准备献上这些酎金。这就未免令人诧异了。

前面已经谈到,汉宣帝封授刘贺以"海昏侯"的爵位,是要对他做出安抚,而不是通过褫夺其参与宗庙之祭的权利对他加以羞辱,因为像原来一样,把他圈在昌邑国宫里,同样没有在列祖列宗面前露脸的机会。

那么,汉宣帝做出这一决策的动机是什么?或者说,这样做有什么实质性意义吗？其实，其间的缘由，不难揣测，问题仍然出在刘贺废位悖理非法，而这又会影响到宣帝继位的正当性问题，所以，宣帝不得不防。

要是让刘贺像所有王侯一样，每年来京参与朝会祭祀，他就有机会和来自各地的王侯特别是刘氏子孙当面接触，言谈往来之间，王爷、侯爷们很容易看出，这是一位与他们很多人一样的普通公子哥儿，虽然不大着调，缺乏做好皇帝的素质，但也绝不是什么荒淫的君主。

这些情况，对于以前就与刘贺一道参与过类似朝会之礼的王侯来说，或许并不新鲜，但更重要的是，刘贺会有机会亲口向这些王侯们清楚讲述霍光发动宫廷政变的详悉情况，讲述霍光的专横和强暴。这样一来，他就会博得广泛的同情，甚至激起一些人的愤慨，自然就会产生不利于宣帝的舆论。现在把他逐放到江南的豫章，令其不再北返，也就彻底断绝了这个隐患。

头脑稍微明白一些的人，身处其中，不能不明白汉宣帝的心机，也就不会再多此一举，做出这样很犯忌讳的事。

关于这"南藩海昏侯臣贺"云云的文字，在已经公布的海昏侯墓考古发现中，据发掘者所言，在一些金饼和木牍（奏牍）上书都写有"南海海昏侯臣贺"等字样①。但中国社会科学院考古

---

① 早期的报道，从3月2日人民网对"江西南昌汉代海昏侯考古成果"新闻发布会的报道开始，相继见于多种新闻媒体，而比较庄重的出版物，则有江西省文物考古研究所、首都博物馆编《五色炫曜——南昌汉代海昏侯国考古成果》，页122、页192。

图33　海昏侯墓出土残木牍①

研究所的王仁湘随即指出,就木牍上的文字而言,因仅存左侧似属偏旁的笔画,根据右边的残存笔迹,复原出来,应为"南藩海昏侯"。这个"藩"字的写法,与马王堆帛书上的"藩"字并无二致②。

继此之后,中国社会科学院历史研究所的庄小霞,复又针对木牍上的墨书提出,"南海""南藩"都不如"南楚"更符合字形本身的结构,同时定作"南楚海昏侯"也更合理③。

在这种情况下,考察金饼上的"南藩海昏侯臣贺元康三年"

---

① 江西省文物考古研究所、首都博物馆编《五色炫曜——南昌汉代海昏侯国考古成果》,页192。
② 见新华社2016年3月24日专电《中国社科院考古所研究员:秦牍文字"南海海昏侯"应为"南藩海昏侯"》。
③ 庄小霞《"南海海昏侯"或应为"南楚海昏侯"——兼论刘贺之远封海昏》,发布于"简帛网"2016年4月5日 http://www.bsm.org.cn/show_article.php?id=2512。

云云墨书，首先需要辨析的是，对文字正确的释读，究竟是应该释作"南海""南楚"，还是"南藩"？

"南海海昏侯"之不符合情理，是因为海昏侯国既远离南方的大海，同时也与"南海"这一政区缺乏关联。

相关研究者已经谈到，虽然秦朝和汉武帝时期都设立有南海郡，但秦汉南海郡的辖境，都限至在以今广州为中心的岭南东部地区，与豫章郡内的海昏，相差遥远，更绝无统属关系，所以刘贺不会用这个南海郡来称谓自己的侯国。

除此之外，汉高祖十二年（前195），刘邦以"南武侯织亦粤（越）之世也，立以为南海王"[1]。此前一年，刘邦刚刚以赵佗实际控制的包括南海郡在内的秦岭南三郡之地，封授赵氏为南粤（越）王[2]。故如汉魏间人文颖等后世学者，或以为此南海王国系"遥夺佗一郡"，亦即以岭南之南海郡，虚封给南武侯织这个人，实际上"织未得王之"[3]。

不过，清人全祖望有弟子尝谓"但读诏文，则织当是无诸之族，盖亦必以功而封，岂竟无寸土而虚命之者"？这位弟子就此请教乃师，全氏答曰：

要之，无诸之族，则必其种落东与闽越相接，西与尉它

---

[1]《汉书》卷一下《高帝纪》下，页77。
[2]《汉书》卷一下《高帝纪》下，页73。
[3]《汉书》卷一下《高帝纪》下唐颜师古注引汉魏间人文颖语，页77—78。

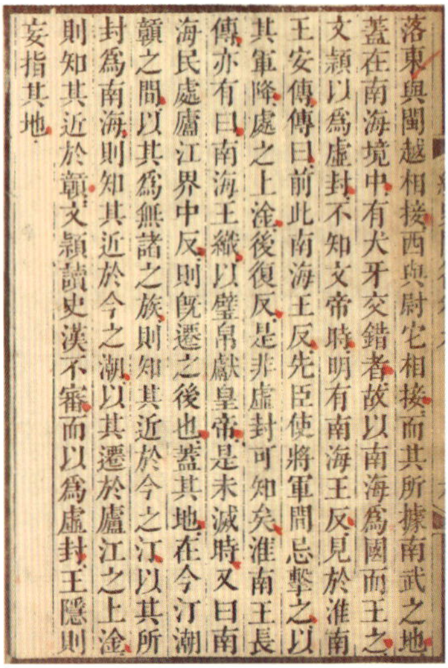
落東與閩越相接西與尉它相接而其所據南武之地
蓋在南海境中有犬牙交錯者故以南海爲國而王之
文穎以爲虛封不知文帝時明有南海王反見於淮南
王安傳傳曰前此南海王反先臣使將軍間忌擊之以
其軍降處之上淦後復反是非虛封可知矣淮南王長
傳亦有曰南海王織以璧帛獻皇帝是未滅時又曰南
海民處廬江界中反則旣遷之後也蓋其地在今汀潮
贛之間以其爲無諸之族則知其近於今之汀以其所
封爲南海則知其近於今之潮以其遷於廬江之上淦
則知其近於贛文穎讀史漢不審而以爲虛封王隱則
妄指其地

图34　清乾隆三十年万福杭州原刻本《经史问答》

（德勇案：即指赵佗）相接，而其所据南武之地，盖在南海境中有犬牙交错者，故以南海为国而王之。文颖以为虚封，不知文帝时明有南海王反，见于《淮南王安传》。《传》曰："前此南海王反，先臣使将军间忌击之，以其军降，处之上淦。后复反。"是非虚封可知矣。《淮南王长传》亦有曰"南海王织以璧帛献皇帝"，是未灭时；又曰"南海民处庐江界中反"，则既迁之后也。盖其地在今汀、潮、赣之间，以其为无诸之族，则知其近于今之汀；以其所封为南海，则知其近于今之潮；以其迁于庐江之上淦，则知其近于赣。文颖读《史》《汉》不审而以为虚封。[①]

① 清全祖望《经史问答》（清乾隆三十年万福杭州原刻本）卷九，页6a—6b。

无诸为闽越王,故全氏以为南海国的封地应当东与闽越故地相邻,南与赵佗控制的南越地域相接,是则其地必在今江西南部、福建西南部与广东北部之间地带。依据淮南王刘安在汉武帝时期的描述,其地多属谷深林密的山地①。若是用汉代的行政管辖区域来表示,则如周振鹤所云:"其地当在闽越、南越、淮南三国间。"②

又全祖望所说汉文帝时南海王反叛事,分别见于《汉书·淮南王长传》和《汉书·严助传》,而非《淮南王安传》,全氏记忆稍欠准确。以《汉书·淮南王长传》和《汉书·严助传》两相参证,可知此番南海王反叛,事在文帝之时③,而反叛平定之后,汉廷将南海王国故民或迁徙于庐江,或迁徙于上淦。

庐江为郡名,依据《汉书·地理志》载录的汉末数据编绘的《中国历史地图集》,绘制其辖界在长江以北,南与海昏侯国所在的豫章郡毗邻。而若依照周振鹤的研究,西汉初年的庐江郡,则位于大江以南,其南界大致在鄱阳与南昌之间④。上淦具体位置不详,但淦水经西汉豫章郡新淦县(今江西清江),东流汇入湖汉水⑤,亦即注入今之赣江,故依据地名命名通例和当地的地势与水流形势,应在新淦西侧不远的地方。若是依照周振鹤的看

---

① 《汉书》卷六四上《严助传》,页2778—2781。
② 周振鹤《西汉政区地理》引论第二节《西汉郡国建置沿革概述》,页11。
③ 《汉书》卷四四《淮南王传》,页2141;又卷六四上《严助传》,页2779。
④ 周振鹤《西汉政区地理》上篇第四章第三节《庐江国》,页48—51。
⑤ 《汉书》卷二八上《地理志》上唐颜师古注引东汉应劭语,页1593。

法,则上淦在西汉余汗县境内,而且庐江郡的东南边界也已南推至此地以南①。

不管怎样落实庐江的辖界和上淦的位置,其地都已经距离海昏侯国较近,甚至完全有可能覆盖海昏侯国所在的区域。从这两个地区都已经接受南海国遗民的情况来看,海昏侯国或亦同样安置有南海国移入的居民。这是海昏其地,最有可能与"南海"一名发生联系的因缘。

可是,这些迁入庐江、上淦及其毗邻地区的南海国属民,本来如上所述,实属"无诸之族",亦即闽越之人,《汉书》对此有清楚记载②。汉廷将其迁离故土,意在强化控制,故"南海"一名并无丝毫荣耀,刘贺即使头脑不够清醒,也不大可能将其冠加在自己侯国的名称之上。

王仁湘重新揣度木牍上墨书的文字,将其判读为"南藩",称"奏牍上的文字释读为'南藩海昏侯'比'南海海昏侯'更有说服力",同时以为"南藩即南方的藩国"。但这又带来一个新的问题,这就是就目前所见传世典籍的用例而言,西汉当时人是以"藩"字特指边地外夷等附属之国(如北边的匈奴和汉初岭南的南越国),或是本朝封授的诸侯王国,诸如海昏侯这样的区区"列侯之国"未尝预身其间,通常并不以"藩"相称,或是以"藩"自名;也就是说,按照当时人的一般习惯,刘贺在远封海

---

① 周振鹤《西汉政区地理》上篇第四章第三节《庐江国》,页49—50。
② 《汉书》卷六四上《严助传》,页2779。

图35 王仁湘复原的海昏侯墓出土残木牍

昏为侯之时，实际不具备称"藩"的资格。

庄小霞正是在清楚指出"以刘贺当时的身份和地位，应该是没有资格自称'南藩'"这一前提之下，才将木牍上的文字别释为"南楚海昏侯"。这样一来，"南楚"之称就非常契合司马迁所说"衡山、九江、江南、豫章、长沙是南楚也"这一地理方位[1]，其文义看起来要比"南海"或"南藩"都更为顺畅。

关于这一问题，首先需要明确，王仁湘和庄小霞的研究，都仅仅是针对木牍上的文字。这是因为从目前所公布的照片来看，

---

[1] 《史记》卷一二九《货殖列传》，页3956。

金饼上的文字，模糊不清，实在难以辨识。针对王仁湘释读木牍辨认出来的"南藩"，国家文物局派驻海昏侯墓考古专家组组长信立祥，后来在不止一种场合，进一步强调指出，金饼上的"南海海昏侯臣贺元康三年"云云字样，是依据四块金饼上的墨书拼凑起来的，而金饼上的文字毫无疑问是书作"南海"[①]。可是，是不是真的这样"毫无疑问"，我是深表怀疑的。因为这既难以解释"南海"这一地理名词的含义，同时又与木牍上残存的"南□"字迹的笔画，存在明显的抵牾。

对待各种古代的铭文，首先需要尊重其原本的写法。在此基础之上，才能展开解读。对于绝大多数无法直接接触海昏侯墓出土墨书金饼原件的"局外人"来说，通过已经公布的照片，既然根本无法辨识其文字写法，目前就只能暂且将其搁置不问，还是先单纯就木牍上残存的字迹，加以察看。

审读江西省文物考古研究所等编《五色炫曜——南昌汉代海昏侯国考古成果》一书中的照片，我是更加赞同王仁湘的见解，知其"南"下一字残画显示，这个字不会是"海"字，同时与庄小霞指认的"楚"字，也有很大差别，还是应当读为"藩"。

同时，海昏侯的"昏"字，原来的字形系写作"昬"，王仁湘所做的复原，也呈"昬"形，这正是因避忌唐太宗的名讳而改变字形之前的通行写法。后来东汉光武帝复封海昏侯国，在桓帝永寿

[①] 2016年4月7日下午，信立祥在北京大学做"陨落帝星的无奈哀荣"这一报告时，我当场听他讲述了这一情况和看法。

二年（156）底故世的大宦官中常侍、长乐太仆、吉成侯州辅墓碑的背阴题名，有“故海昬侯相谢杲”[1]。另外，西晋司马彪撰写的《续汉书》，流传至今的版本，就连中华书局的点校本，都还保留着“海昬”的写法[2]。

这些情况，显示出至少就刘贺这一侯国的正式名称而言，当时还是应该写作“海昬”。不过以“昏”代“昬”已经行世甚久，现在一般也就还是从俗写成“海昏”。

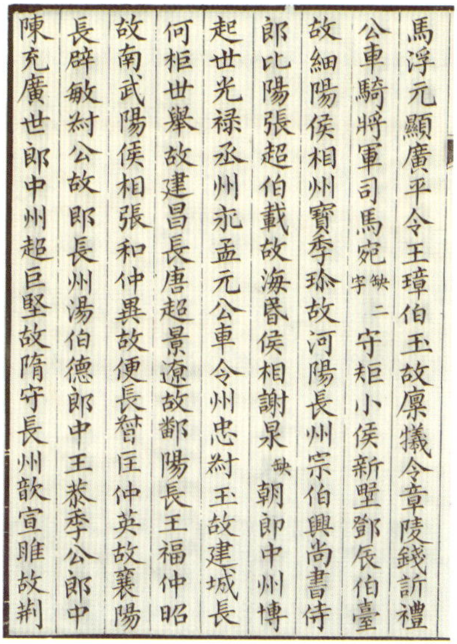
馬浮元顯廣平令王璋伯玉故廩犧令章陵錢訢禮
公車騎將軍司馬宛缺二字守柜小侯新野鄧辰伯臺
故細陽侯相州寶季琢故河陽長州宗伯興尚書侍
郎比陽張超伯載故海昬侯相謝杲缺朝郎中州博
起世光禄丞州亦孟元公車令州忠紂玉故建城長
何柜世舉故建昌長唐超景遼故鄱陽長王福仲昭
故南武陽侯相張和仲異故便長督匡仲英故襄陽
長辟敏紂公故郎長州湯伯德郎中王恭季公郎中
陳充廣世郎中州超巨堅故隋守長州歆宣雎故荊

图36　清同治十年洪氏晦木斋刻本《隶释》

① 宋洪适《隶释》卷一七“州辅碑阴”条，页16b。

② 晋司马彪《续汉书·郡国志》四，见《后汉书》志第二十二，页3491。

依据实际字形,将木牍上的文字读为"南藩海昏(昏)侯",就需要对这种不同寻常的用法,做出必要的解释①。

首先,汉代人行文,固然多以"藩"字用作"藩国",亦即周边附属的其他邦国,或是国内诸侯王国,但除了这种特指的情形之外,作为普通名词,"藩"字也还有自己独立的语义。

《诗》云:"价人维藩,大师维垣。大邦维屏,大宗维翰。怀德维宁,宗子维城。无俾城坏,无独斯畏。"自荀子起,即"以价人为士,大师为民",而"价人"意即善人,"大师"意即大众,再结合下文释作"群宗之子"的"宗子"②,刘贺以汉武帝嫡孙的身份,自有道理以皇室之"藩"相称。

我们看海昏侯墓中已经初步清理的很少一部分简书文字,其中就包含有《礼记》《论语》这样的儒家经典,可知在刘贺所受皇室教育当中,自宜包括《诗经》在内。实则昌邑王师王式本已明言:"臣以《诗》三百五篇朝夕授王。"③而且其郎中令王遂在劝谏刘贺时,还讲过"大王诵《诗》三百五篇"这样的话④。对

---

① 案尽管木牍上"南藩海昏(昏)侯"的"南"字结构稍显特别,与西汉时期常见的写法有所差异,以后随着海昏侯墓中其他铭文和简牍材料的公布才能做出更为明晰的判读,但考古发掘者后来在中央电视台的"探索·发现"节目中,又称金饼上的墨书确为"南藩"而不是"南海",这样两方面的文字相互印证,还是读作"南藩"要更为符合其本来面目。
② 清陈奂《诗毛氏传疏》(清道光二十七年吴门南园扫叶山庄陈氏刻本)卷二四《大雅·生民之什·板》,页46a—47a。
③ 《汉书》卷八八《儒林传·王式》,页3610。
④ 《汉书》卷六三《武五子传·昌邑王髆附子贺》,页2776。

比汉宣帝刘病已自幼生长于民间，尚且得以"师受《诗》《论语》《孝经》"①，尤其是《汉书·宣帝纪》特别强调他"受《诗》于东海澓中翁"的情况②，更容易理解《诗经》在皇室教育中的普遍性和重要性，从而可知刘贺可能会很自然地做出这样的理解和表述。

至于庄小霞在文中提出的"刘贺封为海昏侯的所在之地海昏县并非处于边境"，因而从地理位置上似乎也不宜以"南藩"称之的问题，我想也可以再加斟酌。

前面已经谈到，汉宣帝册封刘贺为海昏侯，就是本着将"废放之人屏于远方"的意图，令其"不及以政"。基于这一政治意图，海昏侯国所在的位置，自应处于边荒僻地。

我们看海昏侯国所在的豫章郡，在西汉后期，其辖地几乎相当于今江西省全境。据葛剑雄基于《汉书·地理志》所做推算，直到西汉末年，其全郡平均人口密度，每平方公里仅有2.12人③。地广人稀，好多地方还是一派原始的自然景观。实际上汉代的人口，从汉宣帝时期到《汉书·地理志》记载的西汉末年，已经有了很大幅度的增长。

例如昌邑国改为山阳郡之后，在宣帝元康年间（前65—前

---

① 《汉书》卷六八《霍光传》，页2947。
② 《汉书》卷八《宣帝纪》，页336—337。
③ 葛剑雄《西汉人口地理》（北京，人民出版社，1986）第二篇第六章第二节《人口分布图和人口密度表及其说明》，页98；又所附插页《西汉元始二年人口分布图》《西汉元始二年人口密度图》。

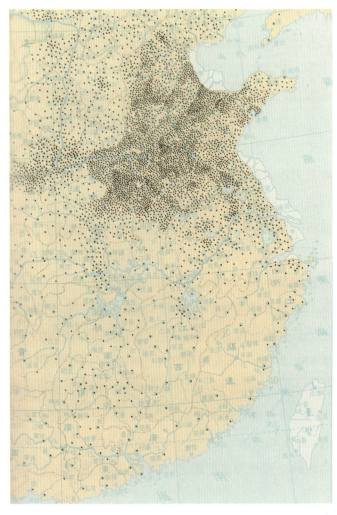

图37　西汉东部部分地区元始二年人口数量分布图

（图中每个黑点表示1万人，取自程光裕等主编《中国历史地图》[1]）

---

[1] 程光裕、徐圣谟主编《中国历史地图》（台北，中国文化大学出版部，1980）下册《西汉人口分布图》，页59—60。

62）前后，有"户九万三千，口五十万以上"①，而在《汉书·地理志》中载述的西汉末年户口数字，为"户十七万二千八百四十七，口八十万一千二百八十八"②，增长趋势明显。由此推论豫章郡的人口，当刘贺受封为海昏侯之际，自当更为稀疏。

另外，透过属县的分布情况，还可以看出，其人口之稀疏，以及开发之微弱而不足称道，是愈南愈甚。

在豫章郡的东面，为闽越、东瓯人聚居区，南面为南越人聚居区，自属蛮夷之地。今浙江南部的"东瓯"和今福建地区的"闽越"，在西汉都隶属于会稽郡管辖。西汉在会稽郡设有一"东部都尉"③，扬雄《解嘲》称道大汉天下"东南一尉，西北一侯"，曹魏孟康释"东南一尉"即此"会稽东部都尉也"④。控制着东瓯和闽越这一广大区域的东部都尉，虽然在形式上还隶属于会稽郡下，但如《汉书·冯奉世传》如淳注引《汉注》所云："边郡置都尉及千人、司马，皆不治民。"⑤从而可知这一东部都尉的实际功能，只是用以"镇抚二越"⑥，亦即管控东瓯和闽越。治理方式如此特殊，就是基于其主体居民的蛮夷属性。

---

① 《汉书》卷七六《张敞传》，页3219。
② 《汉书》卷二八上《地理志》上，页1570。
③ 《汉书》卷二八上《地理志》上，页1591。清洪颐煊《读书丛录》（清道光二年广东富文斋刻本）卷二一"会稽东部都尉"条，页13b—14a。宋李昉等《太平御览》卷一七一《州郡部·江南道》下，页833。
④ 《汉书》卷八七下《扬雄传》下，页3568—3569。
⑤ 《汉书》卷七九《冯奉世传》唐颜师古注引如淳语，页3302。
⑥ 宋李昉等《太平御览》卷二四一《职官部·都尉》引《临海记》，页1144。

至于秦末汉初南越国所在的岭南地区，更是终汉之世，一直在北出南岭的通道上设有关口，如南海郡北部的湟浦关、苍梧郡北部的谢沐关①，就是如此。这显示出朝廷对南北往来的限制，以及岭南地区的特殊性。这同样与其蛮方夷族之区的属性具有密切关系，即如南越王赵佗致书汉文帝，便径以"蛮夷大长老夫臣佗"自称②。

正是因为如此，在西汉初年分封诸侯王国的时候，称各个诸侯藩国分别列置于汉廷直属诸郡的北、东、南几个方面，"周匝三周，外接胡越"③，即把邻接胡越作为藩封之国的一项重要标志。具体到海昏侯国所在的豫章郡，它在秦楚之际和西汉初年，本来是淮南王国的辖地④，亦即旧属南藩之国。

明了汉、越诸族上述分布形势，就很容易理解，刘贺身居豫章之郡，自可类比旧日成规，把自己的侯国模拟为限阻蛮夷的藩屏。

再说西汉时人所说藩国，未必一定要濒临汉朝的国界。例如，淮南王刘安，其封国不过九江一郡，地处江淮之间，尚在豫

---

① 《汉书》卷二八下《地理志》下，页1628—1629。案今本《汉书·地理志》在南海郡中宿县下载"有湟浦官"，《说文解字》（北京，北京图书馆出版社，2004，《中华再造善本》丛书影印国家图书馆藏宋刻元修本）卷一一"湟"字下（页2a）等载有湟浦关，清王念孙《读书杂志》（北京，中国书店，1985）之《汉书》第六"汇"条（页101—102）以为《汉书·地理志》之"湟浦官"即"湟浦关"之讹，所说应是。

② 《史记》卷一一三《南越列传》，页3596。

③ 《汉书》卷一四《诸侯王表》，页394。

④ 周振鹤《西汉政区地理》第四章第一节《英布、刘长之淮南国》，页46。

章郡之北很远,且东面距海,还间隔有广陵,而刘安就对汉武帝称"幸得为陛下守藩,以身为扞蔽"①。又如中山靖王刘胜,封国仅有常山郡东部,绝不毗邻任何边地,而刘胜其人亦以"东藩"自居②。

最后,关于"南藩海昏侯"这一自称,我们还必须注意到一点,这就是如同前面第四章所述,刘贺其人,本来就以"清狂不惠"著称,思维和行事都存在明显的缺陷,不宜完全按照正常人的通行做法,来判断这一称谓是否得当。

即以金饼上的墨书文字而言,前面已经谈到,本来在封授他为海昏侯的时候,朝廷已经明确宣布,像他这样的"嚚顽放废之人,不宜得奉宗庙朝聘之礼",而褫夺其参与宗庙祭祀权利的目的,是不让他有机会与各地王侯直接接触。然而金饼上墨书的"南藩海昏侯臣贺元康三年"云云字样,却显示出这些金饼正是刘贺准备献给宗庙祭祀的酎金,这就纯属不明世事的痴心妄想了。

不过,让我们来看看他受封为海昏侯后,由食邑四千户而招致"削户三千"的缘由,就完全可以理解,对于刘贺来说,弄出这些"酎金"并书写"南藩海昏侯"云云,是很正常的事情:

> 贺就国豫章。数年,扬州刺史柯奏贺与故太守卒史孙万世交通,万世问贺:"前见废时,何不坚守毋出宫,斩大将

---

① 《汉书》卷六四上《严助传》,页2785。
② 《汉书》卷五三上《中山靖王胜传》,页2424。

军，而听人夺玺绶乎？"贺曰："然，失之。"万世又以贺且王豫章，不久为列侯。贺曰："且然，非所宜言。"有司案验，请逮捕。制曰："削户三千。"①

南朝刘宋时人雷次宗，于宋文帝元嘉六年（429）撰有一部《豫章记》，书中述及海昏县城在昌邑"城东十三里，县列江边。名慨口，出豫章大江之口也。昌邑王每乘流东望，辄愤慨而还，故谓之慨口"②。这里所说刘贺来到豫章海昏之地以后，"每乘流东望，辄愤慨而还"，当然有很多传说的成分，但当地能够有这样的故事流传，就应该与刘贺这种浑然不明事理的心态具有直接关系③。既然还存有恢复诸侯王身份并在豫章郡受封建国的非分之想，其意图重新参与宗庙朝聘之礼，自然不足为怪。

头脑憨傻到如此程度，若是使用正常人通常不会采用的"南藩"一称，似乎也是合情合理的事情。虽然有些傻，但我们还是要尊重他自己认定的身份和他自己的写法。

存此痴心妄想的刘贺，更不会想到，在他死亡之后，海昏侯国也遭遇了"国除"的惩处。

---

① 《汉书》卷六三《武五子传·昌邑王髆附子贺》，页2769—2770。
② 晋司马彪《续汉书·郡国志》四梁刘昭注引《豫章记》，见《后汉书》志第二十二，页3491—3492。
③ 案清洪亮吉《四史发伏》（清光绪八年小石山房刻本）卷六《汉书》（页3b）曾就此评说说，"此则贺徙封海昏后尚然，先在昌邑，必非安于废谪者可知，故遭宣帝之忌"。

图38　海昏侯墓出土伎乐木俑①

汉宣帝神爵三年（前59），命运多舛的海昏侯刘贺，走到了生命的终点②。这一年，他的年龄大概在33岁到34岁之间③。

---

① 江西省文物考古研究所、首都博物馆编《五色炫曜——南昌汉代海昏侯国考古成果》，页178。
② 《汉书》卷一五下《王子侯表》下，页493；又卷六三《武五子传·昌邑王髆附子贺》，页2769—2770。
③ 案据首席记者徐蕾在2016年5月10日《南昌日报》上以《解密海昏侯棺内文物》为题所做的报道，国家文物局驻南昌西汉海昏侯墓专家组成员、中国社科院考古研究所研究员李存信向她介绍说："让我们惊讶的是，从刘贺的食道、前胸一直到胃部都出现了若干粒香瓜子，可以说是线性连贯的，目前我们也不能解释为什么香瓜子出现的痕迹如此奇特，到底是刘贺去世前食用过香瓜，还是别的情况，目前还需要进一步分析。"假如这是墓主生前食用香瓜而留存下来的瓜子的话，那么，刘贺应当逝世于香瓜成熟的夏秋季节。

像刘贺这样的列侯，也就是汉武帝之前所说的"彻侯"，按照汉朝的通制："疾死置后者，彻侯后子为彻侯。"①因而在正常情况下，当然要由他的儿子来继承侯位。

《汉书·昌邑王传》记述刘贺去世后史事云：

> 豫章太守廖奏言："舜封象于有鼻，死不为置后，以为暴乱之人不宜为太祖。海昏侯贺死，上当为后者子充国；充国死，复上弟奉亲；奉亲复死，是天绝之也。陛下圣仁，于贺甚厚，虽舜于象无以加也。宜以礼绝贺，以奉天意。愿下有司议。"议皆以为不宜为立嗣，国除。②

这位豫章太守固然是在奉迎上意，但刘贺的两个儿子刘充国和刘奉亲紧随其后，相继离世，似乎有些离奇，这也很容易让人心生疑窦。

然而揣度当时的政治形势，在这当中倒不会有什么政治阴谋，更有可能是这一家子几口人同时感染了某种比较严重的流行性疾病。考古工作者在刘贺遗体的腹部，发现有香瓜子存在，这反映出他逝世的时候，应该是在夏季香瓜成熟的季节，而在这样的季节，传染性疾病更容易迅速扩散。

---

① 张家山二四七号汉墓竹简整理小组《张家山汉墓竹简》之《二年律令·置后律》，图版，页37，释文注释，页182。
② 《汉书》卷六三《武五子传·昌邑王髆附子贺》，页2770。

刘贺父子，若真的是感染传染病而死，这真的犹如天弃其人，无可奈何了。希望考古工作者在后续的清理工作中，能够对此有所关注，或许能够发现一些相关的痕迹，以做出进一步的判断。

第七章　带走的财富

海昏侯墓出土的黄金制品、铜钱、玉器、漆器、铜器等各类物品,数额巨大,种类丰富,给人们留下强烈的富豪印象。于是有些学者由这些陪葬品出发,并结合江南其他一些地区出土的西汉文物等,对江南在西汉时期的开发程度和经济发展水平,得出了不同于历史文献记载的看法,以为其地区开发的深度和经济的富庶程度都达到了一个很高的水平。

对待这一问题,我认为,还是应当相信《史记》《汉书》等基本传世文献的记载。

关于这一点,司马迁在《史记·货殖列传》中,曾经做过一个概括的描述:

楚越之地,地广人希,饭稻羹鱼,或火耕而水耨,果隋嬴蛤,不待贾而足,地埶饶食,无饥馑之患,以故呰窳偷生,无积聚而多贫。是故江淮以南,无冻饿之人,亦无千金之家。①

我想,这应该是对西汉中期楚、越等江南地区经济开发状况很好的总结,当然也包括西汉豫章郡地区。在司马迁眼前呈现的这样一番景象,并不妨碍诸如楚、越等国的王室贵族,会拥有技艺高超的手工业制品,也不影响在个别农业生产条件较好的区域,能够生产少量高质量的农业产品。这是对一个大区域内总体生产水平和经济发达程度的评价。

具体到海昏侯墓室陪葬物品的产地,是一个非常复杂的问题。严格地说,我们今天看到的丰富陪葬品,首先是由于这座墓葬基本没有受到盗掘,从而陪葬物品保存完好使然,并不意味其陪葬物品就一定要比其他西汉列侯墓葬更为丰厚。

同时,由于海昏侯的特殊经历,下葬前又已遭除国,不再有后嗣继承侯位,这对其陪葬物品之多,或许也有影响。这些因素,都还有待进一步研究。

尽管如此,就目前所见到的情况而言,海昏侯刘贺的从葬物品,终归是相当丰厚的。这些物品若非朝廷赐予②,就只能是在

---

① 《史记》卷一二九《货殖列传》,页3968。
② 案西汉朝廷经常会给诸侯王、列侯赏赐黄金、铜钱等财物,刘髆、刘贺这两代昌邑王以及刘贺受封海昏侯以后,都有可能直接接受朝廷的赐予。至少海昏侯墓出土马蹄金和麟趾金,最可能出自朝廷赏赐。盖《汉书》卷六《武帝纪》(页206)记载:"(太始)二年……三月,诏曰:'有司议曰,往者朕郊见上帝,西登陇首,获白麟以馈宗庙,渥洼水出天马,泰山见黄金,宜改故名。今更黄

图39　海昏侯墓马蹄金、麟趾金出土现场[①]

（接上页）金为麟趾、褭蹄以协瑞焉。'因以班赐诸侯王。"对此，东汉应劭释曰："获白麟，有马瑞，故改铸黄金如麟趾、褭蹄以协嘉祉也。古有骏马名要褭，赤喙黑身，一日行万五千里也。"唐人颜师古注云："既云宜改故名，又曰更黄金为麟趾、褭蹄，是则旧金虽以斤两为名，而官有常形制，亦由（犹）今时吉字金挺之类矣。武帝欲表祥瑞，故普改铸为麟足、马蹄之形以易旧法耳。今人往往于地中得马蹄金，金甚精好，而形制巧妙。"其中"麟趾"应即今考古工作者所称"麟趾金"，"褭蹄"应即颜师古所说以及今考古发现之所谓"马蹄金"。

① 江西省文物考古研究所、首都博物馆编《五色炫曜——南昌汉代海昏侯国考古成果》，页118。

当地取得，或是从昌邑故国带来。

就后两种可能而言，我认为从昌邑国带来的财富，在海昏侯在世生活的用品和死后陪葬的物品之中，恐怕都占据着更为重要的位置。原因就是当地的生产水平要比昌邑国低下很多。譬如，关于海昏侯墓中出土的大量黄金，虽然《史记·货殖列传》记载"豫章出黄金"，但同时也清楚地说明："然堇堇物之所有，取之不足以更费。"① 亦即若是特地开采，往往得不偿失，因而刘贺恐怕也不大可能从当地采取黄金，墓中的各类黄金制品，主要还是来自昌邑故国。

下面，就从历史经济地理角度，分析一下昌邑故国所具有的优势。

一 天下之中

在司马迁的《史记》当中，其最后一篇纪事，也就是包括《太史公自序》在内的全书倒数第二篇，名为《货殖列传》。

《货殖列传》的形式有些特殊，虽然在前面也讲了一些发家致富的代表性人物，但更多的篇幅，是讲春秋战国以迄汉武帝时期全国各地区域地理的特征和重要的经济都会，而且在记述人物时，同样非常重视反映这方面的情况。用现代的术语讲，这些内容犹如一篇区域地理志。例如，上面刚刚举述的对江南区域经济

---

① 《史记》卷一二九《货殖列传》，页3956。

总体水平的概括和描述，就是如此。

在记述范蠡泛舟江湖以贸易通商的情况时，司马迁在《货殖列传》中谈到了范蠡居陶的史事：

> （范蠡）之陶，为朱公。朱公以为陶天下之中，诸侯四通，货物所交易也。乃治产积居，与时逐而不责于人。故善治生者，能择人而任时。十九年之中三致千金，再分散与贫交疏昆弟。此所谓富好行其德者也。后年衰老而听子孙，子孙修业而息之，遂至巨万。故言富者皆称陶朱公。①

上述记载，非常重要。1958年，史念海发表《释"陶为天下之中"兼论战国时代的经济都会》一文，专门阐释陶这一都邑在战国时期的经济地理地位。

这是中国历史地理研究领域一篇经典性名作。这篇文章主要是从交通地理角度，对陶这一都邑在战国时期得以繁荣的独特区位优势，做了系统的阐发②。

首先，陶这个地方，位于战国时期魏国东迁以后的区域之内，而魏国之所以会放弃富庶的晋西南汾涑流域，把都城转迁到这一地区的大梁，是因为这一地带的富庶程度，至少不在河东旧

---

① 《史记》卷一二九《货殖列传》，页3953—3954。
② 史念海《释"陶为天下之中"兼论战国时代的经济都会》，刊《人文杂志》1958年第2期，此据作者文集《河山集》（北京，生活·读书·新知三联书店，1963），页110—130。

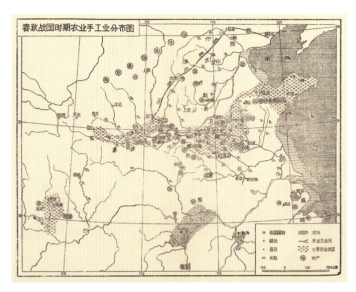

图40 史念海编制《春秋战国时期农业手工业分布图》

都之下。

《战国策》载苏秦为赵之合纵说魏王语云：

> 地方千里，地名虽小，然而庐田庑舍，曾无所刍牧牛马之地，人民之众，车马之多，日夜行不休已，无以异于三军之众。臣窃料之，大王之国，不下于楚。[1]

在以农业经济为基础的古代，人是最重要的生产力。多一个人，

---

[1] 《战国策》（北京，北京图书馆，2002，《中华再造善本》丛书影印国家图书馆藏宋绍兴刻本）卷二二《魏策》一，页4a—4b。

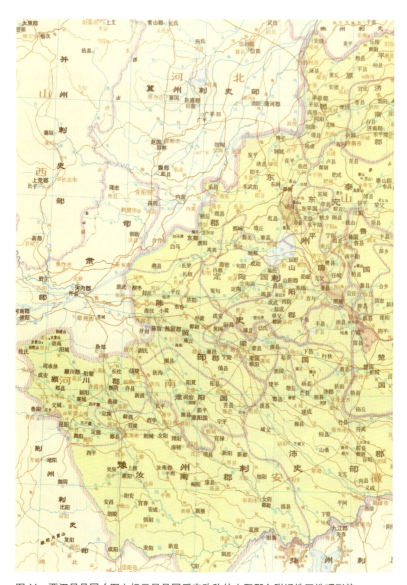

图41　西汉昌邑国（图上标示昌邑国后来改称的山阳郡）附近地区地理形势
（取自谭其骧主编《中国历史地图集》）

就意味着增加一分财富。所以,史念海就此论述说,从中"可见魏国的富庶和农业的发展"。这里与地广人稀的豫章郡,正形成鲜明对照。

除了优越的农业生产条件之外,在交通地理位置方面,陶还有更为独特的地理优势。

古时这一带有一条很小的河流,称作"菏水"。"菏水"曾见于《尚书·禹贡》的记载,这就是后世通行本《禹贡》在讲徐州("海岱及淮惟徐州")贡道时所讲的"浮于淮泗达于河",其中的"河"字,实际上指的不是今天称作黄河的"河水",而应该是在讲这条以"菏水"为名的水道。通观清代以来的各项研究,《禹贡》这句话,实际应该订正为"浮于淮泗通于菏"。这条菏水,上源承自菏泽,故亦称"菏泽水"[1]。

菏水上源所出的菏泽,在巨野泽的西南方,临近定陶。实际上与巨野泽一样,菏泽也是在济水(沛水)河道上潴出的湖泊,不过水面较巨野泽要小很多。

菏水从菏泽流出后,向东,注入泗水上游河段。泗水上游,有两条支流:一条是菏水注入的水道,称作泗水;另一条,是沂水。这两大上游河流,在秦汉下邳县附近,合而为一,汇合后亦称作泗水。也就是说,泗水是干流,沂水则是泗水左岸的一大支流。

这样,我们就能看出这条小小菏水的重大作用和它的性质了:它是沟通黄河(河水)和淮河(淮水)水系的一条人工渠

---

[1] 清成蓉镜《禹贡班义疏》(清光绪十一年夏原刻本),卷上,页23b—24b。

道。据《国语》记载,菏水的具体开凿时间,应当是春秋末期鲁哀公十一年(前484)。当时吴王夫差为争霸于中原,遂"起师北征,阙为深沟于商鲁之间,北属之沂,西属之济"①。

对于北面的黄河来说,菏水的上源济水(沸水)是从黄河干流分出的汊流。连通了济水,也就等于连接了黄河航道。对于南面的淮水来说,情况更为简单,因为泗水就是淮河左岸的支流。

作为一条水上航道,菏水的重要性,还远不止于此。通过黄河水道,不仅能够和黄河中游一些地区(诸如洛阳)直接联系,而且还可以通过后来战国时期开凿的鸿沟,向其两岸地区以及鸿沟水系内其他水道辐射,沟通中原很大一片富庶的区域。其西南侧,甚至可以一直连通汝水航道,进而改行陆路,接通与南阳盆地及其以南的江汉平原等地的交通运输联系②。而沿菏水进入淮水之后,不仅直接连通这个淮水流域的各大支流,而且还可以由此进一步南下,接通与长江航道的联系。这是因为在春秋末年,吴国就在江淮之间开凿出了著名的邗沟,长江和淮河两大水系,业已通航在先③。

战国时张仪为秦连横说魏王,曾描述魏国形势是"地四平,

---

① 《国语》(民国,商务印书馆,《四部丛刊初编》影印明金李刊本)卷一九《吴语》,页6b。
② 别详拙文《北京大学藏秦水陆里程简册初步研究》,原刊李学勤主编《出土文献》第四辑(2013),此据敝人文集《石室賸言》,页195—205。
③ 晋杜预《春秋经传集解》(上海,商务印书馆,洋装纸皮缩印《四部丛刊初编》影印玉田蒋氏藏宋刊本)卷二九哀公九年,页255。

诸侯四通，条达辐辏"①，而上述情况表明，陶至少是四方诸侯之国"条达辐辏"于魏地的中心之一。

那么，陶在地理位置上的这些优越性，又与昌邑国具有什么关系呢？——陶在西汉称作定陶，昌邑国就在陶的东面，与之密迩相邻，而且昌邑国首县昌邑县，就设在菏水岸边，同样可以利用这条水道的航运，连通四面八方。也就是说，昌邑几乎可以尽享陶作为天下之中所据有的所有地理优势，从事商业贸易，流通交换物品。

司马迁在《史记·货殖列传》中记述当时各种主要产业，每以农、虞、工、商并称，谓世上生民"被服饮食奉生送死之具"，类皆"待农而食之，虞而出之，工而成之，商而通之"②。所谓"虞"的职事，在这里应该是统指获取各种自然的物产，或者人工养殖种植农副产品，其中包括各种手工业原料和可以直接用于衣食住行的物产。

在这一方面，像巨野泽这样的湖泽，在其水域和周边很大范围之内，恰恰就是这些物产最为重要，同时也最为集中的产地。例如，汉朝人称若是拥有"泽中千足彘，水居千石鱼波（陂）"，则"其人皆与千户侯等"③，过上养尊处优的富贵生活。在春秋战国以至秦汉时期，巨野泽是黄河下游地区的第一大湖泊。昌邑国

---

① 《战国策》卷二二《魏策》一，页5a。
② 《史记》卷一二九《货殖列传》，页3950。
③ 《汉书》卷九一《货殖传》，页3686。

境内巨野泽的存在，也是一大地理优势。

此外，在手工业生产方面，《汉书·地理志》记载在山阳郡（这也就是昌邑国的境域），设置"有铁官"①，说明这里是重要的铁和铁器的生产加工地点。在当时，这自然是一项非常重要的物产。

在冶铁业之外，这里还很可能是一处重要的铜器产地。战国时齐国的货币，有著名的刀币"安阳之法化"。关于"安阳之法化"的产地，众说纷纭，迄无定论。昌邑国东部有一聚邑名为"安阳"，在巨野泽东侧（详下文），地当交通要冲，曾长期隶属于齐国，"安阳之法化"也有可能就是在这里生产的。假如这一点能够得到进一步确认，那么，这里的铜器铸造，或与冶铁业同样发达②，而铸造货币，更有利于当地的商业贸易。

二　午道上的安阳

史念海在论述"陶为天下之中"这一地位时指出，陶不仅是一个水路交通枢纽，同时也是陆上交通中心。

《释"陶为天下之中"兼论战国时代的经济都会》一文提到，战国时有一条闻名一时的"午道"，同样也是从陶这里通过。

根据《战国策》和《史记》记载的情况，所谓"午道"，与

---

① 《汉书》卷二八上《地理志》上，页1570。
② 别详拙文《巨鹿之战地理新解》，原刊《历史地理》第十四辑（1998），后收入敝人文集《历史的空间与空间的历史》（北京，北京师范大学出版社，2005），页77—79。

赵、魏、齐等国都有密切关系,而且东汉人郑玄曾解释说,乃一纵一横谓之"午道"。史念海在分析相关情况后指出:"就当时的情形来研究,这一纵一横的地方当是指陶而言。因为济水、菏水分流正是一纵一横。……由当时的交通情形来说,以陶为午道是可能的。"①注意到午道问题,非常重要,但是否可以把"午道"之一纵一横的交叉点定在陶地,似乎还可以进一步斟酌。

关于郑玄对"午道"语义的解释,史念海依据的材料,出自唐人司马贞的《史记索隐》。司马贞的原话,是说"郑玄云'一纵一横为午',谓交道也"②。我理解,这实际上是就"午"字早期略近于后世"十"字的字形而言,"午道"犹言其平面形态类如十字交叉的通道。

准此衡量,首先,从济水滩出的湖泊——菏泽所分出的菏水,它与济水之间所构成的平面形态,略近似于"丁"字形状,而不是"午"或"十"字。

其次,尽管吴王夫差开通菏水这条人工渠道,可以沟通航运,但在北方中原地区,就其常年各个季节而言,最主要的交通运输形式,主要还是陆路;特别是大规模军事行动,在调动军队时,几乎无一例外,都是通过路上行军。

鉴于目前所看到的有关"午道"的记载,涉及的都是军队的

---

① 史念海《释"陶为天下之中"兼论战国时代的经济都会》,据作者文集《河山集》,页118—119。
② 《史记》卷七〇《张仪列传》唐司马贞《索隐》,页2790。

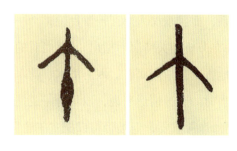

图42 金文"午"字

大规模进发。因此,探讨这一问题,还是首先要从陆上交通着眼,这样做才更为稳妥。

关于这条"午道"的记载,仅见于《战国策》以及据此写成的《史记》相关传记之中。下面,我们就来重新分析一下这些记载。

《战国策》载苏秦说赵王合纵,尝有语曰:

> 故窃为大王计,莫如一韩、魏、齐、楚、燕、赵,六国从亲,以傧畔秦,令天下之将相,相与会于洹水之上,通质刑白马以盟之,约曰:秦攻楚,齐、魏各出锐师以佐之,韩绝食道,赵涉河、漳,燕守常山之北;秦攻韩、魏,则楚绝其后,齐出锐师以佐之,赵涉河、漳,燕守云中;秦攻齐,则楚绝其后,韩守成皋,魏塞午道,赵涉河、漳、博关,燕出锐师以佐之;秦攻燕,则赵守常山,楚军武关,齐涉渤海,韩、魏出锐师以佐之;秦攻赵,则韩军宜阳,楚军武关,魏军河外,齐涉渤海,燕出锐师以佐之。诸侯有先背约者,五国共伐之。六国从亲以摈秦,秦必不敢出兵于函谷

关以害山东矣。如是，则伯业成矣。①

另一方面，在张仪为与秦连横而游说赵王的说辞中，也提到了这条"午道"：

> 今秦发三将军，一军塞午道，告齐，使兴师度清河，军于邯郸之东；一军军于成皋，欧韩、魏而军于河外；一军军于渑池。约曰："四国为一以攻赵，破赵而四分其地。"是故不敢匿意隐情，先以闻于左右。臣切为大王计，莫如与秦遇于渑池，面相见而身相结也。②

看上面这两条记载，知"午道"应与赵、魏、齐三国的安危，具有比较密切的关系。《史记·张仪列传》迻录后一段《战国策》的内容，唐人司马贞释之曰："此午道当在赵之东、齐之西也。"③这样的解释，固然大致不误，但似乎还不够清晰。

若谓午道必在赵之东、齐之西，则何以还会特别有"魏塞午道"一说？同时，张仪说赵王时，也只是说秦军"塞午道"，而不是由赵或齐军来阻塞这条"午道"。又苏秦说赵王时所说在秦军攻齐而"魏塞午道"的同时，赵军尚且"涉河、漳、博关"，

---

① 《战国策》卷一九《赵策》二，页3a—3b。
② 《战国策》卷一九《赵策》二，页6a—6b。
③ 《史记》卷七〇《张仪列传》唐司马贞《索隐》，页2790。

唐人张守节谓此博关在唐博州①,位置应与司马贞所说"午道"非常接近,也就是同属赵之东、齐之西这一地域范围之内。由于苏秦是就大的地理形势发表议论,因而"午道"的实际位置,似应在更南面一些魏国的境内(例如史念海所说的陶),至少应与魏国更为接近。

涉及"午道"的战国史事,尚有《史记·楚世家》载楚有"好以弱弓微缴加归雁之上者",在楚顷襄王十八年(前281),应答顷襄王的询问,乃分别以"朝射东莒,夕发浿丘,夜加即墨,顾据午道",来表示齐国的四境。

即墨在齐国东北,东莒则是表示齐国东南。浿丘,南朝刘宋时人徐广以为"在清河"②,《汉书·地理志》记载清河郡下辖有贝丘县,为都尉治所③,显示出其地理位置的重要。西汉的贝丘,位于河水西岸,距离黄河不远,而在楚顷襄王与好弱弓微缴者对答之前三年,燕将乐毅率燕、秦、韩、赵、魏五国之兵,合纵伐齐,刚刚使得齐国失去了在河水西岸的土地,此前则齐在黄河西岸"摧三晋于观津"④,观津为西汉信都国属县⑤,即与贝丘附近地区一样,属于齐国当时在西北的边界地带。故《楚世家》所记浿

---

① 《史记》卷七〇《张仪列传》唐张守节《正义》,页2788—2789。
② 《史记》卷四〇《楚世家》并刘宋裴骃《集解》,页2084—2087。
③ 《汉书》卷二八上《地理志》上,页1577。
④ 《史记》卷三四《燕召公世家》,页1885;又卷八〇《乐毅列传》并唐司马贞《索隐》,页2946—2947。
⑤ 《汉书》卷二八下《地理志》下,页1633。

丘当与贝丘同属一地，这位楚人不过是出于习惯，使用三年前刚刚易主的原齐国西北地区的代表性地点，来指称齐国的疆域。这样一来，所谓"午道"，最有可能通过位于齐国西南部的边界地带。

如前所述，在战国时，陶曾一度成为"天下之中"。因而，经由函谷关而东西方向横亘的交通大干道，必然要从洛阳向东延伸，途经大梁，而抵达于陶。过了陶，再向东稍行，就是后来昌邑国的首县昌邑县。

若是由此昌邑进一步向东，受鲁中山地高低起伏变化的影响，而且山间河流如泗水、沂水及其支流，都是由北向南流淌，山谷呈南北纵向分布，道路自然已经无法像平地一样通畅。

这条东西向大干道，在经过西汉昌邑县治所之后，与一条略近于南北向的大干道相连接。这条干道，南端来自彭城方向，大致循泗水、菏水水道西北行，在西汉昌邑县东侧不远的地方，转而北上。再经巨野泽东侧，继续向北，则可抵达黄河下游的重要津渡平原津。

秦始皇最后一次巡行天下，从会稽返回时，在长江口下海，乘船北上，至今山东半岛北部的之罘登陆上岸后，一路西行，就是通过平原津西渡黄河的[①]。这显示出当时存在着这样一条东西向干道，也显示出经由彭城北上至此的道路，同样是一条重要通道。

---

① 别详拙文《越王勾践徙都琅邪史事析义》，原刊《文史》2010年第1期，后收入敝人文集《旧史舆地文录》(北京，中华书局，2014)，页62—75。

秦末巨鹿之战时，宋义、项羽率楚军从彭城出发，北上救赵，走的就是这条道路。在通过后来西汉时期的昌邑县以后不久，宋义让军队驻扎在一个叫"安阳"的地方。前文提到，战国时齐国的刀币"安阳之法化"，很有可能就是在这里铸造的。宋义不仅在此驻足不前，而且一停就长达四十六天之久：

王召宋义与计事而大说之，因置以为上将军；项羽为鲁公，为次将，范增为末将，救赵。诸别将皆属宋义，号为卿子冠军。

行至安阳，留四十六日不进。项羽曰："吾闻秦军围赵王巨鹿，疾引兵渡河，楚击其外，赵应其内，破秦军必矣。"宋义曰："不然，夫搏牛之䖟不可以破虮虱，今秦攻赵，战胜则兵罢，我承其敝；不胜，则我引兵鼓行而西，必举秦矣。故不如先斗秦赵。夫被坚执锐，义不如公；坐而运策，公不如义。"因下令军中曰："猛如虎，很如羊，贪如狼，强不可使者，皆斩之。"乃遣其子宋襄相齐，身送之至无盐，饮酒高会。

天寒大雨，士卒冻饥。项羽曰："将戮力而攻秦，久留不行。今岁饥民贫，士卒食芋菽，军无见粮，乃饮酒高会，不引兵渡河因赵食，与赵并力攻秦，乃曰'承其敝'。夫以秦之强，攻新造之赵，其势必举赵。赵举而秦强，何敝之承！且国兵新破，王坐不安席，扫境内而专属于将军，国家安危，在此一举。今不恤士卒而徇其私，非社稷之臣。"项羽晨朝上将军宋义，即其帐中斩宋义头，出令军中曰："宋义与齐谋反楚，楚王阴令羽诛之。"当是时，诸将皆慑服，莫敢枝梧。皆曰："首立楚者，将军家也。今将军诛乱。"乃相与共立羽为假上将军。使人追宋义子，及之齐，杀之。使桓楚报命于怀王。怀王因使项羽为上将军，当阳君、蒲将军皆属项羽。①

宋义停军于安阳，坐观秦、赵两军相斗，是因为他心怀异志，想要取楚怀王而代之。也正因为如此，才会在战事如此危急的时刻，遣送其子宋襄入齐为相。这显然是联络齐国，作为奥援。

巨鹿城下的军情，危急万分，而宋义的图谋，又是如此微妙，他统率着楚方除了刘邦带走的那一支偏师之外近乎全数的作战部队，选择安阳这个地方停留四十六天之久，自然是经过周详的思虑，这里也一定会有充足的地理优势。

审视相关记载，不难看出，在由彭城至平原津之间的南北向干道上，从安阳歧分，向东北方向行进，另有一条大道，大致沿今大汶河谷地，直达齐都临淄，亦即安阳是这两条道路的交结点。

安阳在交通地理上的重要性，还不止于此，更为重要的是，如前所述，通过西汉昌邑县的东西向干道，在受到鲁中山地的阻碍后，只能向东北方向转折，而这条转向东北的道路，正是沿大

---

① 《史记》卷七《项羽本纪》，页390—391。

汶河谷地通往临淄的那一条大道。

这个安阳的具体地点，过去不易确定，但在今山东巨野县境内，出土过带有"安阳市"三字的秦朝陶片。从而可以推定，它应该在西汉昌邑县东北不远的地方①。这样一来，就不难看出，这个安阳，位于两个全国性大干道的交叉路口上——横向的干道，是从咸阳（或长安）方向，经过洛阳、大梁、陶、安阳，再向东北转折，直至临淄；纵向的干道，则是从彭城北上，经过安阳，直至平原津。

若把安阳所在的这个大路交叉口，姑且拟定为所谓"午道"，则对《战国策》和《史记》的相关记载，都能够做出更为允洽的解释。

苏秦说赵王时所云"魏塞午道，赵涉河、漳、博关"，就是讲魏、赵两国，分别从南北两侧，控制住齐国的西境；而张仪说赵王时所云"秦发三将军，一军塞午道，告齐，使兴师度清河，军于邯郸之东"，是讲秦派兵控制住齐国西境上的战略要地"午道"，以胁迫齐国出兵攻赵。至于《史记·楚世家》以"即墨"和"午道"对举，以体现齐国的疆域，则两地一在其国东北，一在其国西南，明此地理方位关系，太史公的文句愈加顺畅。

因而，我想有理由推定：所谓"午道"，其最基本的语义，

---

① 别详拙文《巨鹿之战地理新解》，据敝人文集《历史的空间与空间的历史》，页69—80。又拙文《补证项羽北上救赵所经停之安阳》，原刊《文史》2011年第4期，后收入敝人文集《石室滕言》（北京，中华书局，2014），页225—228。

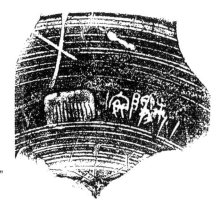

图43 山东巨野县出土秦"安阳市"铭文陶片①

就是指安阳所在的这个十字路口。实际使用时,当然还可以由这一点稍向外延,指距离十字路口一定范围之内的道路。只不过当时不是用"十"字来表示,而是以"午"字相称而已。

假如没有项羽的反抗,宋义驻军于这一十字路口,静观秦、赵双方军队在巨鹿城下攻守的胜败,时机成熟时,继续北上,可以坐收渔人之利;东联齐军,可以进一步增大自己的声势;必要时向西进兵,则能够迅速攻入关中,直捣秦都咸阳;至于回师南下,彻底制伏楚怀王,以身代之,那更是轻而易举的事情。

这一陆上交通枢纽地位表明,在昌邑,不仅可以利用陶所占据的所有水上交通的便利,实际上在陆上交通方面,它还具有某些比陶更为便利的优势,或许更有利于同其他地区的人员交往以及贸易往来。

---

① 王恩田《陶文图录》(济南,齐鲁书社,2006)卷六《秦国与秦代》,页2261。

三　昌邑其地与楚汉胜负

秦汉之际的风云人物彭越（字仲），家乡就在昌邑县。

史载彭越在起事造反之前，"常渔巨野泽中，为群盗。陈胜、项梁之起，少年或谓越曰：'诸豪杰相立畔秦，仲可以来，亦效之。'彭越曰：'两龙方斗，且待之。'"①在当时，巨野泽是中原腹地第一大湖沼。彭越得以率众聚啸于此，静待天下形势进一步明朗之后，再决定进退取舍，这在很大程度上，就是基于巨野泽既在中原腹地、四通八达，同时又有丰富的生存资源，得以从容藏身其间。这是一个很重要的地理优势。

《史记·魏豹彭越列传》中如下一段记载，最能体现昌邑国地区农业经济的重要地位：

> 汉王之败彭城解而西也，彭越皆复亡其所下城，独将其兵北居河上。汉王三年，彭越常往来为汉游兵，击楚，绝其后粮于梁地。汉四年冬，项王与汉王相距荥阳，彭越攻下睢阳、外黄十七城。项王闻之，乃使曹咎守成皋，自东收彭越所下城邑，皆复为楚。越将其兵北走谷城。汉五年秋，项王之南走阳夏，彭越复下昌邑旁二十余城，得谷十余万斛，以给汉王食。②

---

① 《史记》卷九〇《魏豹彭越列传》，页3143。
② 《史记》卷九〇《魏豹彭越列传》，页3144—3145。

这里记述汉王三年"彭越常往来为汉游兵,击楚,绝其后粮于梁地",是讲汉王刘邦在彭城战败之后,退据荥阳,依托敖仓之粟补给军需,与追击而来的项羽相对峙时期,彭越配合汉王,在楚军后方展开的游击骚扰。

《史记·项羽本纪》对彭越的破坏活动,也有相同的记载,而且项羽正是由于被彭越此举弄得窘迫不堪,无可奈何之际,才产生了要把彭城之战时俘获的刘邦老爹烹制成肉汤就饭吃的想法:

> 汉王则引兵渡河,复取成皋,军广武,就敖仓食。项王已定东海来,西,与汉俱临广武而军,相守数月。当此时,彭越数反梁地,绝楚粮食,项王患之。为高俎,置太公其上,告汉王曰:"今不急下,吾烹太公。"汉王曰:"吾与项羽俱北面受命怀王,曰'约为兄弟',吾翁即若翁,必欲烹而翁,则幸分我一杯羹。"①

刘邦固然无赖至极,但项羽这一徒劳无益的做法也充分显示出,彭越在包括后来的昌邑国境域在内的魏国故地往来游击,不断破坏楚军的粮食补给,已经使项羽陷入了进退两难的困境。

《史记·魏豹彭越列传》所谓"汉五年秋,项王之南走阳夏"云云,则是指汉高祖五年,经过几年对峙之后,刘邦和项羽商定以鸿沟为界而中分天下之事。《史记·高祖本纪》记同一史事云:

---

① 《史记》卷七《项羽本纪》,页416。

> 当此时，彭越将兵居梁地，往来苦楚兵，绝其粮食。田横往从之。项羽数击彭越等，齐王信又进击楚。项羽恐，乃与汉王约，中分天下，割鸿沟而西者为汉，鸿沟而东者为楚。项王归汉王父母妻子，军中皆呼万岁，乃归而别去。①

两相对照，愈加可知，彭越将兵在包括昌邑国境域在内的"梁地"亦即魏国故地，有效地阻断楚军粮食供应，是迫使项羽不得不与刘邦中分天下以退军的关键因素。这一事件，突出显示了昌邑国及其附近区域在经济地理上的优势地位。

昌邑国境域经济地理优势对楚汉战争进程及其结局的影响，不止直接导致项羽退兵后撤这么简单。

正是在项羽率楚军向东南方向后撤至阳夏的时候，彭越趁机攻夺"昌邑旁二十余城"，也就是一举占领自己老家昌邑县临近区域的二十多座城邑。与此同时，本来已经打算如约西撤的刘邦，又听从张良、陈平的谋划，背信弃义，出兵追击楚军，试图利用楚军因"兵疲食尽"而不得不撤军后退这一天赐良机，一举灭掉西楚霸王项羽。

当刘邦进军至阳夏以南时，暂停追击，派人召集齐地的韩信和梁地的彭越，一同前来聚歼楚军。

当时，韩信和彭越两人对刘邦都心怀不满：韩信是感觉自己强行索来的齐王身份很不稳固，并且更想回到自己的家乡去做楚

---

① 《史记》卷八《高祖本纪》，页476。

王；彭越则本想在自己舍命攻打下来的魏国故地受封为王，可刘邦仅仅让他给魏王豹做了个相国。因而两人都借故推脱，并没有马上听命出兵。但如上引《史记·魏豹彭越列传》所述，彭越还是动用自己在"昌邑旁二十余城"所获得的十余万斛谷米，供给汉王军食，帮助刘邦的军队，保持基本的作战能力。

稍后，待刘邦分别封授韩信为楚王、彭越为梁王之后，彭、韩两人立即统兵加入会战，并且配合刘邦最终全歼项羽之军于垓下[1]。韩信军此时系从齐地远道紧急赴命，参战军粮的保障，同样不易。故彭越在昌邑附近获取的十几万斛谷米，在继续供给汉王军需的同时，还可以调配一部分，供给大致在同一方向上加入这场战役的齐军，以及其他参战军队。

明此可知，昌邑地区出产的粮食，对楚汉双方的战略总决战——垓下之战的形成及其胜负，曾发生过至关重要的影响，这是昌邑地区粮食生产丰盛情况的一个很具体的反映。

以上论述表明，昌邑国具有很多得天独厚的地理优势，刘髆的封国被汉武帝选定在昌邑，实际上充分体现了刘彻对李夫人的宠爱，用以充分保障其子刘髆能够在此享受富豪的生活。这样看来，今天我们在海昏侯墓中看到的大量精美文物，其中有很多，应是来自富庶的昌邑故国。

特别需要指出的是，老昌邑王刘髆，在位十一年，时间仅稍

---

[1]《史记》卷七《项羽本纪》，页419—420；又卷八《高祖本纪》，页476—477；卷九〇《魏豹彭越列传》，页3145—3146。

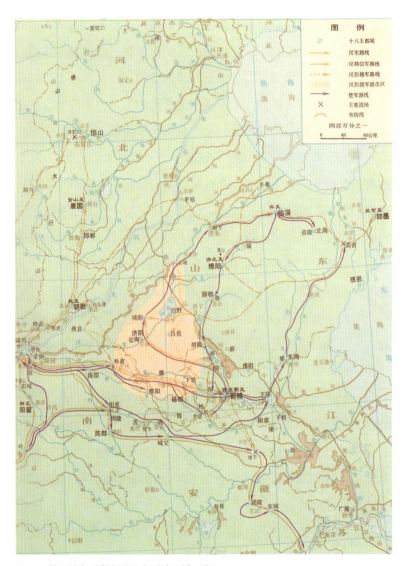

图44　楚汉战争时期彭越游击活动区域示意图
　　（取自郭沫若主编《中国史稿地图集》）

短于刘贺的十二年，所以，海昏侯墓中出土的器物，有一部分，或许应属老昌邑王故物。根据到目前为止考古工作者所披露的很少一部分情况，可知在所有带有昌邑王年款的铜器和漆器中，其最长的年数，即为昌邑十一年。因而，这些标记年数在十一年以下的昌邑国器物，还不能完全排除其制作于老昌邑王刘髆之手的可能，不一定都是刘贺置备。

刘髆在昌邑称王十一年，再加上刘贺的十二年多，两代昌邑王在位的时间，已经超过二十三年，而刘贺从元康三年四月受封为海昏侯，至神爵三年去世，不过短短四年而已[①]，骤然之间，实在很难在豫章海昏这样荒僻的地方，聚敛出我们今天在其墓葬中所看到的巨额财富。除了这些明确带有昌邑王年款的器物之外，海昏侯墓葬中的财富，还有很多，应同样来自中原腹地的昌邑国。

[①] 《汉书》卷一五下《王子侯表》下，页493。

余论——盖棺论定于青史

刘贺在汉宣帝神爵三年（前59）离世并遭国除之后，海昏侯国的历史，并没有完全终结。

至汉元帝初元三年（前46）四月中旬至五月期间，汉朝遭遇了一场比较严重的旱灾。在这场旱灾之前，汉武帝茂陵陵园里有一座白鹤馆，应该是寝殿的附属建筑[1]，在四月乙未也就是四月十一这一天，还着了一场大火[2]。不知道与这些灾异的发生，是不是具有一定关联，元帝决定："封故海昏侯贺子代宗为侯。"——也就是给刘贺的儿子刘代宗绍封了海昏侯的爵位[3]。

这位新海昏侯刘代宗，在史籍中没有留下什么记载（只知道

---

[1] 杨宽《中国古代陵寝制度研究》（上海，上海古籍出版社，1985）下编第三节"秦汉陵墓考察"，页204。
[2] 《汉书》卷九《元帝纪》，页283—284。案《汉书·元帝纪》记云"乙未晦"，但乙未为本月十一日，非晦日，张文虎《舒艺室随笔》卷五（页114）对此已有考订，据《汉书·五行志》等，定"晦"字为衍文。
[3] 《汉书》卷九《元帝纪》，页283—284；又卷一五下《王子侯表》下，页493；卷六三《武五子传·昌邑王髆附子贺》，页2770。

死后的谥号是"釐")。其后相继又有刘保世(谥"原")、刘会邑两位承嗣侯位,同样没有事迹传世。

很不幸的是,在刘会邑时,海昏侯国又遭免除①。唐人颜师古以为刘会邑的遭遇与同时国除被免除爵位的许多人一样,都是在新朝肇建后王莽所为②,但实际情况似乎还可以进一步深入研究,至少需要对此做出更为具体的论证③。不管怎样,连带元帝时期的复封,刘贺始封的海昏侯国,在西汉只向下做了三番传续。

进入东汉以后,光武帝刘秀在建武年间,又重封海昏侯国(当然,如前面第六章所述,在重封刘贺后人之前,光武帝曾有过册封沈戎为"海昏县侯"的想法,但因沈戎固辞而未果)。东汉海昏侯国,在班固撰著《汉书》的明帝时期,尚承续不绝④。再往后,我们可以看到,在西晋时人司马彪撰著的《续汉书·郡国志》中,豫章郡属下的"海昏",司马氏依然自注有"侯国"字样⑤。因《续汉书·郡国志》断代的年限,是汉顺帝永和五年(140)⑥,故

---

① 《汉书》卷一五下《王子侯表》下,页493。
② 《汉书》卷一五下《王子侯表》下唐颜师古注,页483。
③ 案《汉书》卷九九中《王莽传》中(页4119)记始建国二年十一月,立国将军孙建奏"诸刘为侯者,以户多少就五等之差,其为吏者皆罢,待除于家",即归入新室重定五等爵制之内,而不是废除刘氏侯爵。故实际情况,可能比较复杂。
④ 《汉书》卷一五下《王子侯表》下,页493;又卷六三《武五子传·昌邑王髆附子贺》,页2770。
⑤ 晋司马彪《续汉书·郡国志》四,见《后汉书》志第二十二,页3491。
⑥ 清王鸣盛《十七史商榷》(上海,商务印书馆,《丛书集成初编》排印《史学丛书》)本卷三二"志据永和"条,页271—272。清李慈铭《后汉书札记》(北京,北京图书馆出版社,2003,《越缦堂读史札记全编》本)卷七,页497。

余论——盖棺论定于青史 | 275

东汉海昏侯国,至少一直传承至此时,尚未弃绝。这是我们通过传世文献,所能确切认知的海昏侯国存续的时间的下限。

实际上,刘秀册封的海昏侯国,很可能是与东汉王朝相始终,一直没有废除。所谓东汉,依然是刘家的天下,皇帝还依然是太祖高皇帝的后裔,他们没有忘记刘贺,这位被霍氏权臣从未央宫中押解走的废皇帝,让他的子孙们仍享得一定的礼遇。

上面各章讲述的刘贺的身世及相关政治背景,在《史记》《汉书》等基本传世文献中,本来都有比较丰富的记载。以往一些比较通行的现代研究著作,叙述往往比较粗疏,以致很多基本面貌显得模糊不清,但那是研究者没有特别关注这方面的问题,或是未尝用心读书所致,而不是历史典籍缺乏足够的记载。实际上,并不需要简单依赖海昏侯墓中出土的遗物来对相关史事做出新的论证,更没有理由一定要赖此得出与传世文献记载截然不同的结论。

诸如刘贺之登基称帝,立也霍光,废也霍光,并不取决于刘贺本人有多优秀,或是有多昏乱,而霍光的阴谋和伎俩在《汉书》当中也有非常清晰的记载。

现在一些人依据海昏侯墓中出土的诸如所谓"孔子屏风"(实为矩形铜镜镜背)[①],或属《易经》《礼记》《论语》等儒家经

[①] 王仁湘《海昏侯墓的孔子屏风其实是穿衣镜。西汉时有这么大的铜镜吗?》,见《澎湃新闻》2016年5月5日之《文化课》:http://www.thepaper.cn/newsDetail_forward_1464682。

图45 海昏侯墓出土所谓"孔子屏风"(铜镜镜背)上的铭文①

典的简牍(其中有些内容还有待进一步认证,如所谓《易经》就是如此),甚至乐器、两周铜器等,来证明刘贺其人本属循规蹈矩的正人君子,并且情趣高雅、爱好音乐、喜欢收藏,等等,从而很轻易地做出新的判断,以为《汉书》等传世典籍有关刘贺"清狂不惠""动作亡节"之类的记载,尽属霍光之辈肆意厚污。如此简单地阐释出土遗物,恐怕同样严重脱离实际,这样的研究方法,似乎并不可取。

---

① 江西省文物考古研究所、首都博物馆编《五色炫曜——南昌汉代海昏侯国考古成果》,页196。

例如，第六章中已经谈到，儒家经典，在当时的皇家子弟教育中，本已成为一项基本的内容，昌邑王刘贺的老师王式，就明确讲过他"以《诗》三百五篇朝夕授王"的情况。其实比这更早，在前面的第二章中，还谈到了刘贺的父亲老昌邑王刘髆，甫一受封，汉武帝就指令"通《五经》"的夏侯始昌给他做"太傅"的事情。

因而，在海昏侯刘贺的墓中发现这些儒家经典，是很正常的事情，只是对历史文献的记载起到印证的作用。在这一方面，这些著述的出土，并没有向我们提供什么传世文献之外全新的信息，它所能发挥的独特功效，只是补充了具体的实物，同时还可以看到早期文本的实际面貌（不过仅仅是这两点，价值也已经很大）。

又如第四章提到，霍光宣布废除刘贺帝位时，刘贺竟然还向霍光争辩什么"闻天子有争臣七人，虽无道不失天下"，憨傻地想要以此来保全自己的帝位。刘贺讲的这两句话，语出《孝经》，是与海昏侯墓出土的所谓《易经》《礼记》《论语》等性质相同的儒家经典。但刘贺引述这句话，并不能证明其修养高深，神志精明。如前所述，清人朱一新反而剖析说："观昌邑临废两言，犹非昏悖，特童骏不解事耳。班氏载此，具有深意。"也就是说，在朱一新看来，班固在《汉书》中记明此事，是有意用它来说明刘贺并不是什么昏悖不堪的歹人，只不过傻乎乎地不明白事理而已，而这一点，恰恰是对刘贺其人"清狂不惠"这一神志状态和"动作亡节"这一行为特征最好的证明。

还有海昏侯墓中，出土有不止一件两周时期的铜器，于是，又有人据此做出推断，以为刘贺还有文物收藏的雅好，显示出很高层次的审美需求。但这些西周和春秋时期的铜器，究竟是用作一般器皿使用，还是作为文物藏弄，或是用作摆设观赏，说者并没有提供相应的依据。至少对于我来说，在没有看到确切的证据之前，顶多只能将此看作一种纯逻辑的可能性，而在学术研究中不提供任何证据就做这样简单的逻辑推论，实际上是没有任何意义的。

据《史记·封禅书》记载，汉武帝时有一名为"李少君"的方士，"少君见上，上有故铜器，问少君。少君曰：'此器齐桓公十年陈于柏寝。'已而案其刻，果齐桓公器。一宫尽骇，以为少君神，数百岁人也"①。

就上述文字内容而言，我感觉汉武帝这件齐桓公十年的"故铜器"，恐怕只是一件很普通的生活用具。若是作为珍藏的古代宝物，并且成为当时的一种社会时尚，那么，汉武帝本人和宫中其他能够接触到它的人，对其制作年代和珍贵之处，理应尽皆知悉，何须特地"案其刻"始得辨识所属年代？又何须将李少君视之为神？显而易见，对刘贺等汉朝人是不是如此郑重地把两周铜

---

① 《史记》卷二八《封禅书》，页1664—1665。

图46　海昏侯墓出土西周时期铸造的青铜提梁卣[①]

器当作一种古董来收藏、鉴赏,还需要做出更为具体的研究[②]。

即以海昏侯墓中出土的这几件两周铜器的存放地点而言,至少其中一件西周时期铸造的青铜提梁卣和东周时期铸造的青铜

[①] 江西省文物考古研究所、首都博物馆编《五色炫曜——南昌汉代海昏侯国考古成果》,页63。

[②] 案传世记载汉代历史的文献,其中确有一些郑重存放或是对待上古宝鼎的记载,最显著的就是《汉书》卷六《武帝纪》(页184)记载汉武帝元鼎四年六月"得宝鼎后土祠旁",因而追记本次纪元为"元鼎",并如《史记》卷二八《封禅书》(页1672—1673)所记,决定将其"见于祖祢,藏于帝廷",确是庄重异常。但《史记·封禅书》称汉武帝将这件宝鼎视之为象征国祚的神禹"九鼎",是神器,而不是普通的古董或珍宝。又《汉书》卷二五下《郊祀志》下(页1249—1250)记述说,汉宣帝时"又以方士言,为随侯(珠)、剑宝、玉宝璧、周康宝鼎立四祠于未央宫中",所谓"周康宝鼎"自如汾阴后土祠旁所得"九鼎"一样的神圣之物,仍与古董意义上的前代旧鼎无涉。

缶，考古发掘者说是被安置在北藏椁东部所谓"酒具库"内，与其他各种西汉时期制造的普通铜制酒器混同一事①，就没有显现出高级古董的特质。

大多数出土文物，往往不能简单地用来直接解释历史人物和历史活动，更不宜简单地用某一具体的实物率尔否定像《史记》《汉书》这类正史记载的史事。海昏侯墓的发现，墓中出土的大量文物，对历史研究的促进作用将是巨大的，但学问需要平心静气地一点儿一点儿地做，要花费很多工夫，才能推动学术研究取得进步。对古代器物的研究是这样，对历史人物和历史活动的研究，更需要潜心积累，不要过多指望依赖某一新的发现来陡然改写什么、颠覆什么。

比如关于孔子生年的问题，据云海昏侯墓出土的所谓"孔子屏风"，又提供了不同于以往的全新说法。一些人为此兴奋不已。其实传世文献中关于孔子生年的两种主要说法，一为鲁襄公二十一年（前552）说，出自《公羊传》和《穀梁传》；一为鲁襄公二十二年（前551）说，出自《世本》和《史记》。这两种说法出现的年代，都不比这个镜背上的铭文晚，而前人聚讼纷纭，莫衷一是，始终也没有一个清楚的说法（而今官方选定后者，也只有行政权威，并没有可信的学术认证）。随便翻检一下清人孔广牧的《先圣生卒年月日考》，就可以了解前人讨论此事

---

① 江西省文物考古研究所、首都博物馆编《五色炫曜——南昌汉代海昏侯国考古成果》，页62—65。

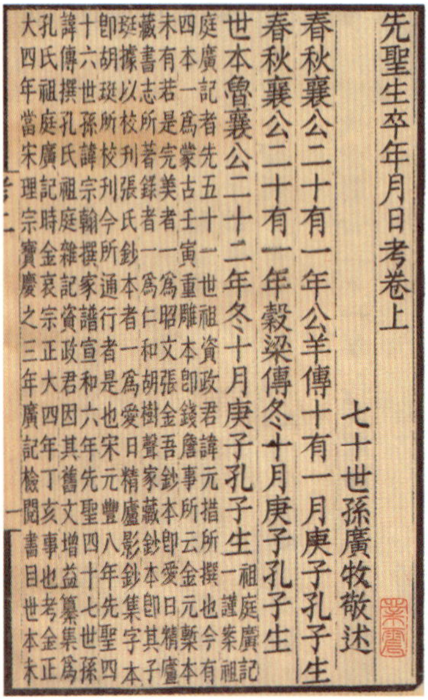

先聖生卒年月日考卷上

七十世孫廣牧敬述

春秋襄公二十有一年公羊傳十有一月庚子孔子生

春秋襄公二十有一年穀梁傳冬十月庚子孔子生

世本魯襄公二十二年冬十月庚子孔子生祖庭廣記一謹案祖庭廣記者先五十一世祖資政君諱元措所撰也今有四本一爲蒙古壬寅重雕本卽錢詹事所云金元槧本未有若是完美者一爲昭文張金吾鈔本卽愛日精廬藏書志所著錄者一爲仁和胡樹聲家藏鈔本卽其子珽據以校刊張氏鈔本者一爲愛日精廬影鈔集字本卽胡珽所校刊令所鈔通行者是也宋元豐八年先聖四十六世孫諱宗翰撰家譜宣和六年先聖四十七世孫諱傳撰孔氏祖庭雜記資政君因其舊文增益纂集爲孔氏祖庭廣記時金哀宗正大四年丁亥事也考金正大四年當宋理宗寶慶之三年廣記檢閱書目世本末

图47　清光绪刻本《先圣生卒年月日考》

的复杂程度，这绝不是在刘贺的墓穴里找到一个屏风就能够轻易解决的问题。

总而言之，海昏侯墓出土的文物和文字铭文、简牍文书，只能进一步丰富我们对西汉历史以及其他相关历史问题的认识，而不能甚至根本无须期望对《汉书》记载的有关刘贺的基本史实做出什么翻案文章。

研究中国古代自春秋战国以来的历史，其中绝大部分问题，最重要的基础，还是传世基本文献。传世典籍与考古新发现（包括新出土文字史料在内）的关系，总的来说，类同主干与枝叶，首先把握住主干，才能更好地梳理清楚枝叶。研究者不宜抱持对

图48 海昏侯墓出土青铜蒸馏器[1]

立的态度看待二者,更不宜颠倒主次关系,以为所有的问题都要依赖考古发现来重新证实,以为新发现的一定就是更好的,动辄就想用后者来颠覆前者。

其实这样的原则,至少也适用于一部分古器物的研究。例如,海昏侯墓出土一件以铜为材质的所谓"蒸馏器",主持发掘的学者根据其中存有芋头的残留物,就向社会大众发表看法,提出这很可能是用以蒸馏制作烧酒,希望因此而将中国制作蒸馏酒

---

[1] 江西省文物考古研究所、首都博物馆编《五色炫曜——南昌汉代海昏侯国考古成果》,页70—71。

余论——盖棺论定于青史 | 283

的历史提早一千多年。相关考古工作者通过各种形式面向社会公众来介绍发掘的情况，做了很多有益的工作，但正如发掘者所说，这是一项非常严肃的学术工作，考古不能被娱乐化。在向非专业人士介绍一些新的重大见解的时候，由于受众对学术研究的相对性，通常缺乏足够的认识，若是不能保持足够的警惕，就很容易在社会上造成"娱乐化"的结果。

喜欢喝蒸馏酒，也就是白酒的人，很容易明白一个非常简单的道理：喝酒是有瘾的，因而，人们一旦掌握制作蒸馏酒的技术并品尝到这种高度酒的美味，这种技术是绝不可能失传的。那么，西汉时期若是已经能用此物蒸馏出白酒，又何待一千多年之后重新从西域传入蒸馏制酒技术？这未免太悖戾常理了。其实类似的器物，过去已经有过发现，例如上海博物馆即收藏有一件东汉时期的所谓"青铜蒸馏器"，但孙机已经对其做过具体的考辨，以为其用途尚不明确，无法认定是用以蒸馏制酒，故仍维持传世文献记载的元朝始用蒸馏酒说。[1]

面对历史文献的清楚记载和这些已有的研究成果，我想，与其动辄揣测通过这件器皿来改写中国制作蒸馏酒的历史，不如更好地对比上海博物馆等处收藏的类似器皿，梳理同类器物的演变序列，以更好地认识和把握其功用和原理。

---

[1] 孙机《中国之谷物酒与蒸馏酒的起源》，原刊《文物天地》1994年第4期，此据作者文集《从历史中醒来：孙机谈中国古文物》（北京，生活·读书·新知三联书店，2016），页91—98。

只要遵循正确的研究路径,海昏侯刘贺墓葬的考古发现和研究,必将带给人们更丰富,同时也更具体、更准确的认识。随着清理和研究工作的深入,在很多具体问题上,一定会带给我们诸多惊喜。另一方面,这些具体、生动的古代实物,也必然会激发起人们了解古代历史文化的浓厚兴趣,同时也提出更多细致的问题,等待考古学者和历史学者予以解答。

可能有很多学者,并不认同上述看法。但不管怎样,面对海昏侯墓这一重大考古发现,面对社会各界的强烈关注,我希望这本匆匆写成的小书①,能够为大家了解刘贺其人其世提供一个初步的基础,对进一步认识和研究很多相关的问题,能够有所帮助;也希望能够随着海昏侯墓出土文物、文献的公布和研究,有机会进一步补充完善此书。

2016年6月30日晚完稿

---

① 案书稿中有一部分内容,是移用旧作《建元与改元》的旧文适当改编而成,这样有利于全面、系统地了解与刘贺相关的历史背景。

附录

附录1 刘贺年表

西汉纪年	公元年份	纪事	史料依据	备注
武帝建元元年	前140	刘彻即帝位,立景帝姊大长公主刘嫖女陈氏为皇后。	《史记·外戚世家》《汉书·外戚传》	武帝为太子时,即已娶大长公主此女为妃。
建元二年春	前139	卫子夫人汉宫,为武帝妃。	《史记·卫将军骠骑列传》《汉书·卫青传》	
元光五年七月乙巳	前130	武帝陈皇后以挟妇人媚道,又有女子楚服等为其行用巫蛊祭祠祝诅事废位,退居长门宫。	《汉书·武帝纪》《汉书·外戚传》	

289

续表

西汉纪年	公元年份	纪事	史料依据	备注
元朔元年三月甲子	前128	武帝妃卫子夫（卫夫人）生子刘据，立为皇后。	《史记·卫将军骠骑列传》《汉书·武帝纪》《汉书·外戚传》	
元朔六年	前123	时来自赵国故地的武王夫人"新得幸于上"（或称"是时王夫人方幸于上"）。	《史记·滑稽列传》《汉书·卫青霍去病传》《汉书·武帝纪》	
元狩元年四月丁卯	前122	武帝卫皇后七岁之子刘据，被立为皇太子。	《汉书·武帝纪》《汉书·戾太子传》	
元狩六年	前117	武帝王夫人早卒。武帝请齐人少翁施法术，夜致王夫人之貌，"天子自帷中望见焉"。	《史记·封禅书》《史记·外戚世家》	《史记》等书记此事时间不明。本表做此推断，请参见拙著《建元与改元》上篇。
元狩六年四月乙巳	前117	是日，武帝夫人子刘闳受封齐王，李姬子刘旦受封燕王，李姬子刘胥受封广陵王。	《史记·三王世家》《汉书·武帝纪》	

续表

西汉纪年	公元年份	纪事	史料依据	备注
元鼎六年	前111	刘髆母李夫人，在这一年或稍前入宫。刘贺父刘髆的生年，不得早于此年。	《史记·封禅书》《史记·佞幸列传》	元鼎六年春，在汉廷"既灭南越"之后，李延年以好音蒙武帝召见，汉家祠太一、后土，始用乐舞，李延年被武帝宠幸。李夫人的李延年之妹，本源于其兄弟亦即后来的李夫人善舞，因武帝姊平阳公主荐进而得人后宫，因是之故，汉武帝随即"召贵延年"。故李夫人之入侍武帝，当亦在元鼎六年或稍前，故刘髆生年当在元鼎六年之后。
太初元年	前104	刘髆母李夫人在这一年之前去世。刘髆生年不得晚于此年。	《汉书·外戚传》《史记·大宛列传》	
天汉四年四月乙丑	前97	刘贺父刘髆受封昌邑王。	《汉书·武帝纪》《汉书·诸侯王表》《汉书·昌邑王传》	

附录1 刘贺年表 | 291

续表

西汉纪年	公元年份	纪事	史料依据	备注
太始四年或征和元年	前93或前92	刘贺大约生于这两年期间。	《汉书·昌邑王传》	《汉书》本传记地节四年刘贺年二十六七岁，据此推测刘贺应生于太始四年或征和二年（按照中国传统算法，生年即为一岁，而不是十足年岁）。
征和二年七月壬午	前91	太子据巫蛊事发，发兵反叛。	《汉书·武帝纪》《汉书·戾太子传》	
征和二年七月庚寅	前91	太子据从长安城中逃亡。	《汉书·武帝纪》	
征和二年八月辛亥	前91	太子据自杀于湖县。	《汉书·武帝纪》	
昭帝始元元年正月	前86	刘髆为昌邑之后十一年，卒于本年。刘贺继父位为昌邑王。这一年刘贺的年龄约在六七岁上下。	《汉书·诸侯王表》《汉书·昌邑王传》	案《汉书·武帝纪》记后元年正月"昌邑王髆薨"，疑《武帝纪》系"始元"之讹。又案《汉书·昌邑王传》（见刘髆）"立十一年薨，子贺嗣"，未记具体年月，《汉书·诸侯王表》记作始元元年，此年从《诸侯王表》而月据《武帝纪》。

292 | 海昏侯刘贺

续表

西汉纪年	公元年份	纪事	史料依据	备注
元平元年四月癸未	前74	昭帝崩。	《汉书·昭帝纪》	
元平元年六月丙寅（是日朔，亦即初一）	前74	刘贺立为昌邑王之后十二年，被霍光等拥立登基。是日"受皇帝玺绶"。这一年刘贺的年龄应在十八九岁上下。	《汉书·宣帝纪》《汉书·诸侯王表》《汉书·昌邑王传》《汉书·霍光传》	《汉书》本传记刘贺"昭帝崩"、《汉书·诸侯王表》作刘贺嗣昌邑王位"十二年，征为昭帝后"，与实际年限吻合，《汉书·昌邑王传》之"十三"当正作"十二"。
元平元年六月癸巳（是日为二十八）		登基二十七天之后，刘贺又在废黜这一天被废黜为民（宣布废黜的实际上是刘贺做皇帝后的第二十八天）。废黜后刘贺归居昌邑故宫，朝廷予食邑二千户（一作二千户），故家财物皆与贺。	《汉书·宣帝纪》	案被废黜帝位后的刘贺，直到重封海昏侯时为止，实际处于软禁状态。
元平元年七月	前74	刘询亦即汉宣帝即位。内心疑忌刘贺。	《汉书·宣帝纪》《汉书·昌邑王传》	

续表

西汉纪年	公元年份	纪事	史料依据	备注
宣帝地节三年五月	前67	山阳太守张敞察看昌邑国故宫情况,复"遣丞吏行察"。	《汉书·昌邑王传》	
地节四年九月	前66	山阳太守张敞入昌邑国故宫察看刘贺状态、动向。时年刘贺约二十六七岁,腿部已患痿病,行步不便。	《汉书·昌邑王传》	
元康二年	前64	汉宣帝遣使者赐山阳太守张敞玺书,令其秘察刘贺动向与"往来过客"的情况上报。张敞应命报告地节三年五月上任以来所察知的动态。汉宣帝得报,始"知刘贺不足忌"。	《汉书·昌邑王传》	
元康三年三月壬子	前63	汉宣帝下诏:"奉故昌邑王贺为海昏侯,食邑四千户。"刘贺受封为海昏侯,赴豫章郡海昏国。这一年刘贺二十九岁或三十岁。	《汉书·王子侯表》《汉书·宣帝纪》《汉书·昌邑王传》	案《王子侯表》系此事于"四月壬子",而《宣帝纪》记作三年三月,《昌邑王传》亦系此事于元康三年春,实则元康三年四月无壬子,故此事月从《宣帝纪》,日据《王子侯表》。

续表

西汉纪年	公元年份	纪事	史料依据	备注
神爵三年	前 59	刘贺为海昏侯后四年,薨于是年。卒年约三十三四岁。卒前曾因妄言遭废黜事等,宣帝命"削户三千"。刘贺初卒,豫章太守奏上应以子充国继承侯位,而充国亦卒;又奏上以充国弟奉亲继承侯位,奉亲亦卒。因谓"是天绝之也",下有司议,以为"故行淫辟,不得置后",废除海昏侯国。	《汉书·王子侯表》《汉书·昌邑王传》	考古工作者在刘贺遗体食道、胸一直到胃部腹部的位置上,都发现有香瓜子。这反映出刘贺很有可能是死在香瓜成熟的夏秋季节。
元帝初元三年	前 46	汉元帝复封刘贺子代宗为海昏侯。后传位至宝宝,邑,又被免除侯位。至东汉光武帝建武年间复封,故东汉仍一直设有海昏侯国。	《汉书·王子侯表》《汉书·昌邑王传》《续汉书·郡国志》	

附录 1 刘贺年表 | 295

附录2　刘贺世系略图

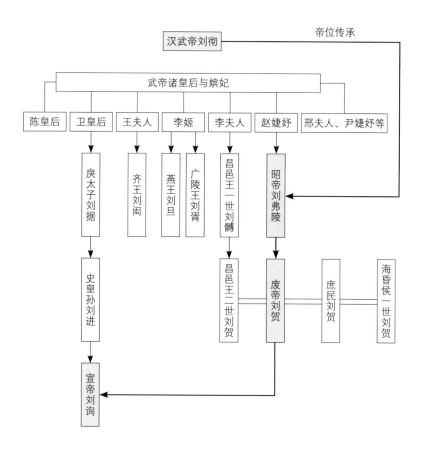

附录3 改订西汉新莽纪年表

由于传世文献记载简约模糊,西汉新莽时期的历史纪年,一直存在一些比较严重的错谬,这主要包括汉武帝在现实生活中启用年号纪年的确切年代、新莽时期诸年号的名称、汉宣帝地节改元的时间,以及省略废帝刘贺不书等问题。近年我通过分析相关纪年文物和《史记》《汉书》等基本史籍的记载,得出一些新的认识,因制为本表,供学术界以及关心西汉新莽史事的其他各界人士参考。

公元纪年	干支	庙号	谥号	陵号	姓名	年号	年数	改元月份	新皇帝即位月份等事
公元前					汉				
206	乙未	太祖	高皇帝	长陵	刘邦		元年	二月	二月为汉王
205	丙申						二年		
204	丁酉						三年		
203	戊戌						四年		
202	己亥						五年		二月即皇帝位
201	庚子						六年		
200	辛丑						七年		
199	壬寅						八年		
198	癸卯						九年		
197	甲辰						十年		
196	乙巳						十一年		
195	丙午						十二年		
194	丁未		孝惠皇帝	安陵	刘盈		元年	十月	五月
193	戊申						二年		
192	己酉						三年		

续表

公元纪年	干支	庙号	谥号	陵号	姓名	年号	年数	改元月份	新皇帝即位月份等事
191	庚戌						四年		
190	辛亥						五年		
189	壬子						六年		
188	癸丑						七年		八月吕后亲政
187	甲寅		（吕太后、高皇后、高后）①		吕雉		元年	十月	
186	乙卯						二年		
185	丙辰						三年		
184	丁巳						四年		
183	戊午						五年		
182	己未						六年		
181	庚申						七年		

① 案"吕太后""高皇后""高后"诸称均非谥号，而是分别就吕雉与惠帝、刘邦的关系而做出的称谓。

附录3 改订西汉新莽纪年表 | 299

续表

公元纪年	干支	庙号	谥号	陵号	姓名	年号	年数	改元月份	新皇帝即位月份等事
180	辛酉						八年		闰九月
179	壬戌	太宗	孝文皇帝	霸陵	刘恒		元年	十月	
178	癸亥						二年		
177	甲子						三年		
176	乙丑						四年		
175	丙寅						五年		
174	丁卯						六年		
173	戊辰						七年		
172	己巳						八年		
171	庚午						九年		
170	辛未						十年		
169	壬申						十一年		
168	癸酉						十二年		
167	甲戌						十三年		
166	乙亥						十四年		

续表

公元纪年	干支	庙号	谥号	陵号	姓名	年号	年数	改元月份	新皇帝即位月份等事
165	丙子						十五年		
164	丁丑						十六年		
163	戊寅					（后元）	元年	十月①	
162	己卯						二年		
161	庚辰						三年		
160	辛巳						四年		
159	壬午						五年		
158	癸未						六年		
157	甲申		孝景皇帝	阳陵	刘启		七年		
156	乙酉						元年	十月	六月
155	丙戌						二年		

① 案此记汉文帝后元元年起始于岁首十月，乃《汉书·文帝纪》记载文帝十六年九月诏令翌年改元，《资治通鉴》从之，故推定后元元年应始行于岁首。唯《史记·孝文本纪》与《史记·封禅书》俱系文帝改元事于十七年之中，故文帝后元改元时间，尚待进一步考定。

附录3 改订西汉新莽纪年表 | 301

续表

公元纪年	干支	庙号	谥号	陵号	姓名	年号	年数	改元月份	新皇帝即位月份等事
154	丁亥						三年		
153	戊子						四年		
152	己丑						五年		
151	庚寅						六年		
150	辛卯						七年		
149	壬辰					（中元）	元年		
148	癸巳						二年		
147	甲午						三年		
146	乙未						四年		
145	丙申						五年		
144	丁酉						六年		
143	戊戌					（后元）	元年		
142	己亥						二年		
141	庚子						三年		
140	辛丑	世宗	孝武皇帝	茂陵	刘彻	【建元】	元年	十月	正月
139	壬寅						二年		

续表

公元纪年	干支	庙号	谥号	陵号	姓名	年号	年数	改元月份	新皇帝即位月份等事
138	癸卯						三年		
137	甲辰						四年		
136	乙巳						五年		
135	丙午						六年		
134	丁未					[元光]	元年		
133	戊申						二年		
132	己酉						三年		
131	庚戌						四年		
130	辛亥						五年		
129	壬子						六年		
128	癸丑					[元朔]	元年		
127	甲寅						二年		
126	乙卯						三年		
125	丙辰						四年		
124	丁巳						五年		
123	戊午						六年		

附录3 改订西汉新莽纪年表 | 303

续表

公元纪年	干支	庙号	谥号	陵号	姓名	年号	年数	改元月份	新皇帝即位月份等事
122	己未					[元狩]	七年	十月岁首以后	
121	庚申						元年		
120	辛酉						二年		
119	壬戌						三年		
118	癸亥						四年		
117	甲子						五年		
116	乙丑					[元鼎]	六年		
115	丙寅						元年		
114	丁卯						二年		
113	戊辰						三年		
112	己巳						四年		
111	庚午						五年		
110	辛未					[元封]	六年		
109	壬申						元年		

续表

公元纪年	干支	庙号	谥号	陵号	姓名	年号	年数	改元月份	新皇帝即位月份等事
108	癸酉						三年		
107	甲戌						四年		
106	乙亥						五年		
105	丙子						六年		
104	丁丑						七年		
						太初	元年	十一月①	
103	戊寅						二年		
102	己卯						三年		
101	庚辰						四年		
100	辛巳					天汉	元年		
99	壬午						二年		

① 案具体论证，见《建元与改元》。本年五月汉武帝颁行太初历，改以正月为岁首，此前系以十月为岁首，该十一月为旧历丁丑年（元封七年）岁初第二月，实际不属太初元年。又这次改元之初，很可能还没有使用年号纪年，只是依旧改行新的纪元而已。实际采用太初年号，更有可能是在这一年五月与改正朔、易服色的改制措施同时实行。

续表

公元纪年	干支	庙号	谥号	陵号	姓名	年号	年数	改元月份	新皇帝即位月份等事
98	癸未						三年		
97	甲申						四年		
96	乙酉					太始	元年		
95	丙戌						二年		
94	丁亥						三年		
93	戊子						四年		
92	己丑						五年		
92	己丑					征和	元年	五月以后①	
91	庚寅						二年		
90	辛卯						三年		
89	壬辰						四年		

① 汉武帝征和元年这一改元时间的推断,系悬泉汉简 I 90DXT0114③: 50简书有"太始五年五月甲寅"云云纪时文字,据此可知由太始五年改为征和元年,最早约在这一年的五月以后。该简见张德芳《悬泉汉简中的"传信简"考述》一文,刊《出土文献研究》第七辑,页13,页80。

续表

公元纪年	干支	庙号	谥号	陵号	姓名	年号	年数	改元月份	新皇帝即位月份等事
88	癸巳					（后元）	元年①		
87	甲午						二年		二月
86	乙未		孝昭皇帝	平陵	刘弗陵	始元	元年	正月	
85	丙申						二年		
84	丁酉						三年		
83	戊戌						四年		
82	己亥						五年		
81	庚子						六年		
80	辛丑					元凤	七年 元年	八月	

① 汉武帝后元元年改元时间不详，唯居延出土有"征和五年正月庚申朔地支字"简，可知此时居延尚未接奉改元诏书。该简简文见谢桂华、李均明、朱国炤合著《居延汉简释文合校》（北京，文物出版社，1987）之第273·9号简，页460。居延另有一"□□元年九月丙戌朔丙戌"日简，依朔日干支当属武帝后元元年，若释文无误，按照居延地区接奉京师诏书需要一个月上下时间推算，则最迟在八月初前当已改行新元。该简见谢桂华、李均明、朱国炤合著《居延汉简释文合校》之第178·17号简，页284。

附录3 改订西汉新莽纪年表 | 307

续表

公元纪年	干支	庙号	谥号	陵号	姓名	年号	年数	改元月份	新皇帝即位月份等事
79	壬寅						二年		
78	癸卯						三年		
77	甲辰						四年		
76	乙巳						五年		
75	丙午						六年		
74	丁未		（废帝）	（海昏侯墓）	刘贺①	元平	元年	正月	六月
73	戊申	中宗②	孝宣皇帝	杜陵	刘询（初名病已）	本始	元年	正月	七月

① 刘贺是在元平元年六月丙寅（是日朔，亦即初一）登基，在位二十七天之后，于该月癸巳（是日为二十八），遭废黜为民，故无谥号，更没有庙号和陵号，"废帝"只是基于其遭受废黜而离开帝位这一实际情况而行用的一种称谓，或可云"史称废帝"，而"海昏侯墓"只是对现在考古工作者在江西南昌附近发掘的刘贺墓葬的一种称谓。又刘贺即位后，直至遭到废黜，未尝到刘邦的高祖庙去"告庙"。就成为汉朝天子的仪式而言，不够完备。这也是霍光废黜他时提到的一项说辞。
② 宣帝庙号"中宗"，据东汉桓帝延熹四年刻《西岳华山庙碑》，本字应作"仲宗"，唯以"中"通"仲"，系商周以来通例，故兹依《汉书》《后汉书》旧文，不做更改。

308 | 海昏侯刘贺

续表

公元纪年	干支	庙号	谥号	陵号	姓名	年号	年数	改元月份	新皇帝即位月份等事
72	己酉						二年		
71	庚戌						三年		
70	辛亥						四年		
69	壬子					本始〖地节〗	五年〖元年〗		
68	癸丑					本始〖地节〗	六年〖二年〗	五月追改本始五年为地节元年，本年为二年	
67	甲寅					地节	二年	五月	五月宣帝亲政
66	乙卯						三年		
65	丙辰					元康	四年		
64	丁巳						五年	四月	
							元年		
							二年		

附录3 改订西汉新莽纪年表

续表

公元纪年	干支	庙号	谥号	陵号	姓名	年号	年数	改元月份	新皇帝即位月份等事
63	戊午						三年		
62	己未						四年		
61	庚申					神爵	五年元年	三月	
60	辛酉						二年		
59	壬戌						三年		
58	癸亥						四年		
57	甲子					五凤	元年	正月	
56	乙丑						二年		
55	丙寅						三年		
54	丁卯						四年		
53	戊辰					甘露	五年元年	四月[1]	

① 案汉宣帝改用"甘露"年号的具体月份，因现有材料相互抵牾比较严重，有待进一步研究。

续表

公元纪年	干支	庙号	谥号	陵号	姓名	年号	年数	改元月份	新皇帝即位月份等事
52	己巳						二年		
51	庚午						三年		
50	辛未						四年		
49	壬申						五年		
48	癸酉	高宗	孝元皇帝	渭陵	刘奭	黄龙	元年		
47	甲戌					初元	元年	三月	十二月
46	乙亥						二年	正月	
45	丙子						三年		
44	丁丑						四年		
43	戊寅						五年		
42	己卯					永光	元年	正月	
41	庚辰						二年		
40	辛巳						三年		
39	壬午						四年		
							五年		

续表

公元纪年	干支	庙号	谥号	陵号	姓名	年号	年数	改元月份	新皇帝即位月份等事
38	癸未					建昭	六年		
37	甲申						元年	七~八月	
36	乙酉						二年		
35	丙戌						三年		
34	丁亥						四年		
33	戊子					竟宁	五年		
32	己丑	统宗	孝成皇帝	延陵	刘骜	建始	元年	正月	六月
31	庚寅						二年	正月	
30	辛卯						三年		
29	壬辰						四年		
28	癸巳					河平	五年		
27	甲午						元年	三月	
26	乙未						二年		
25	丙申						三年		
							四年		

续表

公元纪年	干支	庙号	谥号	陵号	姓名	年号	年数	改元月份	新皇帝即位月份等事
24	丁酉					阳朔	元年	正月	
23	戊戌						二年		
22	己亥						三年		
21	庚子						四年		
20	辛丑					鸿嘉	元年	四~五月	
19	壬寅						二年		
18	癸卯						三年		
17	甲辰						四年		
16	乙巳					永始	元年	五~六月	
15	丙午						二年		
14	丁未						三年		
13	戊申						四年		
12	己酉					元延	元年	六~七月	

附录3 改订西汉新莽纪年表

续表

公元纪年	干支	庙号	谥号	陵号	姓名	年号	年数	改元月份	新皇帝即位月份等事
11	庚戌						二年		
10	辛亥						三年		
9	壬子						四年		
8	癸丑					绥和	五年	四月	
7	甲寅						元年		
6	乙卯		孝哀皇帝	义陵	刘欣	建平	二年	正月	四月
5	丙辰					太初元将	元年	六月	
						建平	二年	八月	
4	丁巳						三年		
3	戊午						四年		
2	己未					元寿	五年 元年	十二—闰十二月	

续表

公元纪年	干支	庙号	谥号	陵号	姓名	年号	年数	改元月份	新皇帝即位月份等事
1	庚申						二年		九月
公元									
1	辛酉	元宗	孝平皇帝	康陵	刘衎	元始	元年	正月	
2	壬戌						二年		
3	癸亥						三年		
4	甲子						四年		
5	乙丑						五年		十二月王莽摄政，称假皇帝或摄皇帝
6	丙寅		（孺子）①		刘婴	居摄	元年	正月	三月立刘婴为皇太子，号孺子
7	丁卯						二年		

① 案"孺子"非谥号，当时王莽系以"假皇帝""摄皇帝"身份主政，既有假有摄，亦不得另立真皇帝，三月始被立为皇太子，因当时年纪尚幼，聊以此称之，史言"号曰孺子"。刘婴只是在居摄元年三月始被立为皇太子，因当时年纪尚幼，聊以此称之，史言"号曰孺子"。此亦可彰显"假皇帝""摄皇帝"存在的必要及其权威。

附录3 改订西汉新莽纪年表 | 315

续表

公元纪年	干支	庙号	谥号	陵号	姓名	年号	年数	改元月份	新皇帝即位月份等事
8	戊辰						三年		奏事王莽始径称皇帝
						初始	元年	十一月	
新									
9	己巳				王莽	始建国	元年	正月①	正月
10	庚午						二年		
11	辛未						三年		
12	壬申						三年②		
13	癸亥						五年		

① 王莽改以十二月为岁首,并改称该月为正月,故此"正月"实际上是汉太初历戊辰年十二月。以下"始建国天凤"和"始建国地皇"这两个年号的改元时间同此。

② 案至迟从始建国四年开始,王莽新朝规定,数字"四"一律写作"三",故纪年之"四年"在当时颁行的文书和纪年铭文中,一律写作"三"。唯事后归档整理,亦有书作"四"者。

续表

公元纪年	干支	庙号	谥号	陵号	姓名	年号	年数	改元月份	新皇帝即位月份等事
14	甲戌					始建国天凤	一年①	正月	
15	乙亥						二年		
16	丙子						三年		
17	丁丑						三年		
18	戊寅						五年		
19	己卯						六年		
20	庚辰					始建国地皇	元年	正月	
21	辛巳						二年		
22	壬午						三年		

① 案在王莽新朝始建国年号行用的第一年，依朝廷定制，不书"元年"而记作"一年"。不过事后归档整理或是历史记述，亦多按照一般习惯，书作"元年"。

附录3 改订西汉新莽纪年表 | 317

续表

公元纪年	干支	庙号	谥号	陵号	姓名	年号	年数	改元月份	新皇帝即位月份等事
23	癸未						三年		十月王莽被杀

【说明】

(1) 本表以方诗铭编著《中国历史纪年表》为基础并参据清人陆费墀的《帝王庙谥年讳谱》改制。增改的主要内容，是年号和每一纪元的起始时间。

(2) "中元""后元"均外加圆括号（），表示当时并未使用年号纪年，这只是后世史籍习惯的用法。

(3) 太初以前建元至元封诸汉武帝年号，均出自后来追加，故地节元年以前的年号外加方括号【】以示区别。

(4) 汉宣帝在本始六年五月追改本始五年为地节元年，本始六年为地节二年，故未用于当时纪年，而并未用于当时纪年，故地节六年以颜师古《汉书》注有明确记载的改元月份、其实方框者则是根据相关史料和纪年文物所做的推测。

(5) "改元月份"项下套加方框的是，是《汉书》帝王本纪或《汉书·王莽传》以及颜师古《汉书》注有明确记载的改元月份，其无方框者则是根据相关史料和纪年文物所做的推测。

(6) 本表较方诗铭《中国历史纪年表》增改的年号和纪元起始时间，主要是依据拙著《建元与改元》（北京，中华书局，2013）一书的研究所结论。其未见于此书论述者，除汉文帝至汉昭帝间诸帝初即位改元时间外，表中俱已附注具体依据。

(7) 汉文帝至汉昭帝间诸帝即位改元时间，《史记》《汉书》没有直接记载，也没有相关纪年文物（仅居延汉简中有一"始元[元]年十月甲辰朔戊辰"之日文书，见谢桂华、李均明、朱国炤著《居延汉简释文合校》之第275·10号简，北京，文物出版社，1987年，页464），除个别月份在《建元与改元》中依据相关材料有所论述之外（如元狩元年改元在十月岁首以后采一时期，而非岁首十月朔日），这里书作翌年岁首"十月"（太初改历之前）或"正月"（太初改历之后），是按照当时惯例推定。

(8) 依据简牍等汉代文物资料推断的每一年号具体行用时间，其中有一些情况相当复杂（如汉宣帝改用"甘露"年号的月份），目前给出的，只是一个很初步的认识，有待日后依据新出土的材料和新的研究，逐渐完善。